THE
PALACE MUSEUM
SERVICES

北京旅游学会◎编著

Compiled by

Beijing Tourism Society

社会科学文献出版社
SOCIAL SCIENCES ACADEMIC PRESS (CHINA)

编 委 会

目　录

第一篇　观众游览服务

第二篇　旅游公共管理

第三篇　旅游综合保障

第四篇 社群关系优化

推广故宫服务经验，依法提升首都
旅游公共服务

（代序一）

　　引导和保障景区构建以人为本、公平普惠、功能完备、运转高效的公共服务体系，是旅游行政部门依法保障观众权益和景区发展的重要体现，是落实北京旅游发展战略和新发展理念的必然要求，是旅游产业推进供给侧结构性改革的重要任务。北京市旅游发展委员会历来重视旅游公共服务工作，积极推动全市旅游景区公共服务设施改造提升和各类软性公共服务的发展，优化旅游环境。

　　故宫博物院的原状古建、馆藏文物、展览种类、展示规模及其文化内涵在全国均首屈一指。故宫博物院既是国家级重点文物保护单位，又是对外开放的旅游接待单位，身兼文物管理和服务观众等职能。其公共服务的标准、能力、质量和水平发挥着行业发展和优质服务风向标的作用，将对国家形象、政府满意度和市场影响力产生重大的影响。

　　近年来，故宫博物院在推进公共服务建设的工作中，坚持以新发展理念为引领，以首都北京的美誉度和中外观众的满意度为出发点和落脚点，不断创新展览内容和展示手段，优化环境，提升服务功能，勇于探索构建全方位、多途径的新型发展模式。故宫博物院的许多工作在全国乃至国际上走在了行业前列，破解了一些管理服务中的难题，在创新性研究实践中实现了超越发展，积累了丰富的研究成果和实践经验，开创了具有故宫特色的、具有时代特点的公共服务建设发展生态。"故宫服务"作为旅游公共服务的标志性符号，具有里程碑意义。

　　以服务为立法思维的《北京市旅游条例》已于8月1日正式实施了。北京作为国家首都和历史文化名城，具有独特的文化旅游资源优势。旅游业在强化首都核心功能和展示"国际一流和谐宜居之都"形象等城市战略上发挥的作用明显。为充分弘扬和传承首都的历史文化，《北京市旅游条例》分别从发掘旅游资源的文化内涵、世界文化遗产景区实行讲解员管理制度等多方面对强化首都核心功能，提升旅游文化内涵进行了制度设计。《北京市旅游条例》还专章和专节就旅游公共服务和景区相关问题做出规定，这是旅游公共服务建设发展的根本依据、方向指引和难得的契机。《故宫服务》一书适时出版，描述了故宫博物院以观众需求为导向，按照博物馆的建设发展原则和旅游市场运行发展规律，紧密结合首都发展战略和旅游的功能性产业特点，抓住不同时期的发展重点，把供给侧结构性改革贯穿始终。同时，故宫勇于承担并践行社会责任，在服务社会、文物保护、助力文化外交、普惠民众、服务残弱、热心公益等工作上的成就有目共睹。此外，故宫在创新服务模式的同时，注重引导和鼓励观众践行文明旅游，这与《北京市旅游条例》的精神和北京市旅游委的一贯倡导相一致。希望全市旅游景区抓住历史机遇，把学习借鉴故宫经验与贯彻《北京市旅游条例》结合起来，加大旅游公共服务建设工作力度，依法保障观众权益和自身发展，倡导文明旅游，促进行业繁荣。

　　我相信，在观众、市民、行业和政府的共同努力、共同推动下，北京旅游公共服务将更加优质，北京旅游的满意度将不断提升，北京"国际一流和谐宜居之都"建设将进一步加强。

北京市旅游发展委员会党组书记、主任：宋宇

2017年8月

故宫博物院的表情

——让故宫文化资源走进人们现实生活

（代序二）

500 多年来，明清 24 位皇帝在紫禁城处理朝政和生活。自 1925 年 10 月 10 日故宫博物院建立起，故宫便成为公共文化服务场所和旅游胜地，民众得以进入这个几百年来被称为"禁宫"的地方。不久前，故宫博物院和腾讯合作，面向青年学生组织故宫表情包设计大赛。参赛者对故宫、故宫文化应该是什么样的进行了充分的想象，他们设计出的故宫经典 IP 系列表情包上线一个月使用量达 7000 万次。于是，我联想故宫博物院面对观众应该是什么样的表情，总结出了八种。

第一个表情，诚心，就是要有爱心。故宫一直不缺观众，但这并不代表我们可以对观众冷眼相待，相反，我们需要更多的换位思考和推己及人。长期以来，观众进入故宫之前有一个很长的准备阶段，售票、检票、安检、存包等都集中在午门区域，挤作一团，观众要花一个多小时才能进入故宫。为改变此种状况，我们开始整治端门广场，清理小商铺、低俗展览，并修缮一些建筑物用作售票处。我们开放了 32 个售票窗口，向社会承诺并做到了 95% 的观众 3 分钟之内买到票（客流高峰时不超过 15 分钟）。之后，我们又启动午门环境整治工作，将安检从门洞内前移至午门外，增加了 18 个安检通道，观众通行顺畅。过去，购票观众从午门两边的门洞进入，中间的门洞是嘉宾通道，这不但造成观众不满，也不利于疏导人流。现在观众可以从任一门洞进入。购票、检票、安检等服务软硬件水平提升后，15 分钟内观众即可进入故宫开启"旅程"。

过去，整个端门广场没有一把凳子、椅子，人们围绕树坑席地而坐。为确保观众尊严，我们定制了 200 把椅子，围绕 56 棵树定制了树凳，现在端门广场能容纳 1200 人休息。经研究，女士洗手间数量应是男士洗手间的 2.6 倍以上，于是我们在旺季临时调整男女洗手间比例，大大缩短了排队时间。

"石渠宝笈特展"让我们再次体会到要想观众之所想、急观众之所急。该展吸引了 17 万观众，形成"故宫跑"现象。我们采取紧急应对措施，提前 30 分钟开馆，组织观众分组入场，"故宫跑"现象消除了，观展秩序井然。此次展览盛况空前，几千人排队，平均每人排队 6 小时，但不管多久，观众都坚持要看到展览。于是，我们承诺，最后一个观众参观结束才关门。其间，最晚的闭馆时间是凌晨 4：00。受观众的观展热情感染，我们还在深夜向依然在排队的观众免费提供热水和方便面。

观众给我们提意见最多的有两点。一是进故宫后找不着北，虽有很多标识，但需要时看不到。因此，我们制作了 450 块标识牌，并重新布局，同时增加电子标识，随时更换信息，让观众更方便快捷地找到目的地。二是宫殿内太黑，看不清。没有安装照明设备是由于故宫为木结构建筑，引入电源有安全隐患，藏品也承受不了长期照射。但经 3 年研究，我们利用 LED 技术攻克了难关，点亮了紫禁城，原状陈列的魅力尽显。

第二个表情，清心，就是要有美好的感受。我们用 3 年时间进行环境整治，变杂乱无章为清新整洁。例如，清理室外石刻构件，并在东华门下建立石刻构件保护展示区。清理 20 世纪 80 年代建第一期地下文物库房时腾出的 1500 个箱子，建立 3 个大型箱子库房，腾出上百个房间。更艰巨的是清理临时建筑。故宫有 59 栋彩钢房，共 3600 平方米，这种建筑建造快但不阻燃。另外还有临时建筑 11800 平方米。我们现在正克服种种困难，逐步拆除，最终要达成的目标是，紫禁城里只有古代建筑和经过联合国教科文组织批准恢复的部分古代形制建筑，没有任何影响环境和安全的现代建筑，以此把壮美的紫禁城完整地交给下一个 600 年。

20 世纪 70 年代初，故宫地面改善后变成了柏油、沥青地面，后来挖沟又以水泥做填补，坑坑洼洼。现在我们用 3 年时间把故宫博物院里所有的水泥地面、沥青地面都改为传统建材的地面，并且将井盖与地面做平，拆除电线杆，制作了 300 个宫灯，既安全又符合故宫文化氛围，我们希望人们到故宫博物院看到的是绿地、蓝天、红墙和黄瓦的美景。

第三个表情，安心，就是安全。公共文化服务设施应该是一个安全的地方，为确保故宫古建筑、文物和观众的安全，我们仍在不懈努力。首先，自 2013 年 5 月 18 日起实施禁烟措施以来，《故宫博物院禁止吸烟规定》中明确规定，故宫职工不得在紫禁城内吸烟，吸烟须到紫禁城外专设的吸烟区。同时，对于观众，我们发出了不吸烟的文明参观倡议，并在路线中对吸烟行为进行劝阻。其次，自 2013 年 8 月 15 日起，故宫博物院实施禁带火种参观故宫措施，在安检时进行严格排查。再次，从每周一下午闭馆逐步过渡到每周一全日闭馆（节假日和暑期除外），为文物赢得休息时间，为提升开放环境和接待观众做足准备。最后，为了落实国家旅游局关于景区最大承载量的规定，自 2015 年 6 月 13 日起故宫实施每日 8 万人限流及实名制购票措施。故宫的观众每年都在持续增长，2002 年突破 700 万人次，2012 年突破 1500 万人次，文化遗产保护和观众的安全工作充满挑战。同时，故宫观众流量呈现出"两针一峰"的特点，也就是五一、十一、暑期的观众流量远远高于其他时间段，旺季观众数量远远超过淡季观众数量。上海 2015 年年初的踩踏事件再次为我们敲响安全警钟，限流势在必行。我们吸取了 2008 年限流失败的经验教训，在此次限流措施实施前期做了长时间的宣传，让大众周知并争取到了他们的理解，执行时我们有详细的预案，与驻院武警中队等建立了联动机制。限流工作非常成功，当大屏幕票量显示为 0 的时候，售票窗口顺利关闭，事先网络购票的观众持有效身份证件继续入院，即便每年人数最多的 10 月 2 日亦如此。为了均衡淡旺季客流，我们还在淡季推出针对教师、环卫工人、司乘人员等特定人群的主题免费开放日。

同时，我们还在实施国务院批准立项的全国重点文保项目——"平安故宫"工程，包括北院区建设、地下文物库房改造、基础设施改造、世界文化遗产监测、故宫安全防范新系统、院藏文物防震、院藏文物科技修复保护7个子项目。

第四个表情，匠心，就是工匠精神。故宫博物院保护不可移动文物和可移动文物，依靠现代科技，也依靠官式古建筑营造技艺、古字画装裱修复技艺、青铜器修复及复制技艺、古书画临摹复制技艺、古代钟表修复技艺等非物质文化遗产。而故宫人的匠心就体现在对于这些非物质文化遗产的弘扬和传承上。

故宫整体维修保护项目自2002年起实施，一直持续到2020年，是故宫有史以来最大规模的一次古建筑修缮。文物建筑的修缮要最大限度地保留历史信息，不改变文物原状。以正在持续推进的宁寿宫花园研究性保护项目为例，每一件文物都要原工艺原技术进行修复，要准确测绘，修复以后要能够丝毫不差地回到原来的位置。为了使用某些当时的材料有时候需要进行上百次的研发，而这些努力和所花费的时间，观众是看不到的。同时，古建筑研究性保护项目也急不来，需要慢工、细活，比如宁寿宫花园研究性保护项目，我们将用7年的时间来逐步完成。这些体现的就是工匠精神。

纪录片《我在故宫修文物》让大众认识了日复一日、年复一年，默默无闻工作的故宫文物修复师们。该片在年轻人，尤其是18岁到22岁的年轻人中引起很大反响。这些文物修复师如今工作在我们2016年年底建立的13000平方米的故宫文物医院里。之所以起名为文物医院，是想借此表达我们对文物修复工作的态度和科学精神。比如，当一件青铜器进入文物医院，并非立马上手开展治疗，应该对于它的时代、合金比例、有害锈的种类进行分析以后再进行治疗。未来，故宫文物医院将向公众开放，观众可以参观，可以同"文物医生"交流，可以了解文物修复的过程，这也是确保了人们对于文物保护的知情权、参与权、监督权。以上所体现出的严谨、开放、精益求精、与时俱进等精神，就是故宫文物修复师的工匠精神所在。

　　第五个表情，称心。一个公共文化服务设施，倘若它不够开放、让观众屡吃"闭门羹"，那么它是不会让观众称心满意的。我们不断推进故宫整体维修保护项目，从而使故宫的开放范围逐年递增。20 世纪 30 年代初，故宫的开放范围仅有 30%，2014 年突破 52%，2015 年开放五大区域后达到 65%，2016 年开放断虹桥至隆宗门外等区域之后达到 76%。大面积、从来没有开放过的区域，今天已成为举办展览的场地，比如午门雁翅楼，其与午门展厅组成了世界上最大规模的展厅，迎接来自世界各国的优质展览。2015 年开放了西部区域，也就是"退休女性"的世界，故宫收藏的很多雕塑得以在慈宁宫（雕塑馆）的 5 个展厅面世。慈宁宫花园是紫禁城内的四大花园之一，2015 年首次对外开放。东华门过去存放书版，现在作为故宫博物院的古建筑馆开门迎客。故宫是世界最大规模的木结构建筑群，我们现有 4900 件古建筑藏品在此展示。我们还开放了午门雁翅楼至东华门的城墙，人们从城墙上俯瞰紫禁城建筑群，拥有了别样的视觉享受。我们还将宝蕴楼作为早期院史陈列的场所。2016 年箭亭南区域的开放也使观众的参观路线更加多元和合理便利。未来我们还将继续扩大开放面积，比如计划在延禧宫区域建立外国文物馆，展出故宫收藏的上万件精美外国文物；改造原用于堆料的南大库，进行明清家具仓储式展示。为此，我们需要做好两件工作，一是继续推进古建筑修缮工作，二是院领导带领一半员工搬出紫禁城。

　　第六个表情，开心。为了让人们能跨越时空的限制轻松便捷地获取故宫文化，我们在"互联网＋文化"方面不断开拓进取。故宫博物院官网每天点击率在 100 万人次以上，新版官网也更具故宫特色，更利于大众检索和阅读。从 2015 年起我们开始提升英文网站和青少网站，目标是把英文网站做得更加完善，让世界各国观众及时了解故宫文化；把青少网站做得更活泼，通过向青少年讲述通俗有趣的故事，吸引他们多进博物馆。再有，举办网上展览，将过去举办过、正在展出的展览呈现在网络上，人们可以温故而知新，足不出户欣赏展览精华。

故宫博物院的官方微博、微信公众号也吸引了很多忠实粉丝，"紫禁城的物候"栏目结合二十四节气以照片形式展现故宫景观和生物，深受粉丝喜爱，下雪天去故宫拍雪景也形成一种新的生活风尚。故宫系列 App 已经发布 9 部，风格迥异，制作精良，斩获国内外诸多奖项，形成"故宫出品，必属精品"的口碑。比如《皇帝的一天》App，是送给 9 ~ 11 岁孩子的礼物，让孩子们通过闯关了解小皇帝也是蛮拼的，早晨不到 5 点起床，然后背书、给皇太后请安、上早朝，之后才能吃饭，一天吃两顿，只能吃七成饱，还要背满文、汉文，吃完晚饭很早就睡觉了。《韩熙载夜宴图》App 还原了画中的歌舞、插花等技艺，让《韩熙载夜宴图》这幅古代名画充满立体感。《清代皇帝服饰》App 告诉人们皇帝的服饰其实和清宫戏里的不一样。还有《每日故宫》App，每天展示一件馆藏文物，长期累积后，用户将拥有自己的掌上故宫。

我们建成了一座全国最好的数字博物馆——故宫数字馆，它的所有展示项目都是深入挖掘藏品信息凝练出的原创内容。出于安全因素等考虑，观众不可能进入故宫每一个空间，于是数字地图应运而生，通过它观众可以进入不开放的空间，了解这些地方的历史和现状。还有"临摹"书法作品的项目，设备会给出"太棒了""惨不忍睹"等评价。

总之，我们利用 3 年时间搭建起故宫数字社区，并将继续努力，不断用高新技术把故宫传统文化更快捷、更全面地传播给社会各界。

第七个表情，舒心。参观的过程应该是舒服的，特别是当下故宫开放面积越来越大，更要我们在观众们的休息时间提供更好的服务。过去餐饮区域集中在门洞，但这些地方都属于重要的不可移动文物，不应该商业化，同时门洞内冬冷夏热，也不利于观众的游览感受。于是我们重新谋划观众服务区的布局，去商业化，恢复历史景观。隆宗门、乾清门、御花园等处的餐饮区被撤出。隆宗门外设立了冰窖观众服务中心。这里一共有 4 座冰窖，100 多年来没有再储存过冰，而是一直作为仓库使用。成为观众服务中心后，观众可以在这极具文化氛围的区域用餐、饮茶、喝咖啡，享受、回味文化的静谧时光。在东长房，我们建立了故宫文化创意体验馆，包括丝绸馆、御窑馆、影像馆、木艺馆、陶艺馆、生活馆、紫禁书院等，集中展销故宫特色文化创意产品，成为故宫博物院的最后一组展厅。儿童文化创意体验馆也于 2016 年儿童节开放，这有专门针对儿童研发的文创产品，孩子们可在此进行手工制作，还可把作品带回家。

故宫文创产品现已广为人知、深受欢迎。在此之前，我们的文创产品复制的较多，虽有十几个系列，但是趣味性、互动性不强。故宫商店里售卖的 80% 以上的产品都是从外引入的。我们用了 3 年的时间加强对故宫文创产品的研发，截至 2016 年年底已研发文创产品 9160 种，所有的故宫商店都销售自家的文创产品，满足人们把故宫文化带回家的要求。许多文创产品颇具巧思，被人们称为"脑洞大开"的产品，比如朝珠耳机、为儿童研发的拼装玩具、宫门箱包、藻井伞、十二美人伞、故宫猫系列，等等。《故宫日历》销量可喜，2015 年印制了 285000 本，大众为收藏而争相购买。故宫文创产品也被作为国礼送给外国元首政要等，这是对中华优秀传统文化更深层次的传播。

第八个表情，热心，就是热心公益事业。近年来故宫博物院面向学生等群体的公众教育活动每年超过 2 万次，"故宫知识课堂"等教育活动经过十余年的发展完善，已经形成品牌，每年报名人数都超额。为了更好地开展公众教育，2016 年年底故宫博物院在太和门广场西侧建立了教育中心，让更多的公众可以在更宽敞的空间享有更优质的教育项目。故宫教育团队将学校课程与故宫文化紧密结合，还为"动手教育"活动研发了免费的、统一化的教育材料包。这些教育材料包不仅在紫禁城内使用，它们还随故宫公众教育项目深入学校、社区，乃至海外，目前已在马耳他、新加坡、泰国等国家推广故宫公众教育项目。

2013 年成立的故宫学院，至今已在苏州、西安、景德镇、深圳等六地建立分院，此外还有 6 个分院在筹建中。我们以此向全国传播故宫文化，同时也培养故宫讲师团人才队伍。

故宫博物院也在提升国际教育方面的影响力。两大国际组织——国际博物馆协会和国际文物修护学会都把全球唯一的培训机构设在故宫。自 2013 年成立以来，国际博物馆协会国际博物馆培训中心已举办 8 期常规培训和 1 期非洲特别培训班，共有来自亚洲、非洲、欧洲、拉丁美洲和大洋洲 60 个国家的 280 名学员参与。国际文物修护学会培训中心已举办两届培训班，得到国际文物修护学会的高度肯定。

故宫博物院还在同更多的世界知名博物馆建立战略合作关系，与更多的教育机构联合培养人才，不断把故宫展览推向国际舞台，同时将世界知名博物馆展览吸引到故宫博物院来，比如从俄罗斯、法国、瑞典、西班牙等引进优质外展，惠及国内观众，满足其日益增长的精神文化需求。

2016 年故宫博物院举办了世界古代文明保护论坛，来自国际文物保护与修复研究中心、国际博物馆协会、国际古迹遗址理事会及埃及、希腊、印度、伊朗、伊拉克、意大利、墨西哥、中国的约 70 位文化与外交官员、考古学家、历史学家和博物馆工作者出席，并共同发起了《太和宣言》，携手应对世界文化遗产保护所面临的共同问题，联合探讨人类文明可持续传承的有效途径。2017 年该论坛邀请的国家将超过 20 个。

诚心、清心、安心、匠心、称心、开心、舒心、热心，是故宫博物院的 8 个表情，其本质体现的是故宫博物院人性化、以人为本的服务理念，目的是让故宫文化资源走进人们的现实生活，以此落实习近平总书记让文物活起来的重要指示，并向国内外观众提供故宫作为世界知名旅游胜地的高质量文化服务。

故宫博物院院长　单霁翔

2017 年 8 月

知行合一，将故宫服务发扬光大

（代序三）

近年来，我国博物馆事业蓬勃发展，截至 2015 年年底，全国登记在册的博物馆已达 4692 家，每年举办展览超过 2 万个，参观人数约 7 亿人次，博物馆在社会生活中的作用越来越突出。故宫博物院是中国博物馆的典范，也是世界五大博物馆之一，其在旅游公共服务体系建设方面积累了丰富的经验，对这些成绩进行系统梳理具有重大的现实意义。《故宫服务》就是对故宫公共服务实践经验的总结。本书是由北京市旅游发展委员会、故宫博物院、北京旅游学会、北京联合大学旅游学院共同组成的团队编写完成的。北京联合大学旅游学院创建于 1978 年，是我国最早建立的专门培养旅游管理高级人才的学院。学院拥有国家级实验教学示范中心、国家智慧旅游重点实验室等国家级教学平台。近年来，在科学研究、人才培养和服务经济社会发展方面取得了突出成绩，在 2016～2017 年全国 443 所开办旅游管理本科专业的高校中综合排名第 4。

本书从 20 个方面展示了故宫在公共服务方面取得的成绩，体现了故宫旅游公共服务以人为本的思想，以及故宫在不断提高馆藏文物利用率、注重提升"用户体验"等方面的特色，这些特色体现了习近平总书记多次强调的"要让收藏在博物馆里的文物、陈列在广阔大地上的遗产、书写在古籍里的文字都活起来"的要求。同时，通过总结故宫在旅游公共服务方面的经验，本书能为北京乃至全国旅游景区提高旅游公共服务水平提供借鉴和范例。当然，故宫在公共服务方面取得的成绩远远不止这些，本书旨在突出主要的方面。

党的十八大以来，习近平总书记高度重视传承弘扬中华优秀传统文化，多次就博物馆和文物保护工作做出重要指示批示。习总书记指出，博物馆是保护和传承人类文明的重要殿堂，是连接过去、现在、未来的桥梁，在促进世界文明交流互鉴方面具有特殊作用。故宫博物院始终是这一思想的践行者。希望旅游学院研究团队进一步开展更广泛、更深入的研究，为推动博物馆事业及旅游业的可持续发展做出应有的贡献。

北京联合大学党委书记　韩宪洲

2017 年 8 月

前　言

　　旅游公共服务是旅游业发展的重要内容，也是中国旅游业的短板所在。从宏观看，旅游公共服务主要指旅游目的地政府为旅游者在其管辖区域范围内提供的各类不以营利为主要目的的服务内容；从微观看，旅游景区也存在不少非营利性的公共服务内容，这在具有公益属性的文博类景区更为突出。故宫既是世界一流的博物馆，也是人气爆棚的旅游景区。近年来，故宫在有效服务观众方面有很多创新之举，也有很多务实之举，得到了广大观众的高度认可，也得到了社会各界的普遍赞誉。

　　为系统总结故宫在旅游公共服务方面所做的努力，为北京乃至全国其他旅游景区提升旅游公共服务水平提供参考，2016 年 8 月，北京市旅游发展委员会、故宫博物院、北京联合大学、北京旅游学会共同商定开展故宫旅游公共服务专题研究。其间，分别召开了三次资料对接会、三次统稿会、四次编辑会，四易其稿，最终完成了本书的编写。作为集体智慧的结晶，该成果的特色主要体现在以下方面。**针对性强**。针对当前全国旅游景区服务水平整体不高这一"痛点"，通过解剖麻雀的案例分析方法，把故宫在提升旅游公共服务方面的做法全方位地展示了出来，具有很强的现实性和针对性。**内容丰富**。涵盖了旅游公共服务的方方面面，既有直接针对观众的服务，也有涉及公共管理、公共保障方面的服务；既有各类旅游景区必须要有的服务，也有文博类景区特有的服务；既有硬件旅游公共服务，又有软性旅游公共服务。**资料翔实**。在故宫提供的第一手资料基础上进行分析，资料非常的扎实，其中有许多故宫过去从未对外公开的资料。此外，除了文字资料，还有许多图片资料，可谓图文并茂。**观点新颖**。与一般偏纯理论的研究不同，《故宫服务》的多数观点，都来自于对具体故宫服务实践的分析，因此更容易得到既立得住又新颖的观点。

《故宫服务》的编撰出版得到了北京市旅游发展委员会宋宇主任、故宫博物院单霁翔院长、北京联合大学党委韩宪洲书记等几位领导的大力支持，也得到了北京旅游学会的出版资助，还得到社科文献出版社的支持。该书由北京市旅游发展委员会副主任、北京旅游学会会长安金明研究员担任总编纂；由曾博伟副教授、徐菊凤教授、方忠权教授对全书文稿进行统筹。故宫博物院从院长、副院长到员工共 20 多位参与了本书的资料提供和整理，其中包括娄玮、朱鸿文等 20 多位同志；有 20 余位北京联合大学旅游学院的老师参与本书 20 个专题的撰写工作，包括曾博伟、徐菊凤、方忠权、秦明、李享等。还有北京旅游发展委员会公共服务处、法制处、咨询中心及北京旅游学会秘书处等提供了诸多支持。可谓领导支持有力，参与阵容庞大，编撰热情执着。

故宫服务是一个庞大的体系，虽然本书试图最大限度反映故宫在旅游公共服务方面的成果，但是难免挂一漏万。尽管如此，我们也有理由相信《故宫服务》一书能够给旅游行业，特别是旅游景区提供一定的启迪，恳请读者批评指正。

北京市旅游发展委员会副主任、北京旅游学会会长：安金明

2017 年 8 月

第 一 篇

观众游览服务

观众调查

当前，博物馆以其各种针对性的周到服务，在我国精神文明建设中发挥着越来越重要的作用，博物馆最大的作用就是可以使观众从陈列馆中受到教育和启迪，得到一种美的享受。而博物馆优质服务和良好作用的实现是建立在对观众需求的正确认识之上的。观众调查是博物馆管理者了解观众需求、进行决策和管理的重要依据和工具，这使其在博物馆管理中显得尤为重要。我国的博物馆曾经因为忽视观众在参观过程中的实际体验而饱受批评，但这种尴尬局面现在已经大有改观，自免费开放以来，我国博物馆正在将工作重心不断向服务公众方面转移，观众调查工作也日益受到重视，对观众的认知也在不断深化。

一　没有调查就没有发言权

在博物馆的发展过程中，观众是参观活动最重要的主体，也是博物馆服务的主要对象，同时还是博物馆社会效益和经济效益的源泉，是博物馆体现价值和实现宗旨的媒介，更是帮助博物馆改进和发展的良师益友。观众的参观需求是博物馆得以发展的根本动力。博物馆观众调查是了解博物馆利用率、检验自身效益的重要手段，是改进其服务和管理的催化剂，也是推进博物馆走向成熟的必由之路。有鉴于此，博物馆需要深入细致地了解、掌握观众的各种信息，并以此为基础，通过科学的方法全面分析观众特点，研究观众需求，为观众提供多层次、多领域的服务，这样一来，博物馆也可以对自身在观众中的形象和定位有更加清晰的认识，从而更好地为观众提供适宜的、有针对性的服务和产品。

　　故宫的观众调查主要分为三种类型。第一类调查为基础性摸底调查，是以观众为导向的、以了解参观行为与观众人口统计数据之间关系为目的的量化研究，其作用在于帮助博物馆在不断变化的新形势下正确规划、评估自身的各项工作，更好地满足观众日益增长的各项合理需求，例如故宫通过观众结构调查很好地了解了故宫观众的人员结构、参观目的、参观次数以及国籍等基本信息，有利于故宫针对不同类型的观众开展营销和服务。第二类调查为专项调查，即针对博物馆的临时展览或特殊展览进行的观众调查，主要调查观众的参观频率、兴趣意向等，以了解该展览的影响力和吸引力所在，例如故宫进行的"兰亭特展"观众调查。第三类为观众反馈性调查，包括观众意见反馈和观众满意度调查等形式。观众意见反馈调查是指对观众意见和建议的征集，而观众满意度调查是指针对观众对博物馆提供服务的感受及评价的调查，主要作用是使博物馆管理者了解观众的参观体验需求，从而营造一个令观众满意的参观环境和服务水准，故宫进行的观众服务满意度调查就属于这一类型。

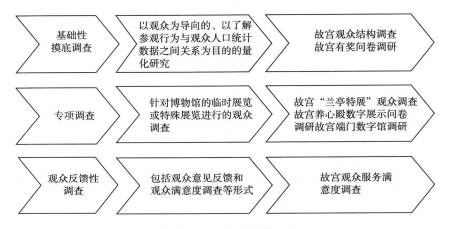

图 1-1　观众调查类型

二 建立全链条、全方位的观众调查体系

（一）基础性摸底调查

实例一：故宫观众结构调查

故宫在 2007 年之前曾组织过小规模的单项观众调查，但一直缺乏关于观众结构的全面、系统、准确的数据资料。这在一定程度上给故宫的工作决策带来了不便。因此，故宫通过观众结构调查，进一步了解观众的特征及需求，给其改进工作提供了充分依据。

为更好地了解观众需求、服务观众，博物院宣传教育部于 2007 年 6 月～2008 年 5 月组织了一批经过培训的大中学生和志愿者，开展了一次较大规模的观众结构调查。这是故宫建院以来规模最大、参与人数最多、持续时间最长的一次观众结构调查活动。

1. 前期准备

（1）总体状况概述

故宫调查工作人员组织体系健全、责任分明，其调查方案经过多次协调讨论。调查问卷根据故宫的实际需求，又参阅了一些国际著名博物馆的观众调查问卷，并经过反复讨论、修改以及预调查后最终修改确定。调查员是由故宫认真筛选的责任心强、有出色能力的学生和志愿者，并对其进行统一培训和考核。其调查采用系统抽样的随机调查方法，调查过程中制定严格的工作纪律和工作流程，并不定期的有监督员甚至设计者亲自检查监导，回收的问卷由专人进行分类、封存和保管，经专业数据处理公司录入清理后进行统计分析。

该项调查涉及五个方面的人群：对故宫参观者的调查、对故宫学生团体免费参观者的调查、对故宫知识课堂活动参加者的调查、对故宫行动不便参观者的调查、对故宫旅游团队参观者的调查。

图 1 - 2　故宫观众结构调查

（2）调查时期

观众调查按照每年的观众流量规律选择 2007 年 6 月 3～9 日、2007 年 7 月 25 日～8 月 7 日、2007 年 9 月 30 日～10 月 7 日、2008 年 1 月 26～28 日、2008 年 3 月 28～30 日、2008 年 4 月 18～20 日、2008 年 5 月 1 日等阶段，即十一黄金周参观人流量最高的时期、春节前夕观众流量较低的时期、进入春季观众流量从低到高逐渐上升的时期、观众流量即将进入短期高峰阶段、五一节假日（执行新的休假办法，三天小长假）等时期。

表 1 - 1　调查时间段与选择原因

调查时间段	选择原因
2007 年 6 月 3～9 日	其间正值高考，观众流量较平稳时期
2007 年 7 月 25 日～8 月 7 日	学生暑假、旅游高峰期，观众流量较高的时期
2007 年 9 月 30 日～10 月 7 日	十一黄金周，参观人流量最高的时期
2008 年 1 月 26～28 日	春节前夕，观众流量较低的时期
2008 年 3 月 28～30 日	已进入春季，观众流量从低到高逐渐上升的时期
2008 年 4 月 18～20 日	观众流量即将进入短期高峰时期
2008 年 5 月 1 日	五一节假日（新休假办法），参观人流量高峰时期

2. 调查结果

调查共得到 55369 份有效问卷，主要采用统计软件对得到的有效问卷进行分析，以下是故宫大型观众结构调查的主要结果。

从观众的年龄分布来看，青壮年占主要部分。19～39 岁的人群共占总人数的 61.4%，而 12 岁以下和 60 岁以上的分别只占总人数的 4.1% 和 5.2%。这表明故宫各项活动和服务的对象主要是青壮年。其中学生和企业、事业单位人员三种类别合计占到青壮年群体人数的 60% 以上，这说明故宫的各项活动和服务主要面向这三类人群。

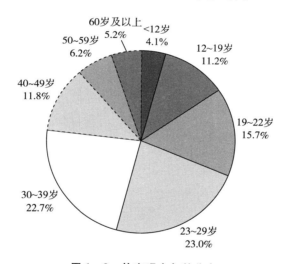

图 1－3　故宫观众年龄分布

从观众的学历分布来看，本科学历所占比例最高，达到 37.4%。向下依次为高中学历（17.1%）、大专学历（14.4%）和初中学历（10.3%）（见图 1－4）。一方面表明故宫所蕴含的文化在相对较高学历水平的人群心目中所占有的地位，另一方面提示故宫的各项活动和服务向高学历水平的人群倾斜。反过来看，该调查也说明故宫对中低文化人群的宣传力度不够，表明故宫需要采取相应的经济补助措施，使博物馆更大程度上发挥其社会教育的功能，让更广泛的人群能够欣赏到中华民族的伟大历史遗产。

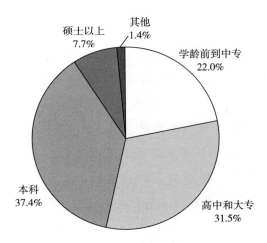

图 1-4 故宫观众学历分布

学生人群占所有观众总数的 31.3%，所占比例较大。学生人群的参观目的主要是全面了解故宫（46.9%）、了解历史（27.7%）和了解古建筑（14.1%）（见图 1-5）；参观方式以自行旅游为主（73.4%），且多为首次参观。对于学生人群而言，其大部分是具备较强自我意识或是正处于人生观、世界观形成的关键时期；另外，初次参观、希望全面了解故宫的学生又占其中的大多数，这些基本信息都提示故宫对青少年和学生人群的服务需据此进一步改善。

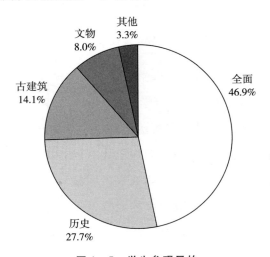

图 1-5 学生参观目的

大部分第一次前来故宫的观众较倾向于参加旅游团队。参加旅游团队的观众性别构成方面差别不大。其中男性观众的比例为 49.4%，女性为 50.6%；从年龄方面来看，成年人占绝大部分，所占比例为 96.8%，学生（1.1%）和儿童（2.2%）均只占一小部分；从国别来看，国内旅游团占团队总数的 66.2%，国外旅游团占到 33.8%；从参观次数来看，团队中绝大部分旅游者（89.3%）是第一次前来。

3. 不足之处

当然，由于主客观因素制约，故宫的这次观众调查还存在一些欠缺和不足，例如因为启动仓促和论证不足，调查问卷的内容设计还不够完善；由于缺乏经验和环境因素干扰，被调查者的拒绝率比较高；虽然各位调查员已尽心竭力，但不同调查阶段的工作质量仍不完全均衡。这些都成为故宫未来观众调查弥补和改进的方向。

实例二：故宫有奖问卷调研

此调研主要采用在线调研的方式，调查时间为 2016 年 2 月 7～28 日，共收集问卷 361 份，其中有效问卷 346 份，样本有效率为 95.8%。主要参与问卷调查的是中青年、高学历人群，并得出以下结论：从信息获取渠道来看，观众了解故宫信息的主要渠道是微信，影响观众渠道选择的最主要因素是年龄；从购票方式来看，观众的主选购票渠道是通过现场购票与官方购票网站；从观众参观频率及目的来看，超过一半的观众参观频率较高，且每次参观的用时在半天以上，专题展览是观众参观的主要目的。

（二）专项调查

实例一：故宫"兰亭特展"观众调查

2011 年 6 月，故宫宣传教育部开始规划"兰亭特展"展览效果的评估工作，这是故宫针对专题展览进行的首次观众调查，而对其整体状况的考察与评估也是前所未有的。

"兰亭特展"作为故宫 2011 年的重点项目，在展览级别、展览内容、前期宣传、运作周期等方面都较以前有较大提升。因此，以"兰亭特展"为代表对故宫展览开展观众调查，不仅有助于及时了解观众对展览的直接评价，也对提高故宫展览质量具有十分重要的现实意义。首先，故宫以"兰亭特展"为开端，将西方博物馆常用的观众调查方式引入博物院展览评估体系，这不仅是现代化博物馆发展的切实需要，也将为故宫与西方博物馆的交流合作提供国际化视角，推进展览宣传工作的国际化发展进程。其次，以"兰亭特展"为代表的项目，具有较强的知识性、思想性与艺术性，可在一定程度上反映博物院展览宣传工作的水平，对其进行观众调查，可为故宫的工作实践提供重要数据和宝贵经验，有助于建立成熟的展览工作运作模式。最后，当代博物馆强调展览与观众的互动性和亲和力，代表了新时期博物馆展览工作的新思路。

1. 前期准备

故宫为做好该项专题特展的观众调查，前期在方案制定与论证、调查访问人员的安排与培训及调查问卷设计、发放与回收方面都做了详尽与充分的准备。

（1）筹备期

2011 年 7 月上旬，经过近两个月的查阅资料和筹备，故宫宣传教育部公众教育组撰写完成了《故宫"兰亭特展"观众调查方案》初稿和特展观众流量日统计表以及针对成人、学生、团队负责人分别调查的问卷表格，篇幅近 12000 字。此次观众调查将采用定量、定性相结合的社会学研究方法，以问卷调查为主，以定点观测、随行访谈为辅。调查贯穿整个展期（2011 年 9 月 21 日 ~ 12 月 5 日），每日分时段进行。其中，开展首周，黄金周，每周三、周六、周日及展览最后一周等共计 43 天（超过展陈天数的 1/2）的观众调查数据将被重点监测及分析。

考虑到故宫观众构成的复杂性，"兰亭特展"观众调查将调查对象进行了分类，分别设计了《"兰亭特展"成年观众反馈调查表》、《"兰亭特展"学生观众反馈调查表》和《"兰亭特展"团队参观负责人反馈调查表》，调查问卷的形式采用了与展览形式设计基调一致的统一版式，题项设置上也涵盖了前期宣传、教育推广、展览内容与形式设计、展厅舒适度以及观众对于展览的总体评价等内容。题目形式以排序、选择为主，每份问卷后都附有观众建议栏，力求全面、有效地收集观众对展览各个方面的反馈意见。

为调动展览观众参与调查的积极性，故宫宣传教育部还特别制作了"故宫'兰亭特展'问卷调查留念章"，所有参与调查的观众，可在五枚印章中任选一枚加盖在展览册上作为纪念带回。此外，在进入展厅的必经通道处，还张贴有"观众调查正在进行"的提示海报，并设置了咨询台，便于随时发放和回收问卷，为观众加盖纪念章、提供展览咨询。

（2）执行期

9月21日展览正式面向公众开放，观众调查随机全面启动。根据调查方案，调查岗位分为观众流量记录与调查问卷发放两类。调查员逐份回收发放的问卷，检查填写是否合乎要求、有效并对其进行分类。调查执行一周后，根据已收集的各项数据，故宫方面又对人员及岗位安排做出了适当调整。

2. 调查结果

按照工作方案，故宫宣传教育部公众教育组在调查全程中一直及时关注展览动向，随时对搜集的回收问卷进行检查，及时剔除无效的调查问卷，并对搜集好的有效问卷进行分类和整理，以保证问卷分析结吴的有效性。

根据宣传教育部人工统计，"兰亭特展"共接待观众126438人次，发放《非参团成年观众调查表》3437份，《学生调查表》962份，《团队负责人调查表》41份。参与问卷调查的观众数量约占总观众数量的3.63%。

总体上看，除十一黄金周外，展期内观众接待量基本保持平稳，没有过于明显的起伏。"兰亭特展"观众流量以自然周为周期，表现出故宫展览观众流量的一般常态。从单周情况看，最高峰值出现在每周六、周日，多数情况下周六高于周日观众数量。周六、周日观众总人数接近平日的 2 倍。"兰亭特展"共经历 18 个双休日（除 10 月 1 日、2 日、8 日、9 日），观众总人数达 31760 人次，约占总观众量的 1/4。黄金周总共接待观众 43299 人次。其中，10 月 2 日、3 日、4 日午门展厅接待量均突破 8000 人次，表现为非常态的观众流量变化。

由于黄金周观众流量变化的特殊性，因此工作人员对这期间每日观众的数量进行了统计。发现 10 月 3 日观众数量最多，达到 8818 人次，10 月 6 日观众数量最少，为 3622 人次。

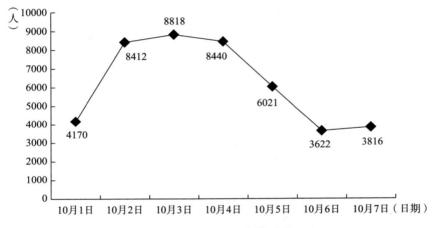

图 1-6　黄金周每日观众数量变化趋势

假日观众数量占总观众数的 60%。从单日来看，观众量高峰值出现时段为每日 12：30 ~ 15：30，按平日开放 8 小时算，每日这一时段（3 小时）的观众量约占全日总量的 60%。11 月 1 日实行淡季开放时间后，提前半小时闭馆，对单日观众数量影响不明显。

实例二：故宫养心殿数字展示问卷

该调研主要采用在线调研的方式，调查时间为 2016 年 10 月 23 ~ 31 日，共收集有效问卷 4138 份，主要参与问卷调查的是中青年、高学历人群，并得出以下结论：从观众参观频率来看，参观 2 ~ 3 次的人数较多，没来过的观众占比不足 10%；从观众兴趣来看，38.8% 的观众对宫廷历史（原装陈列）感兴趣，对临时特展的关注度相对较低。80.6% 的观众对养心殿比较了解，并且知道一些相关的历史事件，观众更加希望了解与故事和事件相关的内容。然后是建筑与布局陈设，观众对皇帝的书房与处理政务的地方关注度最高，选择这两项的观众比例均超过75%，宫廷生活用品与书画更受观众青睐，关注人群超过77%。从故宫对新媒体的了解来看，微信公众号、微博与官网是观众了解端门数字馆的主要渠道。观众对 VR 与 3D 技术关注度较高，并且希望可以结合 VR 技术，了解陈列的文物以及与这些文物关联的故事。

实例三：故宫端门数字馆调研

故宫端门的数字馆于 2015 年 12 月 22 日开馆试运行。首个数字展览以"故宫是座博物馆"为主题，让观众在数字的世界里与故宫亲密互动。端门数字馆是坐落在传统建筑中的新型数字展厅，通过设置大屏幕播放"大片"的形式，让观众用最短的时间了解故宫的基本信息。与此同时，故宫端门数字馆通过精心采集高精度文物数据，结合严谨的学术考证，引领观众走进故宫内的"数字建筑"，触摸"数字文物"。观众通过与古建、文物的亲密交互，去探索它们本身固有的特性与内涵，获得比参观实物更丰富有趣的体验。

调研采用在线调研与线下调研同步进行的方式，调查时间为 2015年 12 月 22 日至 2016 年 1 月 17 日，共收集有效问卷 1198 份，主要参与问卷调查的是中青年、高学历人群，并得出以下结论：社交（包括线上社交与熟人社交）是观众知晓活动的主要方式，年龄是影响观众渠道选择的主要因素；观众最喜欢数字影院，最希望在馆内看到建筑、书画、陶瓷；观众对周边产品并不抗拒，对产品的期许丰富；互动少、时长短和温度低是观众提出的三大意见。

（三）观众反馈性调查——故宫观众服务满意度调查

1. 调查目的

2012 年 8 月 13～19 日，为提高服务公众的能力，故宫宣传教育部组织实施了"故宫观众服务满意度调查"第一阶段工作，共有 7534 名观众参与。

2. 调查人员

调查人员由故宫宣传教育部工作人员、2012 年入职的 28 名新员工以及来自北京大学、中国人民大学和南开大学的若干名实习生组成。

3. 调查地点与方式

调查地点定为神武门和东华门两个观众出口，调查采取问卷方式。调查的问卷总量以正式发放前一周（8 月 6～12 日）故宫日接待量为依据，按照 1.5% 的比例进行抽样，并依据 2007 年 6 月至 2008 年 5 月观众结构的调查结果（包括中外比例、男女比例、各年龄段人数比例等）进行样本控制，保证了调查的科学性、合理性。

4. 调查结论

在调查过程中，观众普遍反映人多拥挤、参观效果受影响等问题，也有热心观众向调查员进行长达十几分钟的倾诉，提出意见和建议。调查员们也在调查过程中深切体会到观众对故宫文化遗产的热爱和对故宫进一步提升观众服务水平的殷切期望。观众服务满意度调查工作，对故宫深入了解观众需求、汇集观众建议起到了积极作用。

图 1-7　故宫观众服务满意度调查

三 以观众为本完善和提升调查

（一）更深入全面地了解观众需求

调查结论可以作为故宫展览宣传及服务的依据。在涉及的调查内容中，最重要的一点是"观众来故宫游览的目的，以及最希望了解到的内容"，这一调查结果将被视为今后举办展览的客流分析依据，比如观众喜欢建筑还是文物，什么季节、什么样的展览最吸引观众等。在调查开展前，故宫并不掌握观众的详细信息，更不了解观众的参观需求，而调查工作所收集的各项数据经分析后将作为故宫展览宣传及各项服务工作的重要依据。

针对各种需求提供有针对性的服务。从三种类型的故宫观众调查中发现，故宫的观众涵盖各个年龄、各种文化程度、各种职业、多个国家以及各种社会背景，因此可以证明，故宫是能够适应各种参观需求的、多元化的综合性博物馆。同时，不同的人群有着不同的需求，有针对性地提供服务是极为必要的。

未开展定期、系统的观众调查工作。对于博物馆来说，一份真正有价值的观众调查报告，需要经验丰富的专业人才的参与，需要专项科研经费的支持，需要建立一套科学、专业、系统的规范用于指导，需要作为一项基础性的常规工作持续地开展下去。故宫虽然意识到观众调查对了解观众需求的重要性，但观众调查工作还缺少系统性和整体安排，这也成为故宫未来在观众调查方面需要改善的地方。

（二）观众调查的提升路径

1. 强化对观众调查重要性的认识，及时开展周期性、连续性调查

改进故宫观众调查，理念是先导。只有认识统一，方向明确，改善

故宫观众调查才能顺利进行。首先，观众调查作为故宫与观众沟通的一种重要形式，不仅能给故宫教育活动策划者提供引导判断和决定活动实施的各种信息，促进与观众的交流，还使故宫员工充分了解观众需求。可以说，成功的观众调查在一定程度上代表了故宫对于观众的承诺以及追求卓越的愿景，并为实现这个愿景而不断去实践其教育承诺。其次，观众调查为故宫不断朝良性方向发展提供了依据，是故宫通过观众反馈意见不断改进现有条件，以得到观众信任，实现故宫活动贴近大众生活、体现以人为本理念的重要途径。最后，故宫作为一个文化展示载体，如果能做好观众调查研究工作，搭建好故宫与观众之间的信息交流平台，就可以满足人们的精神文化需求，提高人们对历史的认识水平以及创造历史的能力，更好地体现故宫存在的意义。因此，观众调查是故宫谋求观众的广泛支持，使故宫文化播撒天下，为故宫争取更多观众，创造更大社会价值以及更好经济效益的重要前提条件，其重要性不言而喻。

此外，故宫观众调查要具有连续性，不可能一劳永逸。英国博物馆学家肯尼斯·赫德森曾经说过："好的博物馆基本上是一个永不停歇的实验室，在这里检验的结果使人能以更充实的知识开始下一次的实验。反馈要有价值的话，必须是连续不断的，而且首先它必须转变为行动。"随着故宫观众年龄、认知水平、社会阅历以及参观次数等的不断变化，其需求亦会随之发生变化。另外，社会环境和文化环境等外部环境的变化，也会对观众需求产生一定的影响。因此，观众是一个动态的群体，观众对故宫的需求也是动态变化的，观众调查只有作为常规性连续进行的工作，才会对故宫寻找未来发展的思路起到应有的作用。相反，过时的调查信息，只会误导决策。因此，除了意识到观众调查的重要作用和意义，还要注意持续不断地进行观众调查，这样才能保证观众调查信息的准确性及有效性。

2. 完善观众调查保障机制

首先，要为观众调查提供资金支持。完善的观众调查会用到大量的人力、物力和财力，资金支持是顺利完成观众调查的重要前提。所以，故宫有必要设立专项资金，保障观众调查的顺利开展。

其次，观众调查和观众研究是一种专门性技术，一定要有统一、完整的规定，把观众调查当作一项专业性工作来看待。规章制度的功能在于规范博物馆观众调查。因此，故宫可以制定相关规定，引入国外先进理念，从顶层建立一整套观众研究领域的具有系统性、科学性的标准和规范，指导故宫开展观众调查工作。

最后，加强与专门调查机构的合作，聚合专业人才队伍、整合行业优势资源，深入、广泛地开展观众研究。由相关机构的观众研究专业人员以及具有旅游管理学、旅游统计学、旅游心理学、旅游社会学等相关专业知识的人员承担此项工作，并且有计划地长期、系统地开展此项工作，使观众调查研究更加专业化、科学化。

3. 调查方式多样化——问卷调查与大数据调查相结合

高质量的调查报告往往来源于高质量的数据，而科学严谨的调查方法与调查过程是获得高质量数据的保证，也是调查者基本素养的反映。问卷调查法作为一种高度标准化、规范化的调查方法，问卷的设计、问卷的施测以及问卷数据的处理和分析等都需要规范化操作，这样才能保证问卷调查内容的科学性、准确性和有效性。在问卷设计方面，要明晰问卷设计的理论基础，提出调查目的、调查维度等；在问卷调查方式上，要根据调查目的及实际情况选择合适的抽样方法；在结果分析方式上，要进行问卷的信度分析与效度分析，并根据调查目的选择合适的统计方法。

除传统的观众调查，还要紧跟时代发展步伐，借鉴大数据、物联网等新技术来对观众调查进行补充。互联网时代的到来，使我国成为数据大国，但是真正能被有效利用产生价值的数据却很少，博物馆行业在这个问题上显得尤为突出。故宫应该通过手机 App、微信、微博等移动互联技术产品，二维码门票、RFID 门票等物联网技术，门票系统、人脸识别系统等获取观众在参观前、参观中、参观后的全过程数据，并应用大数据技术进行分析，挖掘数据间的关联性和深层次意义。这对故宫开展各项业务工作有重要的指导意义。

4. 调查设计严谨科学

问卷调查的结论来自对真实反映故宫情况的资料的科学分析，而问卷设计则是在收集这种资料的过程中具有重大影响的关键环节之一，同时，它也是整个问卷调查过程的难点之一。根据调查目的、调查对象来设计科学、实用、有效的调查问卷，是一项技术性较强的工作。问卷设计质量的好坏，将直接影响到调查资料的真实性、适用性，影响到问卷的回复率，进而影响到整个调查的成败。这样一来，问卷设计也就显得尤为重要。调查主题的设计，对观众类型、观众行为，心理特征和参观活动的研究成果可以帮助各博物馆更科学地制订工作计划，布置陈列和开展各种活动。因此，在未来的调查中，仅仅关注故宫观众的构成是不够的，还要增加对观众类型、观众行为和观众心理特征的调查，以便从各个方面来了解观众的需求，更好地提升服务水平。

故宫早前的调查表侧重于了解观众的构成情况，国籍、年龄、职业、性别、学历等问题所占比重较大，在未来的调查中，可以提高问卷征询问题的比例，如"您认为还应增加哪些服务项目？""您乐意接受何种宣传形式？"等，增强与观众的交流与互动。"谢谢您的参与，您的宝贵意见是我们工作持续改进的原动力"等答谢语的出现，也显示出对"观众是上帝"这一意识的增强，体现出人文关怀精神。在问卷调查设计方面，调查时间设计不仅仅要选择高峰时段，也要对淡季的观众进行了解；在调查人群设计上，目前故宫针对的主要是来故宫参观的观众，也可以针对没有来过的人群，了解原因，采取有针对性的宣传；在调查问卷的语言设计方面，根据以往调查结论可以判断观众中不同国家来源的比重，在未来的观众调查中，应注意借鉴相关比例的数据来进行观众调查。

　　只有运用相关学科研究方法和成果，对故宫观众的需求、心理、行为等进行认真、细致、多角度的调查，并对调查数据进行科学分析，以不同形式和特点的服务来满足不同观众群体的多样化需求，才能做到真正地了解观众、吸引观众、服务观众。

解说服务

解说服务是所有旅游景区和博物馆应有的服务，也是遗产文化旅游活动的核心构成环节，它在向观众传播愉悦感的同时，也让人们从中深切体会到遗产资源的内涵价值，并让观众发自内心的尊重遗产文化。解说也可以解读为信息的传递过程，这一过程的进行往往需要利用一定的行为手段把信息准确的传递到接受群体中去。从传递媒介的角度来看，可将解说系统划分为人工与非人工解说两类，或分为静态平面解说、动态口头解说、时空立体解说三个层面；从解说场地的角度看，可分为区域内解说方式与区域外解说方式。人员解说、电子语音解说、标牌文字解说是故宫最常用的三种解说方式，数字化解说则是最新模式。

一 解说服务肩负文化传承与教育使命

解说系统已经成为一种起到关键性作用的资源管理和维护手段，在大量自然与文化遗产地中被加以使用。对于文化遗产地和博物馆而言，解说更是承担着传承文化和社会教育的使命。大自然的美景，宫殿建筑的巍峨壮观容易领略，但要进一步了解景观或遗产所蕴含的知识与魅力，必须依靠解说系统才能实现。众所周知，文化类旅游吸引物的价值往往是内在的、隐性的、无声的，甚至是无形的，一般需要通过各种解说、诠释才能使其呈现出来。即使是有形的物品，如建筑、文物、艺术品等，其承载的历史信息、文化价值、艺术价值等若不通过各种解说服务的系统阐释，观众与观众也将无从知晓、难以体验，文化遗产的传播功能也会受到很大制约。部分导游不真实甚至扭曲的讲解也会导致脱离实际、曲解文化遗产内涵、误导观众的不良效果。鉴于故宫既是一座传承文化的博物馆，也是深受广大观众喜爱的世界文化遗产地、国家 AAAAA 级景区，如何体现出博物馆和景区的双重特色，服务好前来参观的观众，让故宫蕴含的文化价值更多、更好、更准确地传递给观众，是值得探索的课题，也是故宫一直努力的方向。众所周知，讲解服务在解说服务体系中是最为直观、生动的，也是解说服务中最能起到交互作用的手段。因此，讲解服务是故宫向观众传播历史文化知识的最重要途径之一。

二　实现讲解服务的全覆盖

如前所述，讲解服务是解说服务体系的一部分，换个角度，也可以把讲解服务分为狭义和广义两种。狭义的讲解服务指讲解员的现场讲解、导游讲解、预录的电子语音导览器讲解；而广义的讲解服务包括景区随处可见的文字介绍牌、电子触摸屏、线上的数字介绍系统以及线下的宣传讲解活动，相当于解说系统中除指引和警示标识之外的全部内容。

本章所阐述的故宫讲解服务主要集中于以下五种：（1）自动讲解器讲解；（2）讲解员讲解；（3）导游讲解；（4）文字解说牌与陈列解说；（5）数字化讲解。

（一）自动讲解器讲解

通过提前录音的便携式语音讲解器为参观者提供多语种解说服务，是国际上大型博物馆、教堂等文化景区的通行做法。故宫在这方面起步早、专业性强、经验丰富，在某些方面几乎做到了极致，不但在国内领先，甚至达到国际领先程度。

1. 解说词内容由专家型讲解员撰写

故宫自动讲解器的解说内容主要由故宫认定的业内专家撰写，内容兼顾专业性与通俗性。例如，鞠萍姐姐版本的语音导览器和王刚老师版本的故事性导览器的解说词内容，听起来生动有趣，能回答人们心中的很多疑问，厘清许多似是而非的说法，它们都出自国家博物馆的第一代讲解员齐吉祥之手。齐吉祥从1959年开始师从文史学者，读遍行业典籍，甚至亲自出书讲述文物背后的故事，是名副其实的文史专家，培养了一代又一代的讲解员。故宫邀请此等功底深厚又了解观众需求的专家撰写解说器的讲解词，专业品质与通俗性都得到了充分保障，观众使用后也普遍认为，故宫的解说器讲解内容丰富，讲解细致，有很强的知识性。

2. 语种与语音风格类型多

目前，大多数博物馆的讲解器中不会有超过12种语言的解说词，而故宫的讲解器解说语言多达40种，堪称世界第一。其中，中文版有普通话版和4种方言版（粤语、闽南话、藏语、维吾尔语），外语版的讲解语言有35种之多，包括东亚、南亚、西亚、西欧、中欧、东欧、北欧、非洲等世界主要语种。为了让使用者选择自己喜欢的风格，汉语类还录制了不同语调、不同风格的版本，除了张家声的普通话版、王刚的故事版，还有鞠萍姐姐讲解的少年版。故宫博物院院长单霁翔所致的欢迎词也可能在不久的将来加入其中。

表 2 - 1　故宫自动讲解器的服务语种

国内语言	普通话、粤语、闽南话、藏语、维吾尔语
国外语言	第一类：英语
	第二类：法语、日语、韩语、德语、俄语、西班牙语、意大利语
	第三类：阿拉伯语、荷兰语、葡萄牙语、泰国语、土耳其语、波兰语、波斯语、芬兰语

国内语言	普通话、粤语、闽南话、藏语、维吾尔语
国外语言	第四类：保加利亚语、孟加拉语、印尼语、印地语、越南语、罗马尼亚语、菲律宾语、捷克语、希腊语、豪萨语、斯洛伐克语、柬埔寨语、马来语、瑞典语、蒙古语、斯瓦西里语、匈牙利语、僧伽罗语
	第五类：世界语

3. 讲解器使用频率高

截止到 2016 年，故宫有各语种讲解器 2 万台，观众对讲解器的服务需求很大。近三年讲解器的使用频率情况分别为：2014 年 166 万次、2015 年 198 万次、2016 年 221 万次，这个数据，约占总观众量的 13% 左右，占散客观众量的 25% 左右，说明讲解器在故宫文化内容讲解服务中发挥了重要的作用。与此同时也可以看到，故宫讲解器中，国内外常用语种的讲解器的使用频次较高，增幅也大，小语种讲解器的使用频次较低，变化不大（见表 2 - 2）。

表 2 - 2　故宫讲解器使用频次

年份	机器数量	语种	年使用频次
2014	16000 台	国内语种	150 万
		国外常用语种（英、法、日、韩、德、俄、西、意）	15 万
		国外小众语种（27 个语种）	约 1 万
2015	18000 台	国内语种	180 万
		国外常用语种（英、法、日、韩、德、俄、西、意）	17 万
		国外小众语种（27 个语种）	约 1 万
2016	20000 台	国内语种	200 万
		国外常用语种（英、法、日、韩、德、俄、西、意）	20 万
		国外小众语种（27 个语种）	约 1 万

4. 讲解器的使用与借还方便

讲解器使用方便，采用远红外的自动感应装置，观众走到哪里它就讲哪里，不必按键。同时，讲解器上面有地图标示观众所走过的位置，观众不会走丢。在使用程序上，从 2015 年故宫博物院 90 周年院庆起，观众进入前领取讲解器只需付租金 20 元而不再需要支付押金。领取和归还讲解器的地点十分醒目，在午门入口处领取，神武门和东华门两个出口处归还。忘记归还的，出门处有醒目提示牌并会发出预警声。正如观众所言："有了它，你游览起来方便多了，而且可以知道每个宫殿的历史。没有它也没有导游的话，那去故宫玩就成看房子了，没有意义。"

图 2-1　故宫自动讲解器领取窗口

（二）讲解员讲解

故宫观众量巨大，难以像小体量景区那样做到全部由自身讲解员提供现场人工讲解。因此，它并行采用了四种现场人工讲解方式：专职讲解员讲解、兼职讲解员讲解、志愿者讲解、导游讲解。导游主要负责向参加旅行社服务的团队观众进行讲解，但在讲解群体的细化分类中，他们与景区内的讲解员属于并列关系。

1. 专职讲解员讲解

故宫目前自有专职讲解员 10 人，主要承担对到院参观的各国政府代表团、国内外来宾、学生团体及文化交流团体的讲解接待与交流工

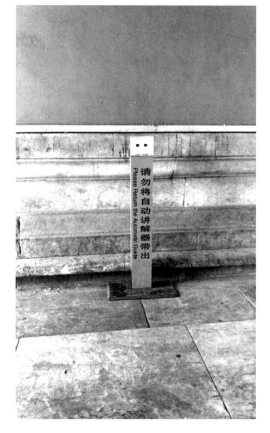

图 2 - 2　讲解器归还提示

作，是故宫与社会之间联系的重要桥梁和纽带。专职讲解员不承担对外收费讲解服务。

2. 兼职讲解员讲解

面对观众和观众的普遍性需要，故宫也提供收费的人员讲解服务。这主要由兼职讲解员承担。讲解线路分为中路（100 元）、中西路（150元）、全程（260 元），收费标准是参观人数为 5 人或 5 人以下，超过 5人的每增加 1 人加收 10 元。观众可以根据自身需要进行选择。目前，故宫有兼职讲解员 60 人左右，由合作单位提供服务人员，由故宫进行培训，主要服务于散客观众。

3. 志愿者讲解

在兼职讲解人员中，志愿者是故宫另一支具有特殊性和更强专业性的讲解服务队伍。他们主要在专题展览馆、临时展览和特别展览场馆提供讲解服务。在故宫开展大型活动期间，尤其是接待定制参观的人群，如大学生、中小学群体、文化交流群体等特别参观群体，一般由志愿者出面提供全程讲解服务，这种活动大多安排在周二进行。在故宫举办大型活动期间，志愿者也会进行引导性讲解服务，为前来参观的公众提供路线引导、馆情介绍、展览讲解等，使公众对故宫的社会职能、馆舍分布、服务范围、陈列展览等有清晰的了解。总体而言，志愿者讲解服务多集中于义务讲解方面，常年开设的钟表馆、珍宝馆、陶瓷馆、玉器馆、书画馆主要由志愿者提供讲解服务。

（三）导游讲解

故宫每年有数百万的旅游团观众，占总客流量的 30% ~ 40%。故宫自身人力资源有限，难以为数量庞大的旅游团提供讲解服务，而且参团者所购买的旅游产品中，景区讲解是其整体产品的必含组成部分。因此，由导游向参团观众提供讲解服务成为必然选择。作为知名景区，故宫的知识与讲解服务一般是北京导游员考试必考的内容。因此，大多数导游都能胜任故宫的讲解服务。当然，由于导游员文化水平参差不齐，责任心不一，加上部分影视剧的影响，为了应付或取悦观众，部分导游讲解也存在明显的错误或胡编乱造的现象。对于这一点，故宫没有放任不管。故宫一方面通过媒体呼吁导游不要胡编乱造误导观众，另一方面通过与北京市旅游委合作开展培训，提升导游员的讲解水平。例如，在2016 年 1 月，故宫与北京市旅游委合作，对导游讲解提供辅导培训，由故宫具有高级职称的专家对 600 名持有中高级导游资质的人员进行授课，内容包括故宫历史、建筑、陶瓷、绘画、玉器等多方面，并观摩数字故宫虚拟现实作品，实地讲解故宫钟表馆和珍宝馆。培训之后对其进行考核，600 名导游参加此次故宫培训，第一轮合格率仅 60%，这从一个侧面说明了培训的严谨性。考核期间，为了保证讲解服务的质量，导游讲解时会佩戴一些录音器材，专家会定期回听审核，遇到不合适的地方及时制止。为了鼓励合格的导游讲解员，故宫给予他们随时入故宫参观的优惠。遇到新展览，这些导游也可以随时进来参观。此外，为营造故宫良好氛围，保持故宫的庄严环境，故宫要求导游放弃使压扩音器，直接采用人工讲解的方式，如果观众人数较多无法采取人工讲解时，故宫可以优惠提供团队专用自动讲解器的服务。

（四）文字解说牌与陈列解说

文字解说牌是文物古迹类景区和博物馆中重要的解说方式之一，尤其在没有语音讲解器的文化景区或博物馆。尽管有了语音讲解器和人员讲解服务，故宫在文字解说牌方面仍然没有丝毫松懈，不但在主要建筑物和展览文物的关键位置摆放了显著的文字解说牌，而且从单独的中文解说升级到中英文双语同内容解说，并在内容与形式上升级优化。事实上，解说牌一直存在两个难以解决的问题：专业性与通俗化如何兼顾、简洁性与重点突出如何相融。故宫解说牌中，既考虑到文物历史文化功能的专业性，又考虑到大众的知识和需求，在某些方面轻轻一点，就可以让人们将历史与现实、生涩与通俗瞬间连接。

陈列展览经常使用的表达手段有直接方式，也有间接方式。直接方式是指让文物展品自己说话，文物展品自身就有许多信息可供观众自己解读。间接方式是指通过其他手法来揭示文物展品或陈列展览的主题和内涵，并使更多的观众能够理解和接受，使陈列展览呈现出雅俗共赏的特点。尽管历史上曾经有过博物馆是否要用文字的争论，尽管也有人把文字视为博物馆展览中"必要的不幸"，但是事实上，文字内容的说明越来越被视为展览的重要组成部分。陈列展览中的"前言"介绍，分阶段的文字概括、总结性的内容，以及单个物品的文字介绍，都属于重要的文字解说范畴。

图2-3　故宫文字解说牌

图2-4　陈列展览中的文字解说

（五）数字化讲解

　　现代博物馆的理念表明，博物馆不仅是一个物的存放所，更是一个为人类的社会生活服务而存在的公共文化机构。它与人们生活的联系从来没有像现在这么紧密过。在人们已经日益习惯于数字化生活的今天，博物馆的建设如果不纳入互联网思维，不采用数字技术手段，没有智慧化的管理，没有大数据的概念，那无异于宣布自外于整个社会，博物馆就只能成为一小部分人独乐的贵族花园。为了让故宫的文化更多融入人们的生活中，从各个角度向观众传递其价值，故宫近几年投入大量资金建设"数字故宫"项目，主要内容包括在线"数字故宫"的网络建设和院内外数字展厅或展厅数字化建设。在线"数字故宫"的文化展示平台包括具有鲜明故宫文化特色的故宫官方网站（中英文版）、青少版网站、"微故宫"官方微信、故宫官方出品的各种 App、端门数字博物馆，这些数字化渠道有着丰富多彩的形式、角度与侧重点不同的内容。观众和观众通过这些数字化渠道的介绍，不但可以在参观之前了解故宫的建筑、历史与文物概况，还可以在参观之后慢慢回味，挑选自己喜爱的对象，对其数字讲解内容进行回放，反复品味。

数字化讲解体系，既可以弥补现场没有人员讲解或讲解内容易忘的不足，还可以通过更为恢弘的视角，或更加接地气的年轻人的解读方式了解故宫文化。作为体验了端门数字馆的数字化讲解服务的笔者来说，这种互动参观真的让人印象深刻，相当震撼。观众在其中可以观看 3D 展示加解说的故宫"大片"，走进"数字建筑"、触摸"数字文物"，通过与古建、文物的亲密互动，探索它们本身固有的特性与内涵，从而获得比参观实物更为丰富有趣的新奇体验。

更值得一提的是，故宫出品的数字化讲解体系，可以专门针对人们关心的热点问题进行解说，并对许多谬传已久的信息做出具有说服力的匡正，例如，"掌上故宫"App 对午门的介绍中有一条"'推出午门斩首'的真相"，它从历史证据、情理推演、程序正义三方面，用三五百字概要而透彻地阐明，"推出午门斩首"之事在中国古代任何一个朝代中都未曾存在过，也不会出现，只是文学创作者为了增加作品的戏剧性所做的虚构。不过，与此相关的"推出午门问罪"之事却是真实存在的。如此这般具有专业性又贴近访客需求的文字讲解，加上鲜活的语言风格，不仅让人对故宫的文化有了重新的认识，也让人对故宫人的文化素养格外看重。

三 用解说建立与观众沟通的桥梁

（一）差异性解说方式具互补性效果

如前所述，作为解说系统的重要组成部分，讲解服务以其具有直观性、互动性获得人们的青睐。一份来自北京联合大学旅游学院的调研显示，59%的故宫观众愿意采用人员讲解服务方式，此结论也证明了上述判断。对故宫现有的各种解说服务方式，人们体验后也给出了评价，其中，人员解说（讲解员、导游）是最受观众喜爱的讲解方式（83%），其次是便携式讲解器（54%），文字解说牌（47%），再次则是展示陈列、电子触摸屏、"掌上故宫"App 软件、宣传资料。分析各种讲解服务方式的使用效果评价，按李克特 5 级量表为各项赋值，结果分别为：人员讲解矩阵 4.16 分，App"掌上故宫"解说矩阵 4.08 分，便携式语音解说矩阵 4.04 分、电子触摸矩阵 3.48 分。此结果表明，人员讲解服务获得的认可度最高，其次是数字解说媒介"掌上故宫"App。虽然前一项调研数据显示数字讲解渠道的使用总量不是很大，但使用过的人对其评价都较高，说明数字讲解服务的亲和力强。相对而言，电子触摸屏的解说效果最差，在课题组访谈过程中发现故宫对此已经有所意识，正准备淘汰这类设备。

（二）根据对象特征提供适宜讲解方式

总结故宫的讲解服务方式，发现其不同的设施和服务手段可以有针对性地满足不同对象特征的需要。例如，普通观众参观游览主要是为了开阔视野，增长见识，因此，简单明了的导游讲解和兼职人员讲解、语音讲解器讲解都可以较好地满足此类观众的基本需求。对于贵宾参观，他们的时间安排较为紧凑，在时间有限的前提下，要求讲解服务应善于抓住重点，保证讲解内容简短精悍，在最短时间内将博物馆的最大特色展示出来，这种任务由故宫宣传教育部安排专职讲解员承担。同行专家学者参观时往往对于其研究领域有关的展区极为关注，在为此类参观者提供讲解服务之前，故宫会要求讲解人员事先做好充分准备，对参观者的业务范围进行详细了解，从而进行有针对地讲解并实事求是地回答该类参观者的学术提问。对于学生群体，针对他们好奇心强，注意力不够集中等，讲解员采用启发式，提问式的方式讲解。

（三）多种解说方式风格各异准确性一致

多种解说方式的出现，最难解决的问题恐怕是如何让内容在准确度上保持一致，同时又避免语言表达方式上重复而令人生厌。让人惊喜的是，博大精深的故宫文化，在故宫人手里无论用哪一种方式呈现出来，不仅做到了内容丰满、侧重点不同、语言表达方式各异其趣，让人感觉到"横看成岭侧成峰，终是庐山那座峰"，同时还做到准确度高、关键信息不自相矛盾。这有赖于故宫拥有一批不同年龄段的文化解说（撰稿）人，也有赖于故宫对解说服务有一套成熟的管理制度。

（四）解说服务优化展望

展望未来，故宫解说服务中的以下几点有必要进一步优化：（1）目前固定展览馆的讲解时间段情况观众难以知晓，可以用文字方式张贴或将文字牌示于展厅入口处，让观众可以把握时间，以免错过听讲机会；（2）通过某些渠道，对汉语不同版本讲解器的差异加以说明，使人们在选择时更符合其需要；（3）为自动讲解器增加重复播放功能，让观众对感兴趣或没听清的项目可以再次聆听，增加博物馆的文化教育功能，提高观众体验效果；（4）借鉴成都武侯祠等地的做法，利用小程序，让观众自行下载倾听相应地点的解说词，降低旺季讲解器的租用压力。

展览展示

　　故宫博物院成立 90 多年来，举办了数以千计的陈列展览，面对不同时代的社会文化需求，始终坚守使命，智慧前行。特别是进入 21 世纪后，故宫博物院不断明确陈列展览定位，完善陈列展览格局，提升陈列展览手段，使展览工作取得了巨大成就，获得社会各界的广泛好评。这些展览主要围绕宫廷史迹原状陈列和古代艺术品陈列两大领域开展。一次又一次为博物馆专业人士和广大观众提供了良好的历史视角、文化震撼、艺术享受和生活启迪。

一　博大精深的文物藏品需要充分展示

　　故宫拥有堪称世界级的文化资源，一是拥有世界上规模最大的木结构建筑群，也是最大规模的古代宫殿建筑群；二是拥有世界上保存数量最多、价值最高的中国文物藏品。文物藏品数量高达 1862690 件（套），其中珍贵文物 1684707 件（套），占全国国有馆藏珍贵文物的 41.98%，可以说是一部浓缩的五千年中华文明史。然而，从目前的展览展示情况看，故宫博大精深的文物藏品未能有效展现给观众。主要原因包括两方面：一是大量的观众从午门进入故宫后直接沿中轴线参观故宫古代宫殿建筑群，只有少量观众进入东、西两侧的展厅参观；二是目前故宫每年展出的文物数量只有将近 1 万件，按照目前的展出速度，大量文物将无法与观众见面。因此，故宫正在克服展陈空间不足等各方面困难，通过优化提升现有的展览展示水平，不断开辟新的展厅，增加展示文物的数量和质量，提升展览效果，努力将更多的馆藏文物展现给更多的观众，让观众感受到故宫博大精深的文物藏品和独具魅力的文化氛围。

二 以创新思维进行展览展示

（一）构建完整的展览体系

博物馆陈列展览是在一定空间内，以文物展品为基础，配合适当辅助展品，按照一定主题、序列和艺术形式组合而成，是进行直观教育、传播文化科学信息和提供审美欣赏的展品群体的方式。陈列展览是博物馆进行文化传播、实现自身价值的基本途径，是博物馆实现其社会功能的主要方式。陈列展览不仅是博物馆沟通观众、服务社会的手段，也是其收藏、保管、研究和服务水平的集中体现。丰富多彩的陈列展览，能使社会公众在博物馆中得到更多的科学知识和文化艺术享受。

故宫博物院从建院之始就有自己的特色，即从故宫的皇宫建筑和文物藏品出发，确定了宫廷原状与历代艺术的陈列体系，通过不断改进与发展，形成了拥有包括宫廷原状陈列、常设展览和临时展览在内的完整而稳定的展览体系。

1. 原状陈列

故宫最具特色的陈列展览仍然是原状陈列，这是故宫独具的文化资源优势。目前故宫有 16 项原状陈列展览，主要有前三殿（太和殿、中和殿和保和殿）、后三宫（乾清宫、交泰殿和坤宁宫）以及西六宫等处的原状陈列，使其真实反映前朝、后寝的原状，再现了明清时期的一些历史场景和特定环境。例如太和殿的原状陈列，按照历史原貌摆上乾隆题"建极绥猷"匾、联，摆上宝座台、髹金漆云龙屏风和云龙纹宝座，再放置掐丝珐琅甪端、太平有象、仙鹤、香亭、鼎式香炉，以及紫檀香几、硬木贴金圆几，这些就组成了引人入胜的原状展览。再如养心殿东次间，按照历史原貌铺上紫边黄花卉地毯，挂上陈兆凤绘的"松鹤"和"松月"贴落、同治御笔龙字、光绪御笔兰花和兰石及潘祖荫"闲居"贴落，同时放置楠木书橱、红木长桌、八卦宝剑及雕漆宝剑插架、紫檀嵌玉挑竿花篮盆景、铜镀金牛驮瓶花表、紫檀嵌玉雕云龙宝座、黄云缎座褥及迎手、紫檀雕花八棱香几、珐琅太平有象瓶，以及紫檀长桌、紫檀嵌玉炕几、红木炕桌，摆放碧玉雕龙插屏、粉彩云蝠冠架、黄地青花象耳瓶，挂上团龙黄纱帘、黄缎蓝纱门帘、木框玻璃挂灯和画珐琅委角方形玻璃挂灯，形成一个充满故事的展览空间。由此可见，即使是同样面积的展厅，采用密集的展柜，也难以陈列出数量众多的珍贵文物。然而更重要的是，由这些地毯、贴落、桌几、垂帘、宫灯等器物组合而成的是文化空间，呈现出其他展览方式难以表达的真实场景。

2. 常设展览

故宫根据文物藏品的类型和保护成果，举办相对固定的常设展览。例如武英殿书画馆、文华殿陶瓷馆、奉先殿钟表馆、宁寿宫珍宝馆、承乾宫及永和宫的青铜器馆、景阳宫的金银器馆、钟粹宫的玉器馆、景仁宫的捐献文物精品展，以及石鼓馆、清宫戏曲馆等。虽然是常设展览，故宫也会定期进行调整和改陈，维护文物藏品、提升展览效果、改善服务质量。

3. 临时展览

多项研究报告指出，一些结合社会热点话题的临时展览往往比固定陈列更具吸引力。与固定陈列展览相比，临时展览的内容更加丰富多彩，形式更加灵活多样，也更加具有时效性的优势，可以为社会教育提供更为广阔的平台。故宫根据科研成果不断凝练出重要选题，再根据展览计划推出临时专题展览，这些展览建立在院内学者、研究人员长期而扎实的研究基础上，使观众能够在某一专题上对故宫文化产生深刻的印象。例如，近年来成功举办的"兰亭特展"、"明永乐宣德文物特展"、"宫阙述往展"、"故宫文物南迁史料展"，以及"古书画临摹复制与装裱修复技艺展"等。同时，故宫也举办社会捐献特展，例如"马衡先生捐献文物特展""纪念张伯驹诞辰115周年绘画展""故宫藏萧山朱氏碑帖特展""孙瀛洲捐献展"等，积极宣传无私捐献文物藏品人士的不朽贡献。每年故宫还会举办来自世界各国著名博物馆的重要展览，例如举办了"太阳王路易十四——法国凡尔赛宫珍品特展"（2005年）、"瑞典藏中国陶瓷展"（2005年）、"克里姆林宫珍品展"（2006年）、"卢浮宫·拿破仑一世展"（2008年）、"山川菁英——中国与墨西哥古代玉石文明展"（2012年）、"印度宫廷的辉煌——英国国立维多利亚与艾尔伯特博物馆珍藏展"（2013年）等。

此外，依托丰厚的文物藏品、扎实的研究水平，故宫开拓创新，在世界各地举办各类涉外展览，还经常出借院藏文物支持国内各博物馆举办展览，为全国乃至世界各地的数千万观众了解中华传统文化提供机会。

（二）形成独具特色的陈列展示

90多年来，故宫举办了各项陈列展览千余项，展出各类文物数以万计。特别是进入21世纪后，故宫不断明确陈列展览定位，完善陈列展览格局，提升陈列展览水平，使展览工作取得了巨大成就，获得社会各界的广泛好评。这些展览一次又一次为博物馆专业人士和广大观众提供了良好的历史视角、文化震撼、艺术享受和生活启迪。同时也沉淀出了故宫陈列展示的特色。

1. 突出故宫独有的文化特质

近年来，故宫的陈列展览水平和社会影响不断得到提升和扩大，积累了大量经验，并逐渐形成了自己的特色和风格，即突出文物展品和历史事件的关系，突出文物展品与原有环境的关系，突出文物展品与社会生活的关系，总之，突出故宫独有的文化特色。为了更好地突出文化特色，故宫更加注重深入研究文物藏品的内涵和价值，深入揭示文物藏品背后的故事，提倡精品意识，增加文化内涵和科技含量，力争达到历史性与时代性、思想性与观赏性、科学性与艺术性、学术性与趣味性、知识性与通俗性的完美结合。例如，在午门展厅举办的"兰亭特展"就是在这些方面的有益尝试。根据观众调查的结果，"兰亭特展"在国庆黄金周7天共接待了4万多名观众，无论是普通观众还是专家都从各自关心的角度给予了"兰亭特展"较高的评价，配合此次展览出版的《兰亭图典》、《兰亭的故事》和研发的兰亭系列文化产品，也受到了人们的欢迎。

2. 采用原状陈列展现文化资源优势

原状陈列是故宫最具宫廷生活特色的展览，担负着保护故宫宫廷文化原迹、原物，适度肩负接待中外重要来宾参观和专业人士研究学习的职能。故宫原状陈列展室由开放区域内全封闭展室、半封闭展室、开放式展室和非开放区域内展室组成。

为充分体现原状陈列展室职能，故宫制定了《故宫原状陈列展室管理办法》，分别对原状陈列展室的管理、原状陈列展室在陈文物的管理以及原状陈列展室特殊参观的管理等方面制定了相应的办法。

故宫的宫廷史迹部分展示方式是典型的复原陈列，以保存历史原貌为主旨，例如太和、中和、保和三大殿，乾清、交泰、坤宁后三宫，养心殿、西六宫除永寿宫以外的各个殿宇，均是宫廷史迹原状陈列场所。这些展示场所全部根据历史文献记载进行布置陈设，最大限度地再现当时皇家政务和内廷生活场景，对历史研究有着极为重要的参考价值，也最受普通观众喜爱，做到了雅俗共赏。原状陈列虽然反映的只是历史的某些侧面，但是它能真正地再现当时的社会生活场景，并直接诉诸观众的视觉，给观众以感性的认识，有助于人们对历史时期、历史环境及其当时社会生活的了解。为了体现"原状"，故宫力求以严格的史实作为依据，以科学、认真的态度进行考证，设计出原状陈列的真实性、可信性、历史性和艺术性。

3. 通过境外展览传播中华文化

从馆舍面积、藏品数量、观众数量等方面来看，故宫可与卢浮宫博物馆、大英博物馆、大都会艺术博物馆和艾尔米塔什博物馆等世界著名博物馆相比。但就国际影响力而言，故宫并不突出。为改变这种局面，故宫从 2005 年起，开始与世界著名博物馆签署战略合作协议，实施互换展览、人员互访和项目交流等活动，通过境外展览传播中华文化，以"皇家文化"为主题，不断提升故宫文物展览的品质与内涵。

2005 年 10 月 10 日，故宫与法国卢浮宫博物馆经过多次协商后签署《故宫与卢浮宫博物馆 2005 – 2010 年合作协议》，这是故宫首次与世界一流博物馆建立起全面长期的合作关系，为故宫开展对外交流合作带来了契机。根据协议内容，两馆互换展览，并在公众接待、宣传教育、文化出版及文保科技等方面展开全面合作，建立管理人员和技术人员的定期互访机制。2006 年 4 月，故宫与艾尔米塔什博物馆签署了合作意向书，双方商定互换展览，介绍中国和俄罗斯的皇家文化，并在高层互访、专家交流、文物保护、观众服务、信息技术、编辑出版等方面展开合作。2006 年 6 月和 12 月，故宫分别与大英博物馆和大都会艺术博物馆签署合作意向书，承诺在互办展览、文物研究、文物保护、教育宣传等方面进行长期合作。2007 年 3 月，故宫与德累斯顿艺术收藏馆签署合作意向书，两馆达成了联合举办"清廷与萨克森 – 波兰宫廷的艺术和权力（1644 ~ 1795）"展览的意向。此外，故宫还与日本东京国立博物馆、加拿大皇家安大略博物馆、美国弗吉尼亚美术馆、英国维多利亚与阿尔伯特博物馆以及伊朗国家博物馆等世界著名博物馆签署了战略合作框架协议，并与上述各馆实施了互换展览、人员互访以及专业交流等活动，使故宫的影响力快速上升。

随着这些战略合作协议的签署，故宫的对外展览和文化交流出现了一个新局面。2007 年 3 月 9 日 ~ 6 月 10 日，故宫与大英博物馆首度合作的"英国与世界展（1714 ~ 1830）"在故宫午门展厅举办，展出了百余件版画、素描、水彩画、雕塑、器物，再现了 17、18 世纪英国与世界各国的交往与联系。这是大英博物馆与故宫首次联合展览。2008 年 4 月 4 日 ~ 7 月 4 日，故宫与卢浮宫合作的首个重要项目"卢浮宫·拿破仑一世展"在故宫午门展厅举办，展出了 100 件绘画、雕塑、陶瓷、家具、工艺品，比较全面地反映了拿破仑辉煌的一生和拿破仑时期卢浮宫丰富的文物珍藏。2008 年 10 月 ~ 2009 年 1 月，"金龙与白鹰——故宫/德累斯顿艺术收藏馆文物联展"在德累斯顿艺术收藏馆举办，展出了 400 件萨克森 - 波兰宫廷和中国皇宫的收藏精品，展现了两个具有不同文化特色的政权体系。2009 年 4 月 8 日 ~ 7 月 8 日，"白鹰之光：萨克森 - 波兰宫廷文物精品展（1670 - 1763）"在故宫午门举行，欧洲巴洛克时期的文物珍品在此次展览中与中国观众见面。更值得一提的是，作为《故宫与卢浮宫博物馆 2011 - 2015 年合作协议》重要内容，"重扉轻启——明清宫廷生活文物展"于 2011 年 9 月 26 日 ~ 2012 年 1 月 9 日在法国卢浮宫举办，来自故宫的 130 件（套）文物珍品向法国观众讲述中国紫禁城的故事。这是东方文物首次在卢浮宫亮相，堪称一场东西方文明和艺术穿越时空的交往，具有重要而深远的意义。

另外，通过与国家外交政策及文化战略实现对接，故宫文物展览在弘扬中华文化艺术方面发挥着重要作用。2005 年 11 月 9 日，配合国家主席胡锦涛对英国进行国事访问，故宫与皇家艺术学院合作策划的"盛世华章展"提前 3 个月在伦敦柏灵顿宫举办，展出了来自故宫博物院、大英图书馆、维多利亚与阿尔伯特博物馆、吉美博物馆、柏林国立博物馆、香港艺术博物馆等机构收藏的 458 件清宫文物，再现了清代康熙、雍正和乾隆三朝的文化和艺术。胡锦涛主席夫妇与伊丽莎白女王夫妇共同出席了展览剪彩活动，并一同参观展览。中国国家主席对本国文化艺术的热爱与熟悉赢得了英国民众的赞赏与尊敬，"盛世华章展"极大地展现了中国文化外交的魅力，增进了英国民众对中国文化的了解。

2006 年 4 月，借助中国举办"俄罗斯文化年"的契机，故宫博物院与克里姆林宫博物馆建立合作关系。"克里姆林宫藏珍品展"于当年 9 月 28 日在故宫午门举办，来自克里姆林宫的 200 件（套）珍藏，展现了 18 世纪至 20 世纪俄罗斯宫廷的方方面面。该展览得到中我领导的重视与支持，胡锦涛主席和普京总统为展览题写贺词。国务院副总理吴仪、文化部部长孙家正等出席了展览开幕式。2007 年 3 月 27 日~6 月 3 日，作为俄罗斯举办"中国文化年"的重要内容，故宫精选 74 件（套）文物在克里姆林宫博物馆举办"故宫珍藏品展"，再现了 17 世纪至 18 世纪中国宫廷生活的主要内容。

作为"中比文化之春"的重要活动，"中比绘画 500 年"展览分别于 2007 年 2 月 14 日~5 月 6 日和 2007 年 6 月 26 日~9 月 5 日在比利时布鲁塞尔美术宫和故宫博物院举办。这是中国首次以对话形式举办跨度在 500 年以上的东西方绘画的比较性展览。这场别开生面的东西方文化交流活动，堪称中比两国文化交流史上的盛事。

4. 通过展教结合，实现故宫的教育功能

社会教育是现代博物馆的重要职责，一直以来，故宫十分注重展览和教育的结合，强化自身社会教育的影响力和故宫文化的传播力。故宫的社会教育拥有"故宫知识课堂"、动手教育等品牌活动，特别是串朝珠、手绘龙袍、集字、堆秀、结彩、包粽子、传拓等动手教育颇受青少年及其家长喜欢。面向社会公众的故宫文化讲座活动，面向中学校长的中华传统高级研修班，面向中小学书法教师的培训，融入中小学课堂的教育项目等，皆在持续进行。目前，故宫已在太和门广场西侧建立了故宫博物院教育中心。通过多种形式的社会教育项目，使人们改变对故宫的刻板认识，加深对故宫及故宫文化的了解。

在具体的项目开发方面，根据展览开发的教育项目案例不胜枚举。例如"霓裳彩绘"活动，是根据故宫 2008 年举办的"天朝衣冠"清代宫廷服饰精品展推出的课堂动手教育活动。目前，这项教育活动已经成为故宫的经典教育活动之一。"击扫黑白，传拓万千"活动是结合故宫举办"蓬莱宿约——故宫藏黄易小蓬莱阁汉魏碑刻特展"推出的拓片制作活动，第一次把动手教育活动带进展厅完成。在展览期间，观众可以在故宫延禧宫展厅的相关互动区域内观摩和体验制作石刻拓片。在三个半月的展期内，共有959人次参与体验，其中包括购票观众386人次，预约观众573人次。活动效果显著，社会反响良好。

近年来，故宫还根据古陶瓷研究中心展览推出随展教育活动。在"宋代官窑瓷器展"期间，故宫除组织观众开展主题参观活动以外，还特意编写了展览普及读本《宋代官窑导读》。在举办"定窑瓷器展"时，故宫根据展出的展品特别设计制作了供小学生使用的美术教学课件。在开展主题参观活动时，学生可以在展厅使用课件进行美术创作，认识定窑瓷器的花纹与造型。在研发随展教育活动时，故宫的教育专业工作人员与文物保管、研究、展示工作人员密切配合。从活动设计之初，故宫就追求内容的准确性，注重考虑专业知识对普通观众的表达方式，引入多种不同的教育实现形式，凸显教育工作的业务专业性和教育专业性。

5. 充分利用现代信息技术进行数字化展示

数字化展示是充分利用现代信息技术，对故宫的藏品进行展示。数字化展示也是故宫陈列展览的一个方向，很多年轻人乐于通过先进的数字技术，包括各种三维数据的应用，了解故宫文化。故宫的数字化展示包括传统互联网、移动媒体等在线数字展示和实体展厅落地的数字展示。

故宫的在线数字展示主要通过三个方面进行。一是故宫官方网站群，该网站群除了故宫官方中文网站（主网），还针对3～16岁的青少年建设了青少版网站，针对母语为英语的人群设立了英文版网站，并根据实际需要，适时开启多语言版建设。另外，故宫还依托官方网站中文版主网站，设立了一系列文化专属性较强的子网站，例如北京故宫文物保护基金会网站、中国古代书画研究系统网站、故宫名画记网站、故宫藏品总目网站、故宫研究院网站和故宫学院网站等。二是借助移动互联网和智能移动终端，打造"故宫出品"系列移动终端应用品牌，进行线上、线下的宣传推广活动，保持观众的关注度。例如，组织完成了"建筑的秘密""寻找紫禁城里的祥瑞"App 推广活动及"皇帝的一天"App 亲子体验等各种线下活动，逐步摸索出一套适合数字文化发展的宣传推广活动模式。充分发挥互联网和社交媒体传播优势，线上策划完成了"御前大比拼，马上有好礼""祥瑞文化知多少""紫禁城里的春天"等各类线上推广活动。三是通过基于微博、微信等微媒体的故宫官方微故宫平台进行展示。

落地数字展示主要通过三方面来实现。一是建设数字专馆。故宫先后建成西南崇楼"数字体验馆"，首都机场"文化国门——故宫印象"展厅和故宫首个大型的、全数字形式的展示专馆——端门数字馆。故宫北部还将建设大高玄殿数字博物馆展厅。今后，每天在紫禁城关门以后，故宫还可以对社会开放，其中南部的端门和北部的大高玄殿除了白天的开放活动外，晚上也可以作为数字博物馆对社会开放。二是在实物展厅中采用数字展示。配合院内各实物展馆、专馆的数字展示项目，利用触摸屏、主题导览视频片、移动终端导览等方式，协助观众获取现场或实物中看不到的更丰富的信息。例如，在西路和东路以及外西路和外东路的古代建筑群中，还有不少院落和文物建筑，由于空间狭小，室内原状陈列的文物特别珍贵，因此，在观众数量不断增加的情况下不宜正式对外开放，例如漱芳斋、重华宫、建福宫、倦勤斋、雨花阁、梵华楼等。这些文物建筑和珍贵藏品也将逐渐通过数字展示的方式呈现给观众。三是配合对外展览需求，建设可流动的"数字故宫"，将一部分具有典型意义的数字展项通过便携式的数字展示设备向外推广。同时探索、总结"流动的"数字故宫的展览模式。

（三）实施多维并举的优化举措

近年来，故宫内每年有各种展览 45 个左右，其中原状陈列展览 15

个左右，固定专题展览 20 个左右，临时专题展览 10 个左右，同时展出的文物藏品数量近 1 万件，以多种形式满足观众参观的需求。但是，面对观众数量的增加、观众文化素质的提升和文化需求的变化，原有展览体系和格局也需要相应的优化提升。

1. 调整展览布局，扩大展示空间

故宫的开放区域在 2002 年只占 30%，随着故宫古建筑整体修缮工程的进展，到 2014 年增加到了 52%。2015 年，故宫博物院迎来了 90 岁华诞，又开放了 5 个新的参观区域，使紫禁城的开放面积达到 65%，到 2016 年扩大至 76%，未来会超过 85%。开放区域主要包括前三殿、后三宫、文华殿、武英殿、养心殿、东西六宫以及御花园等区域，这些区域构成了以中轴线为主的紫禁城宫殿建筑参观路线，沿线设置了太和殿、保和殿、乾清宫、交泰殿、坤宁宫、养心殿、太极殿、长春宫、翊坤宫、储秀宫等原状陈列，共计展出清宫陈设及文物 4306 件。

为缓解高峰时期中轴线区域观众过于密集的情况，同时，为了满足观众不断提升的参观需求，故宫努力调整展览布局，不断扩大故宫的展示空间。

在增加展览设施方面，一是在 2015 年故宫博物院建院 90 周年时，午门和雁翅楼建筑群被正式启用。现有午门展厅已经成为故宫与国际博物馆界重要的交流与展示平台，整体改造完成后的东、西雁翅楼展厅与午门展厅组合成为故宫面积最大、功能最全、规格最高的现代化展区，以 2800 平方米的大型展览空间满足多门类文物大规模展示的不同需求。这是世界上最为独特的博物馆展厅，居高临下，气宇轩昂。古代建筑外观将完全保持原貌，内部则是既具有宫殿建筑氛围，又拥有现代展览设施魅力的空间。二是将东华门作为古建筑馆对观众开放，专门展示壮美的古代建筑群和精美的古建筑文物藏品。故宫开放一段东南城墙，使观众能够从午门 – 雁翅楼展厅出发，沿着城墙参观，经过东南角楼到达东华门城楼，大约可以参观紫禁城 1/6 左右的城墙，观众还可以登上东华门城楼观赏故宫古建筑群，使观众获得难得的文化体验。特别是以往人们只能眺望紫禁城角楼，将来可以近距离观赏这一经典文物建筑，还可以进入内部仔细参观，并观看数字影视作品《角楼》。三是将南大库作为古代家具馆对观众开放。南大库是一组体量较大的古代建筑，目前作为家具文物库房。但是，南大库处于开放区域，具备开放条件，同时拥有宽阔的独立院落，可以容纳较多观众参观，故宫计划将南大库开放为故宫家具馆，以仓储式展示方式，即扩大展览面积进行呈现，这也有利于家具文物藏品的保护。四是将延禧宫作为外国文物的专题展馆。延禧宫是东六宫之一，这组院落在故宫里具有非常独特的景观。20 世纪 30 年代初延禧宫修建了中西合璧的库房建筑，使延禧宫成为一组充满异国情调的建筑群。鉴于延禧宫这一特色，故宫计划将其建成故宫外国文物馆。在历史上通过正常的文化交流、友好往来、商品贸易等渠道，故宫收藏有上万件外国文物。

在扩大开放面积方面，一是开放了文华殿区域的文渊阁，扩大开放空间。二是在故宫博物院建院 90 周年时，开放了慈宁宫、慈宁宫花园和寿康宫所在的西部区域。慈宁宫区域作为雕塑馆进行展览布置和陈设，展出约 400 件雕塑文物，寿康宫进行原状陈列展示。三是端门城楼作为数字博物馆场所对外开放。端门是观众参观故宫的第一站，具有得天独厚的地理位置，故宫将端门建成一座数字博物馆，将传统建筑和数字技术融合起来，采用直观、亲和、时尚的数字展示手段，使观众对故宫有较为清晰和深刻的"第一印象"。作为"数字故宫"的建设成果展示基地，故宫用现代技术记录、保护、研究古建筑和文物藏品所取得的阶段性成果，并在端门城楼数字博物馆向社会公众进行展示和汇报，让这里成为故宫给观众递上的第一张"名片"，它以数字作品引导观众了解紫禁城和故宫的历史沿革，精彩的传统建筑艺术、技术及其文化价值，丰富的文物收藏以及展览信息。同时，它也使观众用最短的时间了解到故宫的基本信息，获取即将开始的故宫之旅所必需的参观辅助服务。四是大高玄殿文物建筑群修缮后，南部区域将作为国内宫廷道教文物展示空间，北部区域将作为故宫数字博物馆、数字图书馆、"故宫讲坛"的场地对外开放。五是故宫北院区的建设，将解决院藏的大量大型珍贵文物（如家具、地毯、巨幅绘画、卤簿仪仗等）因场地局限而长期无法得到及时、大规模的科学保护和有效展示的问题，同时把传统文物修复的技艺，即非物质文化遗产展示给公众。

2. 提升展示效果

故宫的陈列展览基本在古代建筑内布置，往往影响展览效果，也会给文物建筑保护带来一定挑战。但是，从另一角度看，这也是故宫的优势所在。因为文化遗产依赖于背景环境而存在，离开原生环境的文物则像"孤魂野鬼"一样。大量宫廷文物在原生环境中得到陈列展示，有背景环境的烘托，才能全面彰显其历史、艺术和科学价值，才能获得应有的尊严，有尊严的文物展品才能焕发出更加夺目的光彩和魅力。故宫的陈列展览注重强化自身特色和独特风格，以往成功的陈列展览，均将文物建筑与文物展品融为一体，相映生辉，给予观众强烈的文化震撼力和良好的艺术观赏性。

目前，展览效果的提升主要是在基本保持中路、东西路、外东西路的展览格局前提下进行。例如，对于东六宫、西六宫的原状陈列展览空间来说，主要是要处理好文物建筑保护与陈列展览效果的关系。通过个性化的深入研究，使每一个院落都像一个独具特色的展览空间，每栋文物建筑的若干面玻璃窗，都像博物馆大型展柜的展窗一样吸引观众的视线。通过科学研究，在室内增加对文物建筑和文物展品无害化的照明设施，科学设定不同空间的光照度，以增加原状陈列的良好效果，使观众能够享受在其他博物馆难以感受到的特殊体验。这样观众不需要再把脸贴在玻璃上，使用既委屈自己又影响他人的参观方式，而是以轻松的心情和姿态，观赏在适宜温度、湿度和光照度下的文物展品。为实现这一目标，故宫在用于展室的文物建筑修缮设计方案中，同时包括安防技防设计方案、陈列展览设计方案，将文物建筑保护与合理利用通盘考虑，融为一体。这样不但可以获得集各方智慧的最佳方案，避免了文物建筑修缮工程与陈列展览设计实施之间"两张皮"的状况，而且可以有效地避免在一座文物建筑上反复施加干预的不科学做法。

3. 丰富展览内容

面对不断增长的观众量和日益多样化的文化需求，故宫需要不断研究扩大开放区域的问题。当前，故宫中的一些区域正创造条件对外开放。例如，宝蕴楼是故宫内少有的西式建筑，经规划、修缮后局部开辟为故宫院史陈列厅，着重展示故宫博物院成立前后的历史。

长期以来，故宫也在推进"数字故宫"建设的过程中，不断完善文物建筑及院藏文物藏品的三维模型数据库，先后制作了《紫禁城：天子的宫殿》《三大殿》《养心殿》《倦勤斋》《灵沼轩》《故宫角楼》等大型虚拟现实数字作品。使观众能够"走进"紫禁城内一些室内外相对狭小、因文物保护需要不能对外开放的空间，从而体验自文化空间与数字技术共同创造的文化震撼，使"数字故宫"成果发挥出应有的社会效益。

三　实现展览展示的与时俱进

（一）围绕观众需求进行展示

1. 展览展示要以观众为本

长期以来，众多博物馆的基本陈列展览通常采用编年组织结构、线性陈列线路的展示体系，但是，这种展示体系对于文物展品较多的博物馆而言，容易造成观众疲劳，也不利于突出陈列展览的主题。有些陈列展览往往不是以观众需求为主要出发点，展览内容传统，文物展品说明过于专业，大量采用普通观众不认识的生僻字，而缺少适当的科普意识，缺乏相关的信息服务，影响观众的参观体验效果。还有一些博物馆的基本陈列展览多年不变，更新时间达七八年，甚至更长，因而失去对观众的吸引力。因此，博物馆应体现人文关怀，陈列展览设计应站在观众角度上，努力作用于人们的情感世界，积极探索观众的接受能力、欣赏习惯，从便于观众理解、接受和欣赏的角度，将专业性、学术性、艺术性、思想性、趣味性、观赏性、通俗性有机结合，使不同文化层次的观众都能各得其所。只有观众对陈列展览产生兴趣，才可能停下脚步仔细观察、认真思考。一个好的博物馆不仅是参观的场所，而更应该以培养审美情趣、陶冶人文情怀为己任。优秀的陈列展览就像一盏明灯，能够照亮人们的内心。

2. 注重展览展示内容的丰富性

陈列展览是博物馆与社会沟通的渠道，如果缺乏主题鲜明、内容丰富、形式新颖、精心制作的陈列展览，博物馆将难以得到社会公众的支持。在法国，多项调查表明，在不常来博物馆参观的人群中，由于"门票价格因素"仅占 4% ～10%，而"没有自己想看的东西"则占到了 41%。由此可见展览展示内容的丰富性对吸引观众起着决定性的作用。

当前，一些陈列展览主题提炼不足，平铺直叙，内容枯燥，缺乏创意；一些陈列展览信息繁杂，结构混乱，缺乏逻辑，不易为观众所接受；一些陈列展览则注重外在装饰华丽，忽视展示内容的思想性、科学性和知识性；一些博物馆的基本陈列，热衷于珍贵文物的集中展示，而不注重陈列展览主题的提炼与深化，疏于探究文物展品信息的内在联系和传播意义，忽视观众的文化需求和实际效果。

博物馆展览是文化、知识、信息、审美和思想的传播方式的一种。要实现博物馆服务社会的最大价值，就必须提供具有吸引力的精品陈列展览。对于常设展览，只有博物馆专业人员，通过对不同年代、不同质地的文物藏品进行科学研究、学术鉴定、整理修复、分类保存，揭示文物藏品丰富内涵和历史科学艺术价值，才能成功策划并举办各类为观众所接受的陈列展览。对于临时展览，需要注重联系社会生活实际，反映广大民众普遍关心的热点问题，不断推出能丰富民众文化生活和更加贴近民众现实的陈列展览，并使社会公众了解这些陈列展览的信息，从而产生浓厚兴趣。

3. 重"展"更要重"教"

2007 年在奥地利维也纳召开的第二十一届国际博物馆协会代表大会对博物馆的定义进行了修改，并首次将"教育"作为博物馆的第一功能予以阐述。因此，在现代博物馆的经营管理中，"教育"不仅是博物馆对社会的责任，也是其首要目的和功能。教育不仅是博物馆联系社会、服务社会的重要纽带，也是博物馆根本宗旨与价值所在。博物馆通过文物展品，向观众形象化地传播科学知识和文化知识，让观众了解人类自身、历史和自然科学，提高人们对自然与社会的认知度，为社会及其发展服务。《国际博物馆协会职业道德准则》在"博物馆教育与社会作用"中规定：博物馆是一个为社会及其发展服务的机构。博物馆应利用一切机会发挥其作为教育资源的作用。目前，博物馆事业发达，国家视博物馆为重要的教育资源和阵地加以运用，将博物馆纳入国民教育体系已成为普遍行为。其教育活动不仅丰富多彩，而且富有成效。同时，公众教育活动举办的质量和数量，也已成为其博物馆事业发展的一项重要指数。

为了更充分地发挥博物馆的教育功能，我国博物馆界亟待改变"重展"不"重教"的现状，探索和创新教育活动的内容和形式，以提升教育活动的整体水平，真正惠及公众。

4. 发挥新媒体技术在展览中的作用

随着科学技术的发展和传媒理念的革新，我们的时代已逐渐从报纸、广播、电视等传统媒体时代，转变为以数字媒体、网络媒体和移动媒体等为代表的新媒体时代。博物馆的展示方式只有适应时代的要求，跟随科技变革，才能更好地展示和发掘展品的价值。新媒体技术能够直观、生动地传播信息，形式独特创新，并在感官上能给人美好的体验及享受。故宫目前的数字化的实体展览和虚拟展览都证明了新媒体技术在展览中的作用及其效果。

（二）不断提升展览展示效果

1. 进一步强化数字化展示

随着科技的发展，人类社会进入了一个网络的世界、数字的领域，对博物馆的未来发展来说，这是一个深刻的社会变革。当代世界博物馆的发展趋势表明，数字化、集成化、网络化、智能化将是博物馆发展的必然趋势。近几年来，国家对博物馆进行了一系列的馆藏文物的整理归类，实现文物的数字化管理，便于文物的资源共享，充分发挥文物应有的作用。随着网络的普及，人们可利用网络搜寻获得所需资讯以及博物馆开放在网络上的资源。未来，实体博物馆展览将与数字展览并重。

数字博物馆是采用国际互联网与机构内部信息网信息构架，将传统博物馆的业务工作与计算机网络上的活动紧密结合起来，构筑博物馆大环境所需要的信息传播交换的桥梁，把枯燥的数据变成鲜活的模型，使实体博物馆的职能得以充分实现，引领博物馆进入公众可参与交互式的新时代，引发观众浓厚的兴趣，从而达到科普的目的。数字博物馆亦称之为虚拟博物馆。如今一小部分博物馆通过网络技术开展虚拟博物馆，使用者上网就可以看到博物馆内的各式精选藏品，同时加上与虚拟实境的结合，让虚拟博物馆功能更加强大。未来数字化展示将成为博物馆展览中的普遍现象，因此，数字化展示具有广阔的前景。

2. 对展览展示进行评估

展览水平的提升离不开展览效果评估的开展。只有开展科学、系统的评估，才能知道展出之后的效果如何，才能知道是否实现了博物馆为社会及其发展服务的功能。这是博物馆展现其功能与价值最直接的证据。目前，国内一些大型博物馆，临时举办的"大手笔""大制作""高投入"展览屡见不鲜。一次展览投入的经费动辄上亿元，但其效果如何，投入与产出是否匹配却不得而知。因此，对展览展示效果进行评估势在必行。

目前我国的很多博物馆将评估重点放在了基础设施发展、观众流量监测和服务质量上，对展览效果进行评估的动力和认识不足。虽然博物馆领域在展览评估方式的探索及评估指标的构建等方面开展了一些有益的尝试，但仍存在展览评估覆盖范围有限、标准界定不清、评估构成相对单一、评估结果共享不足等问题，未能充分发挥展览评估体系监管博物馆展览质量、推进展览规范化与科学化发展、提升展览社会效益等作用。因此今后在制定评估标准、完善评估机制和形成评估体系等方面需要进行积极探索。

专题四

定制参观

　　故宫是全国重点文物保护单位，是重点文博产品和重点旅游资源的代表。伴随着现代文明不断自我完善，在弘扬故宫文化遗产、推动传统文化的社会传播、讲好中国故事等方面，故宫正承担着更多的社会责任。为了更好地挖掘故宫历史遗留的明清皇家文化、历代传世珍宝、皇宫顶级建筑群及展览陈列、数字故宫、文创产品等众多的文博文化资源，强化公共服务职能，从 2015 年 1 月起，故宫启动定制参观模式，面对中小学师生、文物爱好者、家庭亲子等群体，以故宫文博文化资源为中心，依据观众对文化的需求，细致设计，量身定制主题参观项目。

一　量身定制的参观需求

　　相对于传统的景点观光式游览，故宫定制参观以观众为主导，为不同观众群体量身定制。在精准的目标人群细分、兴趣细分、需求细分的基础上，故宫充分挖掘传统文化资源，满足观众个性化需求。故宫的定制参观是由故宫专家团队精心设计、整合资源，注重探索精准需求的现场体验式参观模式。故宫的定制参观活动主题突出，课程学习与动手体验相结合，参观活动不走寻常路线。定制参观活动使观众对传统文化留下深刻印象，是感知历史，认识现在，探索未来的有效途径。

定制参观是针对特定主题的专业讲解。同样的展品可以根据不同的参观对象设立不同的主题，不同国别的展品也可做横向比较。加上各种形式的动手体验活动，使参观者印象深刻、理解透彻。定制参观既有为特定参观群体定制的，如为文物爱好者定制的，也有为配合展览量身定制的，还有为了配合各种节日等定制的。其目的只有一个，就是为广大公众服务，这也是故宫定制参观的初衷。

除了定制参观，故宫还有一些定制的参与性活动，如在爆满的"故宫知识讲堂"内，青少年们动手参与串朝珠、绘龙袍、画盘子、包粽子等参与性的教育活动。这些活动必将潜移默化地影响青少年的未来，使他们从小感受中华传统文化，无论是学习绘画，练习书法，还是手工制作，都会使他们对故宫产生难以割舍的感情。通过历史反思当代，通过艺术了解世界，这些青少年们长大以后，一定是故宫文化的积极传播者，也一定是故宫事业发展的坚定支持者，更是故宫公众服务的热情志愿者。

二 精彩纷呈的定制活动

故宫的定制参观是故宫的特色项目，主要有文物爱好者的参观体验项目、家庭的亲子体验活动、博物馆主题日及各种节日的主题定制活动，同时也开发了与学校教育紧密衔接的定制课程。平日故宫的定制活动多为学校的博物馆考察项目，周末、节假日家庭项目较多。

（一）文物爱好者的定制参观

故宫从 2015 年 5 月起，推出首个中小学定制参观项目，此项目是为北京第一六六中学文物爱好者量身打造的。同学们深入紫禁城未开放区，亲身参与正在进行的考古挖掘定制体验活动。北京第一六六中学两个文博考古特长班的文物爱好者由专业考古老师带领，使用故宫给他们准备好的专业考古工具，邀请专家到考古遗址现场讲解，同学亲自参与到故宫的遗址考古中。尤其难得的是，这些考古发掘现场都位于非开放区内，一般观众是没有机会参观的。北京第一六六中学文博考古特长班的同学们的的确确享受了一场"定制"大餐。专业的讲解加之深入未开放区参与遗址考古，使同学们对考古工作有了身临其境的直观感受，对遗址考古有了切身的体验，也培养了他们的兴趣。故宫从 2014 年起，就成为北京第一六六中学的人文教育实践基地，陪伴同学们一起成长。同学们也从定制考古活动中得到了书本之外的收获。

故宫通过与学校的沟通和互动，最大限度地发挥其教育功能。博物馆是社会教育环境中一个不可缺少的教育园地，故宫拥有的特殊资源是学校教育和社会教育的最好教材。故宫提供丰富多彩的选择内容，专家的讲解视角，专业人员对主题讲解和实践的整合，也是文物爱好者尤其是中小学文物爱好者乐于接受的活动性较强、参与程度较高的教育方式。

故宫努力为文物爱好者创造深入了解故宫文化、感受中国传统文化魅力，传递明清历史、古代建筑、文物鉴赏等知识的多样机会；让观众接触文物藏品、参与考古挖掘体验，扩大故宫影响，完善故宫的社会服务功能；通过多样的机会吸引更多的年轻观众进入故宫，使他们获得积极的博物馆参观体验，从而更好地传承祖国传统文化，增强文化自信。

2015 年故宫博物院院庆期间，东华门至午门之间的城楼开始向观众开放，这也成为学生们的定制参观路线。午门左侧的一排由 22 间房屋构成的建筑"将作为常设展示空间开放，结合展览和特定节日推出相关活动，让青少年一进入故宫就能找到乐趣。"除了团队学生可以定制参观故宫，学习传统文化，散客学生也可以随时参与活动。故宫还计划将书画装裱、木工等非物质文化遗产项目也"编"入定制参观的范畴，揭秘更多传承的"活文物"。故宫也会为不同学校、不同年级的学生定制不同的参观线路，根据学校提出的活动主题需求，结合故宫资源，以专业的视角量身定制参观活动内容。

（二）全民参与的主题日定制活动

博物馆是一个非强制性的教育机构，无论博物馆馆舍多么豪华，文物藏品资源多么丰富，"如果不能激发观众的兴趣，不能挽留观众的脚步和视线，那么一切都将变得没有意义"。一些结合社会热点话题的临时展览、定制参观活动，往往比固定陈列展览更具吸引力。这种现象符合公众的求知心理，人们总是会对新的事物更具好奇心，更希望亲临其境探求真相。故宫将社会教育作为自身重要职责之一，作为世界一流、国内首屈一指的博物馆，故宫强化自身社会教育影响力的同时，也增强了故宫文化传播力。

故宫经常性地组织针对青少年的文化活动，组织家庭困难的学生参观。在每年的5·18博物馆日、中国文化遗产日、"六一"儿童节等主题日期间，故宫均开展丰富多彩的特别教育活动。目前，故宫已将太和门广场西侧打造成为常态化的社会教育场地，通过多种形式的社会教育项目，使观众改变对故宫的刻板认识，加深对故宫及故宫文化的了解。

故宫人认为博物馆文化应存在于人们的生活之中，博物馆应给人们的现实生活带来益处，成为人们生活的一部分，使博物馆成为广大民众经常从中吸取智慧和营养的地方。近年来，故宫通过扩大开放面积，通过故宫知识讲堂，通过数字化技术应用，通过建立故宫学院，加大故宫文化传播力度。按照国际博物馆同口径统计，2015年故宫开展的社会教育活动共计24000次。

2017（丁酉鸡）年初，为了丰富中小学生寒假期间的文化生活，让学生更多地了解故宫文化内涵，故宫宣传教育部以"岁逢丁酉话金鸡"为主题，举办了"第十二届故宫知识课堂"。2017年1月18～22日共举办活动五场，500多个家庭参加了此次活动。延续往年传统，活动以生肖纪年为主题，以动静结合的方式，涵盖了讲座、知识竞答、趣味拼图、书写福字、学生才艺表演等，旨在鸡年到来之前为大家带来知识与欢乐。

在这次活动中，授课老师深入挖掘了与生肖鸡相关的中国传统文化内涵。汉代儒家学者韩婴的《韩诗外传》中记载"鸡有五德——文、武、勇、仁、信"，老师向大家解释了"五德"的含意，生动地讲述了相关的民间习俗和典故传说。授课老师还介绍了与鸡相关的宫廷文物，包括斗彩鸡缸杯、芙蓉锦鸡图、鸡雏待饲图、青玉十二辰、天鸡尊等。通过定制活动，同学们不仅大开眼界，也了解了这些文物的相关知识。

图4-1 "岁逢丁酉话金鸡"活动现场

在"金鸡报晓——智闯五彩环"环节中，同学们通过掷沙包抢答的方式进行知识竞答，答对者即可前进一环，闯出五彩环的同学不仅获得了胜利，还进一步巩固了学习到的知识。在"闻鸡起舞——趣味拼图"环节，以斗彩鸡缸杯、鸡雏待饲图等讲座中介绍过的文物为拼图内容，同学们在拼图大比拼的同时也强化了他们对文物知识的记忆。

2016年是故宫全力扩大社会教育活动规模的一年。故宫已经将太和门广场西侧，熙和门两侧的全部用房建设成为更大规模的故宫教育中心，使观众进入故宫，很方便地来到这里，青少年、成人、家庭亲子都可以在这里更深入地领略故宫文化，感受中华传统文化的博大精深。

（三）学生的定制课程和动手活动

目前，青少年学习知识、了解文化主要是在学校中完成，以书本为依托。而博物馆的介入，可以让书本上"死"的知识"活"起来，增加趣味性和形象性，以活泼生动的形式呈现给学生观众，使他们切实有效地对知识加以吸收和消化。

故宫的定制参观是以课程为先导的。课程（含动手项目）加上定制参观路线构成了定制参观活动。在定制参观活动中，主推新的开放区域。故宫的定制参观主题活动非常有故宫特色，可以根据观众的需求，设定参观路线，紧密结合故宫的藏品及各种展览，同时充分结合故宫的现代化设施，如：VR 影院、数字博物馆等。故宫的教育课程以内容为依托，形式多样。目前故宫有 30 多门成熟的教育课程，服务于广大青少年观众并深受大家喜爱。

根据 2015 年颁布的《博物馆条例》："博物馆应当配备适当的专业人员，根据不同年龄段的未成年人接受能力进行讲解；学校寒暑假期间，具备条件的博物馆应当增设适合学生特点的陈列展览项目。"按照新的条例，故宫课程项目做了进一步的创新。

1. 挖掘文物内涵，照顾不同受众

结合不同教育意义，对小学生、中学生或成人观众项目有所不同，故宫下了"细"功夫。例如，在给 2015 年 4 月 28 日对外开放的雕塑馆做介绍时，专家从 5 个展览中挑选出最难理解的两个馆——砖石画像和汉唐陶俑进行讲解。展品都是黑压压的石头，如果不讲解，不仅观众看不懂，也达不到教育的目的。故宫宣传教育部的工作人员首先把自己当作观众，从内容层面预先了解展览，从专业观众的角度，挖掘观众想听的故事，同时找展览主创了解，带着自己的问题，要比普通观众更有针对性地去做功课。对砖石画像和汉唐陶俑馆的讲解首先从这两个馆的内在联系入手，两个馆都是神仙世界的喧嚣场景，一个是不可移动的陵墓建筑，一个是里面摆放的可移动的陪葬器物。再从艺术欣赏角度，让大家感受汉代唯美的流畅曲线。同时二十四孝题材的砖雕给予观众"举孝廉"的启示。经过专业的讲解，再进入展厅，观众就能看懂，得到教益，引发思考。展览受到观众喜爱，也就达到了目的。当然在讲解过程中，展览设计、灯光、台阶等出现不合理的情况，讲解员都会及时反映，尽职尽责，为的是把展览设计得尽善尽美，使观众的收益最大化。

2. 品牌课程项目，深受观众喜爱

故宫的定制教育项目，深受观众喜爱，如已做了十几年的品牌类课程项目——朝珠DIY。无论中国人还是外国人，无论大人还是孩子，一听到串朝珠都愿意做。这样的定制项目深受观众喜爱。围绕故宫及相关历史知识，既讲述历史，也请大家动手动脑参与体验，从而更直观地读懂历史。串朝珠，具体分为历史课和DIY朝珠两部分。历史课主要介绍朝珠的含义，佩戴人群、场合及佩戴方法等内容。学生根据所学的朝珠知识，利用辅助教具，可以自行制作一盘属于自己的朝珠，既锻炼了学生的动手、动脑能力，又巩固了历史知识。课程配有标准化、统一化的材料包，材料包附知识说明和动手操作说明，便于推广。

图4-2 串朝珠活动现场

故宫的主题定制参观，对某些常设展览通常从不同维度进行解读。观众参观故宫，可能只来一次，但通过不同的解读方式来了解故宫，学生可能会来10次，而且每次都有不同的收获。主题课程的讲解从常规的讲解中跳出来，每次只讲一个主题。如龙年带领学生到陶瓷馆里看陶瓷上的龙，鸡年给他们讲故宫里面跟鸡有关的文物。主题课程通常是关于某单个文物或某一类文物的一个小课堂，加一个动手教育项目。这样会使学生对展览的认知更丰满。因此博物馆对公众是补充教育，起到传递知识，提高能力，改造世界观的作用。针对动手能力，故宫还独立开发了自己的教育产品，走在其他博物馆前面。故宫定制的教育课程均配动手材料包，随课程走，非常方便广大观众。故宫今后会开发更多的新课，并把课程做得更有针对性、更精细化、形式上更丰富。

故宫教育项目辐射人群广，既有成人，又有学生；项目种类多，既有适合家庭的，又有为学校定制的；形式内容丰富，有理论课型、有动手活动、有主题参观等。

（四）主题课程的"定制"——历史文化体验课

实地参观体验是目前青少年有效介入博物馆的主要途径，从实地参观考察当中获得的精神体验和第一手直观信息是对学校书本教育的有效补充，从而让青少年形成一个完整的知识体系。博物馆的观众六体可以分为三类：一是学生观众，二是一般观众，三是特殊的社会群体。如何做好这三类观众的服务，是故宫公共社会服务的关键。这三类观众中学生观众不仅数量多，而且大部分是集体性参观，目的性强，适于做统一的"定制"。故宫适时开发适合学生的心理、与学生们在校学习课程紧密联系的体验类定制课程，如历史文化体验课。

2016 年 7 月初，北京市第八十中管庄分校的同学们在故宫上了一堂快乐有趣的历史文化体验课。在老师的带领下，同学们走进了这座雄浑壮美的建筑群，观察精致绮丽的宫廷陈设，阅读它的精彩故事、感受其悠远的历史、体悟它厚重的文化。走进陶瓷馆，观察古代帝王的收藏和生活器皿，聆听、感悟过去的生活和逝去的历史。面对陶瓷这一中国伟大的发明，在老师的引导下，同学们触摸陶与瓷，感受釉上彩与釉下彩。专业老师为同学们讲陶瓷之别、瓶罐之差的陶瓷基本知识，传授五彩缤纷、纯色秀美的各种瓷器装饰，瓷瓶的造型、胎饰、釉色、彩绘等多方面的知识后，紧接着就是动手活动环节，同学们用彩色蝴蝶和绣球花贴纸装饰白瓷瓶，将所学运用于实践。

图 4 - 3　听老师讲陶瓷知识

　　课程之后是按照五个不同的主题（"亭亭玉立、望山观石、古木葱茏、步步生辉、'最'得我心"）和五个特殊任务进行参观体验活动。走进皇宫大内御花园，探寻御花园的秘密，如乾隆皇帝担心有生之年不能读完《四库全书》怎么办？溥仪在哪里学习英语？一生公正却总被误会的神兽是哪个？为什么有个洞的屋顶还是合格建筑？在这里，同学们带着问题的游览远远超出了简单的"逛园子"。大家通力合作，积极探索体验，突破了对御花园的一般认知，收获了历史知识的头脑风暴，取得了可喜的成果。

　　单霁翔院长说，对于青年人到故宫，我们采取更多的办法是与其课本知识、学校教育相结合。一方面在故宫陈列展览方面，使更多的选题配合学校的教育；另一方面，年轻观众更喜欢参与性的、可以自己动手的展览活动，所以我们在书画馆、陶瓷馆、西南崇楼等地点设立面向青年观众参与的活动。同时，我们要把故宫的文化传播到学校、传播到社区，使更多的学生和青少年在自己的家门口、在自己的校园内就可以感受故宫文化，能够从故宫文化中汲取更多的营养和智慧。

　　故宫作为一座历史悠久、馆藏丰富的博物馆，多年来一直是北京各中小学开展课外活动首选的资源单位。故宫注重启发式教育，力图使学生观众从被动的受教育者变为主动的知识探索者。博物馆以实物为载体，教育手段丰富多彩，强调亲身参与和互动体验，以生动直观的实物例证表达深刻内涵和文化信息，使观众感到亲切，易于接受和理解。与此同时，观众从参观博物馆这一环节中所激发出来的强烈求知欲和愉悦感受，更可以成为日后从事相关职业的精神力量。学校和博物馆的通力合作，为青少年搭建一条通往自我完善的桥梁，使青少年的视野不再局限于课堂，使他们以更广阔的文化背景，看待社会发展现状和未来发展希望。

（五）教师培训的"定制"——美术实践工作坊

故宫在做学生主题定制活动的基础上，也对学校教师以工作坊的形式进行定制培训。2016 年中印建交 66 周年，为了让公众了解我国和印度这两大文明古国在历史上的交流以及对现代的影响，由故宫、印度国家博物馆主办的"梵天东土·并蒂莲华：公元 400 ~ 700 年印度与中国雕塑艺术大展"在午门展出。展品是来自中、印 30 余家文博机构的 180 件中印雕塑文物。故宫宣传教育部结合展览经过反复思考做出全新尝试，决定开办美术实践课程工作坊。

为配合这项展览，故宫宣传教育部征集了来自北京市 14 所中小学校共 20 名美术教师，旨在整合博物馆展览、教育资源和中小学美术教育资源，并与他们共同努力，联合开发以展览为依托的美术实践课程定制活动。

开办美术实践课程工作坊的展品，题材陌生、年代久远，更涉及佛教、印度教和耆那教三个宗教，而且展品相关信息有限，需要深度挖掘。故宫宣传教育部为此次工作坊设计了六大主题课程。根据展品造型与时代特征开发的"佛陀的百变造型""佛像服饰介绍"主题；从不同角度呈现佛教雕塑题材的"佛与菩萨——佛教信仰中的两大偶像"主题，"佛本生故事介绍"主题；普及性介绍印度教中两大主神"庇佑之神——毗湿奴"及"毁灭之神、伟大的苦行者——湿婆"主题。教师工作坊分三个阶段进行，即培训及课程创意阶段、课程实践阶段和成果汇总阶段。

1. 培训及课程创意阶段

故宫宣传教育部组织全体参与老师每周抽出一天半时间在故宫集体培训，连续三周，每次完成一项主题课程并对展品进行定向考察。每一次走进展厅，老师们都能更新对展览的认知与积累。由浅入深，循序渐进，逐步形成对展览的整体认识。

工作坊首次课程为中国佛教造像研讨，参与的教师首先在故宫宣传教育部工作人员的引领下进行主题参观，近距离感受中印佛造像的特点。之后由故宫教育团队工作人员冯小夏和李颖翀为在场教师讲授"佛陀的百变造型"和"走近佛教信仰中的两大'偶像'——佛·菩萨"两门课程。通过课程，美术老师们了解了佛与菩萨的区别、印度早期佛像特征及中国佛教造像在公元400～700年间的造型变化，并分组讨论，进行组内成果汇报。

2. 课程实践阶段

在课程实践阶段，每门主题课程都配有不同形式的互动环节。如老师们自带披肩复原展览中佛像的服饰及穿戴方式，配合敦煌壁画内容一人一句讲述佛本生故事，速写印度教众神形象等。故宫宣传教育部还特意根据陈展的5件压制佛像制作了模具，由老师们用彩色纸黏土进行创意佛像压制。多种多样的互动形式营造了良好的培训氛围，激发了老师们的参与热情，加深了他们对中印雕塑艺术展的理解。而后，大家亲手用黏土制作了佛像模塑，进一步加深了对佛与菩萨形象的直观感受。

3. 成果汇总阶段

当天活动结束后，就有老师做出了及时的反馈，更有老师结合工作坊课程内容，为其所在学校的学生设计出以佛陀百变头像为主题的美术课程。

图 4 - 4 美术工作坊老师们的作品

参与教师工作坊的学校美术教师，根据工作坊中提供的历史知识，结合个人特长，选择兴趣点，与故宫宣教工作人员共同开发教育课程，并对学校学生授课。20 位教师向故宫提交了实践课程实施方案，这些课程结合了绘画、雕塑、篆刻、版画、多媒体创作和研究性学习等美术实践形式，结合的展览主题包括佛头造型、菩萨头冠造型、佛衣穿着方式、佛像头光、佛像手印、佛本生故事、印度教众神像及诸神法器等。课程对象下至小学三年级，上至高中二年级，既有针对普通学生的，也有针对兴趣小组和特长生的。最后优秀的课程设计及学生作品将反馈给故宫，进行展评。故宫宣传教育部也会将一些具有代表性的成果设计成常设课程。

美术实践工作坊从培训到课程创意阶段，从课程实践阶段再到成果汇总阶段，充分体现了故宫宣传教育部的工作人员的专业素养和专业精神。当然，故宫"定制"除美术实践课之外，还有面向中学校长的中华传统高级研修班，面向中小学书法教师的书法培训等。

三　前景广阔的定制参观

2017 年 3 月 17 日，中宣部部长刘奇葆出席中华优秀文化传承发展工作座谈会上强调，要准确把握优秀传统文化丰富内涵，深刻认识思想理念是骨骼、传统美德是经络、人文精神是血肉，共同构成优秀传统文化的有机统一体。为实现将壮美的紫禁城交给下一个600年的任务，故宫人努力将优秀的文化遗产融入现代化生活中，将传统文化空间与现代社会需求相结合，在定制参观领域积极践行教育实践，努力为当代青年学生和广大公众打开通往中国乃至世界传统文化的大门，将中国的、世界的传统文化完美阐释，挖掘历史资源，挖掘文化内涵。基于公众对文化的不同需求，通过细分群体，故宫更设计出多种公众教育实践和文化活动，讲好故事，让文化遗产更好地融入生活，为公众服务。

（一）让更多观众感受故宫文化

国际博物馆领域所倡导的"为社会和社会发展服务"，体现出博物馆所具有的性质和观念。因此，维护社会全体成员的文化权益，向他们提供均等服务，是博物馆的职责，也是社会的良心。单霁翔院长说："我国的博物馆事业已有百来年历史，从诞生之初就被视为'广见闻、增智慧'的强国之举，就以'民族的、科学的、大众的'为特征，承担起崇高的社会责任，高扬起伟大的强国理想，有着强烈的使命意识。"博物馆等公共文化机构以满足广大民众日益增长的文化需求为出发点，表明其更加注重以人为本，按照公益性、基本性、均等性、便利性原则，面向社会大众开放，保障人民基本文化权益。故宫集多重文化身份于一身，对于故宫人来说，文化传承与提供文化享受是第一位的，他们的全部工作都以此为中心。

虽然故宫的参观人数在逐年上升，但在今天所接待的来宾中，有多少人将自身定位为"观众"，又有多少人将自身定位为"观众"？恐怕还是后者居多。如何使博物馆"看热闹"的观众转变为"品文化"的观众？即使是抱着学习目的前来的观众，也不希望博物馆的陈列展览是一本呆板僵化的教科书，而是希望博物馆呈现出生动、自由、开放的气氛，成为启迪人们思想智慧，开发人们学习潜能的环境。如今博物馆观众的参与欲望十分强烈，他们不仅希望观看陈列展览，而且希望参与其中，进行自主体验。美国波士顿儿童博物馆有一段脍炙人口的名言：我听了，可忘了；我看了，记住了；我动手了，明白了！

故宫每年吸引着上千万世界各地的观众，是绝大多数中外观众初次来京的必选之地。故宫努力发挥其数量丰富、内涵深厚的文物藏品资源的独特优势，不断扩大国际文化交流，让更多来自世界各地的观众了解故宫，感受到这所历史悠久、文化多元、内涵深厚、展示手段丰富多样的文化殿堂所具有的独特魅力。几年来，面对公众的渴求，故宫人放下身段，敢干敢拼，用孜孜以求的匠心钻研业务，让公众体验优秀文化，博物馆与公众的距离悄然消失。

（二）用文明力量助推社会进步

2011 年 8 月，北京市对外宣布，北京地区共有注册博物馆 159 座，博物馆数量在世界排名第二，仅次于英国的伦敦。但是，我国的博物馆在数量不断增长的同时，在综合管理水平、社会服务能力等方面，与国际先进水平存在着不小的差距。当然，作为教育主体的学校也应主动为学生创造更多社会实践的机会，有效增大课外教学的辅助作用，将学生有序地带出校门，逐渐培养起学生自主观察社会和文化现象的能力。学校和博物馆通力合作，为青少年搭建一条通往自我完善的桥梁，使青少年的视野不再局限于课堂，使他们在更广阔的文化背景下，看待社会发展现状和未来发展希望。

博物馆教育活动需要不断扩大场馆时空和受众群体，使教育活动既可以在展厅内，也可以在讲座教室、多功能厅，还可以在藏品库房、研究室内，以及在博物馆外的各类场所，活动时间既可在正常参观时间，也可按活动需要安排在夜晚。

在英国和新西兰，未来的小学教师或者小学校长都要接受博物馆教学的专门指导。在美国，无论大小博物馆都设有教育部门，在他们的服务项目中，大量的内容是配合学校教育，包括为学生设立专门的教室、实验室，开办专供儿童参观的陈列室或者"儿童博物馆"，提供有偿借用的幻灯、图片、标本、模型等。一些大型博物馆还专门编印教材，例如纽约大都会艺术博物馆编印"希腊艺术""韩国艺术""东南亚艺术"等系列专题材料，向纽约市的每所公立学校赠送一套。据 2001 年统计，现有 88% 的美国博物馆提供"K – 12"（即从"幼儿到少年"）教育项目，全美博物馆每年为学生提供的服务时间高达 390 万小时。

法国从 2004 年起，在一年一度的"博物馆之春"活动中，由法兰西博物馆局与教育部联合向儿童推出"带着你的父母去看博物馆"的活动，有 500 家博物馆参加此项活动。在整整一个月的时间里，有 40 万法国儿童收到一封由活动主办单位发出的盛情邀请信，他们可以凭着这封邀请信，带着父母一起去参观博物馆，而且一切都是免费的。

博物馆是保护、传承人类文明的重要殿堂，是连接过去、现在和未来的桥梁，在促进世界文明交流互鉴方面具有特殊作用。故宫不仅是中国历史的保存者和记录者，也是当代中国人民为实现中华民族伟大复兴而奋斗的见证者和参与者。

在我国，参观博物馆还远未成为社会生活习惯。在公众心目中，博物馆被视为"文化殿堂"，博物馆文化被视为"高雅文化"。这一认识有利于彰显博物馆的崇高地位，但是，博物馆自身如果以"文化殿堂"和"高雅文化"自居，将导致博物馆与社会公众之间存在隔阂。据报道，平均每个北京市民每两年才会走进一次博物馆。但是据保守估算，平均每个美国人每年至少走进两次博物馆。英国人的名言则是"我不在家，就是在去博物馆的路上"。故宫的公众服务在弘扬我国传统文化的道路上，依然任重道远。让历史说话，让文物活起来，提升中华文化的国际影响力，让宝贵遗产世代传承、焕发新的光彩，用文明的力量助推社会进步。

文创产品

文化创意产品是以文化为基础，设计构建的特色产品，通常具有较高附加值。文化创意产品的设计、开发和营销是博物馆产业化发展的重要领域，对博物馆形象特色的塑造、文化的活化与传播以及经济效益提升具有非常重要的现实意义。作为有六百年历史的紫禁城，将其深厚的历史底蕴与文化积淀，通过文化创意产品呈现出来，为观众架起了一座沟通文化的桥梁，奉上了一场文化盛宴。

一 让文物在文创产品中"活"起来

随着人均 GDP 和消费水平的提升，文化创意产业的发展受到政府的大力关注和扶持，成为朝阳产业和新的经济增长点。我国博物馆文化创意产品开发深受我国文化产业相关政策的影响。近年来，关于博物馆文化创意产品的相关政策也不断出台，这为博物馆文化创意产品的发展和相关产业链的形成建立了坚实的政策保障。

2013 年 12 月 30 日，中央政治局第十二次集体学习时，习近平总书记指出"让深藏在禁宫中的文物活起来"。2015 年 1 月国务院审议通过《博物馆条例》，鼓励"开发相关文化创意产品，丰富民众精神文化生活"。2016 年 3 月公布的《国务院关于进一步加强文物工作的指导意见》强调"进一步调动博物馆利用馆藏资源开发创意产品的积极性，扩大引导文化消费，培育新型文化业态"。2016 年 5 月，文化部、国家发展改革委、财政部、国家文物局联合印发《关于文化文物单位文化创意产品开发的若干意见》，进一步推动了文化创意产品的开发。

文化产业自身不断发展壮大起来的同时，对国民经济的带动、提升作用也愈趋明显，特别是当前我国经济步入"新常态"，转变经济发展方式和调整产业结构成了经济发展的重中之重，具有优结构、强融合、高附加值等优势的文化产业将获得更大的发展空间。

故宫努力践行习近平总书记的指示，真诚服务广大社会公众、努力促进故宫文化传播，讲好故宫故事，让中华优秀的传统文化从故宫文化中发芽，在民众的意识中成长。截止到 2016 年底，故宫文创产品已达8700 多种，已上线的 8 款 App 平均下载量上百万，线下商店最高销售额每天超过 10 万元，总营业额超过 10 亿元，人气空前火爆。

二　故宫文创不是一天炼成的

故宫文创产品近年来在市场上"大火"，但故宫文创产品的成功并非一蹴而就，而是经历了持续的摸索和尝试，进而形成了一套完整的创新创意体系。这才让故宫文创在众多中国旅游文创产品中脱颖而出。

（一）故宫博物院文化创意产品研发体会

故宫博物院通过不断探索与不懈努力，以弘扬中华文化为目的，推动故宫文化创意产品研发和营销的持续发展。归纳起来，故宫博物院在发展文化创意产业方面获得了十点体会，也是故宫文化创意产品研发遵循的九项原则。

1. 以社会公众需求为导向

故宫文化产品在注重产品文化属性的同时，强调创意性及功能性。

通过观众期望与文化创意产品升级的互动，使人们真实感受和正确理解故宫博物院所传递的文化信息。故宫博物院确定了将故宫文化通过文化创意产品的形式，进入现代生活中的研发思路。例如故宫娃娃系列，因具有趣味性而受到少年观众的喜爱。手机壳、电脑包、鼠标垫、U盘等，因具有实用性而持续热销。2014年9月，故宫博物院推出时尚文化创意产品"朝珠耳机"，迅速引起了广泛的关注，也带动故宫淘宝的销售，并且在"第六届博物馆及相关产品与技术博览会"上荣获了"文创产品优秀奖"。随着故宫文化创意产品的持续创新，故宫文化品牌形象在90后、甚至00后年轻群体中的影响力正在持续激活。

2. 以藏品研究成果为基础

依托于故宫博物院丰富的文物藏品和众多专家学者。故宫文化创意团队不断推出真正拥有故宫文化特色内涵的文化创意产品。从文化创意产品研发的角度，故宫博物院还举办了"故宫人最喜爱的文物评选活动"，出版了《故宫人最喜爱的文物——故宫百宝》图书。文化创意产品研发应结合故宫文物藏品的文化元素，体现鲜明的故宫文化特征，强调故宫文化创意的专属性格。例如"动意盎然"系列领带设计元素源自院藏郎世宁绘画作品《弘历射猎图像轴》中飞奔的白色骏马，图案形象姿态豪放、动态盎然，产品有浅灰、浅橘、蓝绿和紫灰4种颜色，融合了现代人对色彩的审美追求。故宫博物院经常邀请文物专家深入梳理和解读文物藏品内涵，合理提取关联文化元素，为文化创意研发寻找正确方向。形成了"海水江崖"系列产品设计元素，提取自寓意"社稷永固、江山一统"的织绣龙袍，以及永乐宣德青花瓷器藏品。

3. 以文化创意研发为支撑

故宫文化创意产品的定位是"根植于传统文化，紧扣流行文化元素"，因为只有社会大众能够乐于享用的产品，才是好的文化创意产品。积极举办各类文化创意产品设计大赛，广泛征集设计方案。2013年，故宫博物院举办了"紫禁城杯"故宫文化产品创意设计大赛，以获奖设计方案为依托，陆续研发了"藻井"伞、"宫门"箱包等文化创意产品，获得观众的好评。故宫博物院还积极参与国内外各项文化创意交流论坛、展览及博览会，例如博物馆及相关产品与技术博览会、中国（义乌）文化产品交易会、苏州文化创意设计产品交易博览会、杭州两岸文化创意论坛、海峡两岸（厦门）文化产业博览交易会、香港国际授权展等。通过这些文化创意交流活动，一方面使故宫文化创意产品获得推广与传播，另一方面也为故宫文化创意发展提供了难得的借鉴机会。

将传统文化与现代生活相结合，才能有效缩短消费者与博物馆文化的距离。例如以"萌"为设计理念且充满故宫元素的"宫廷娃娃"家族系列产品，以及以紫禁城内生活的野猫为创意的"故宫猫"系列产品，一经推出就受到了观众的青睐。"五福五代堂"紫砂茗壶套装，将"五福"概念转化为实用的紫砂茗壶，将传统文化内涵通过文化创意产品传播出去，为今天人们的生活注入历史的厚度。截至 2015 年年底，故宫博物院共计研发文化创意产品 8683 种，获得相关领域奖项数十种。目前，故宫博物院多款文化创意产品，例如蓝色大凤真丝绉缎披肩，"九环银佩"真丝披肩，《故宫博物院藏品大系》，高仿真书画《清明上河图》、《千里江山图》，"十二美人"精装礼盒，《五牛图》铜牛，《故宫博物院九十周年》特种邮票等，已作为重要国礼赠送美国总统奥巴马及夫人、俄罗斯总统普京、德国总理默克尔、法国总统奥朗德、英国女王伊丽莎白二世等国际友人，从而将中华文化传播到世界各地。

4. 以文化产品质量为前提

故宫文化创意产品应是文化精品。故宫博物院在确保每件文化产品都拥有故宫创意元素的同时，也不断加强对产品设计生产营销各个环节的把控，力争使每件产品均具备优异质量。同时，坚持美术制作和程序开发上的高水准。故宫博物院所选择的合作伙伴，均是具有良好口碑，制作精良的研发团队。在故宫文化创意产品出品同时，及时整理产品文案，通过图文并茂的说明内容，深度呈现文物渊源、文化内涵、工艺特征、使用方法等各方面信息，使受众在使用的时候，潜移默化接受故宫文化渲染，以期达到推广、普及传统文化的作用。如"福自天赐"香牌，主题符合传统文化中对福的理解，上天赐福，乃是追求天人合一的中国人的理想愿景。故宫出版社出版图书社会影响力稳步提升，其中《故宫日历》销量逐年递增，成为了故宫出版的响亮品牌。

5. 以科学技术手段为引领

故宫淘宝、故宫商城的上线发展，各有侧重，故宫淘宝从数千个品种中选择200种左右年轻人所喜爱的文化创意产品，在故宫淘宝上营销，分为故宫娃娃、生活潮品、文房书籍等七个版块，并配合销售、推广的需要，故宫淘宝还开设了相应的微博和微信，与网店名称一致。故宫淘宝的微博拥有粉丝近30万，而且粉丝活跃度较高，微博的转发量很大。故宫商城是委托专业团队自建的网络销售平台，所销售的产品更多偏重创意与文化的结合。在营销上更加偏重于对传统文化的宣传。将来，故宫博物院将在天猫和阿里旅行平台筹建故宫博物院旗舰店，建立故宫文化创意宣传展示的新窗口。

在实体产品之外，故宫文化创意产品的另一种形式是新媒体和数字化建设。为了使更多观众了解故宫文化，故宫博物院不断研发优秀的数字文化创意产品，依托端门数字博物馆，让观众在整体上感受故宫文化魅力，从细节上体味故宫文化深度。同时还不断加快"数字故宫社区"建设，提升公众文化服务水平，广泛利用互联网平台推广故宫文化创意产品，扩大故宫文化传播。目前，故宫博物院已经自主研发并上线了《韩熙载夜宴图》《每日故宫》等8款App应用产品，取得了平均下载量上百万的显著成绩，促进了故宫文化的传播。

6. 以营销环境改善为保障

文化创意产品营销要取得良好的社会效果，不仅要在产品质量上下功夫，还要着重塑造产品、环境、文化内涵为一体的整体文化体验空间。几年来，故宫博物院针对红墙内古建筑区域，开展"去商业化"

行动，拆除了昔日占用古建筑的故宫商店临时建筑，还故宫古建筑以尊严。近几年来，故宫博物院进行卓有成效的环境整治，并对经营网点布局进行了重新规划。如在御花园内不再售卖各种饮食，撤除园内所有售卖食品的商铺，重新进行整体规划，回归古典园林之美。2015年9月，故宫文化创意馆整体开放，包括丝绸馆、服饰馆、影像馆、生活馆、木艺馆、陶艺馆、铜艺馆，以及集文化创意展览、文化讲座活动、产品展示销售于一体的"紫禁书院"。在故宫文化创意馆，观众可以在历史氛围浓郁的优美环境中，充分感受故宫文化的魅力，挑选富含故宫元素的文化创意精品。文化创意产品与新型文化空间的结合，架起了古代宫殿、文物藏品和当代生活的桥梁，进一步发挥故宫文化创意的教育传播与文化体验作用。同时，设立在宫廷御用冰窖内的故宫西部区域服务区，在为观众提供餐饮的同时，也将根据冰窖所承载的文化内涵，研发具有故宫文化特色的创意产品。2015年，故宫博物院在宝蕴楼开设了文化创意产品展览，对故宫文化创意开拓创新进行总结。此外，故宫博物院还在澳门艺术博物馆、北京王府井工美大厦等多处地点开设了故宫文化产品专卖店或专卖柜台。

7. 以举办展览活动为契机

90年来，故宫博物院通过不懈努力，举办了各类陈列展览千余项，展出的各类文物数以万计。近年来，伴随对观众开放区域的不断扩大，故宫博物院继续完善陈列展览格局，努力提升陈列展览质量，同时在午门－雁翅楼等展区设立故宫文创随展馆。如今故宫博物院的每一项展览都将立体性呈现，在策划展览的同时，展览图录制作和相关书籍出版、召开学术研讨会、研发数字影像辅助导览，以及展览宣传策划，并且针对重点展览，研发相应的随展文化创意产品，使每一项陈列展览的社会影响得以强化。2015年适逢建院九十周年，故宫博物院举办了多项重点展览。配合"故宫博物院藏老照片展"、"石渠宝笈特展"、"普天同庆——清代万寿盛典展"、"营造之道——紫禁城建筑艺术展"、"雕塑馆固定陈列"等多项展览,研发了"御品听香·听琴图"套装、"福寿康宁"花香酵素皂套装、"梅溪放艇"水晶镇尺等随展文化创意产品518种。在"石渠宝笈特展"举办期间,推出了仿真书画系列产品,如《清明上河图》、《韩熙载夜宴图》、《听琴图》、《兰亭八柱》、《五牛图》等,这些文化产品由故宫书画专家亲自校色,最大程度保留原作的神韵风貌。武英殿书画馆设立的随展商店销售额每天超过10万元,创下了临时展览文化创意产品的销售纪录。

8. 以开拓创新机制为依托

不断创新研发和营销机制,是发展文化创意产品的基础和动力。近年来,故宫博物院不断引进专业人才,改善自主研发团队结构,形成了以王亚民常务副院长为总设计师,经营管理处、文化服务中心、故宫出版社、资料信息部等部处负责文化创意产品的管理、研发、营销的工作格局,由对故宫文物熟悉、对故宫文化理解的业务人员组成文化创意产品研发团队,保障了研发工作的创新性和专业性。在具体工作执行方面,故宫博物院协调人力、物力、财力资源,大力支持文化创意部门工作的开展。几年来,故宫博物院积极调整文化创意产品的研发模式,加大自主研发的力度,严格对合作经营单位的管理,每年定期召开文化产品研发工作座谈会,特别重视与社会知名设计师和非物质文化遗产传承人的合作,2014年国家级非物质文化遗产传承人朱炳仁先生领衔的金星铜集团进入故宫博物院,研发了百余款故宫元素铜器文化创意产品,其中"五牛图"、"铜马"等,作为国礼赠送国际友人,在中华文化的国际传播方面做出贡献。

9. 加强无形资产保护

传播文化是博物馆的职责与使命,故宫博物院的文化创意团队,应以传播故宫文化为己任,深入挖掘故宫博物院丰富文化资源,研发出故宫文化元素突出,符合时代审美,文化创意精彩,贴近观众实际需求,深受社会民众喜爱的不同档次的故宫文化创意产品。

在无形资产保护方面，故宫博物院对商标的分类使用进行了规范，"宫"字标用于行政用途。"故宫"商标用于富含故宫元素的一般文化创意产品，"紫禁城"商标用于富含故宫元素的高端文化创意产品。严格要求各合作经营单位，并在合作经营合同中约定，未经故宫博物院许可，不得在故宫博物院外擅自销售使用"故宫"、"紫禁城"商标的文化创意产品，能够在一定程度上保障故宫文化创意产品的文化权益和良好社会形象。

故宫博物院拥有注册商标共7枚。其中"故宫"、"紫禁城"为国际注册商标，先后在欧盟、马德里协约国、新西兰、印度等国家，香港、澳门等地区进行了注册。同时对"御膳房"商标共6类、"宫"字商标共计40类、"故宫贡茶"商标共6类进行了国内注册，对"紫禁城杯"故宫文化产品创意设计大赛的两枚商标"紫禁城"、"紫禁城及英文"进行了国内1－45类全类别注册。

（二）健全研发团队

1952年，故宫成立了文创事业部，也叫故宫文化服务中心，是故宫文化创意产业发展的第一步。文创事业部主要负责在法律法规及故宫规章制度允许的范围内自主开展经营活动，为社会提供文化产品服务；另外，在经故宫博物院授权的前提下，负责开发故宫元素的文化产品，并在院内进行销售；开展多层次、多渠道的对外合作，代表故宫或直接以北京故宫文化服务中心的名义签约，承担相应的民事责任；同时，负责文物展览的随展商店经营工作，包括随展产品的开发、设计及销售工作，并下设故宫文化产品开发公司。故宫于1983年成立故宫出版社，负责出版相关书籍以及古代书画仿制品的研发，该出版社下设故宫文化传播公司，统一进行文化产品和出版物的宣传和营销。

目前，故宫一线设计的共有4个团队。

1. 经营管理处

经营管理处负责组织社会的专家参与研发，比如组织策划大奖赛，与获奖的参赛者签订协议，把获奖作品变为文创产品。负责高端产品的研发，例如售价 120 万元的纯铜打造的故宫角楼模型。其部门人数较少，它的职能不仅负责文创产品的研发，而且负责维护故宫文化创意产品产权的工作。

2. 文化服务中心

文化服务中心有 60 年的历史，负责中端和大众化产品的研发，研发团队由数十人组成，以开发出具有故宫特色的文化商品，满足观众对博物馆文化的消费需求，弘扬优秀传统文化为目标。文化服务中心所生产的产品虽然价格不高，但却具有较强的实用性和观赏性。

3. 故宫出版社

故宫出版社负责出版故宫相关书籍以及古代书画仿制品的研发，拥有数百人的开发团队。故宫出版社有长期文物图录出版的历史，积累了丰富的出版经验，具有应对各种图片类型的编辑能力和设计能力。故宫出版社善于处理体例复杂、图文混排的书稿，而且已经树立出编辑严谨、设计新颖、引述精美的品牌图书形象。故宫拥有丰富的书画资源，为了能使观众更好地感受到中国书画艺术的魅力，本着"服务故宫，开发交流"的原则，其开发团队设计出精美的图书以及相关音像制品供社会公众学习，每次书画仿制工作开始前，故宫出版社都先挑选出院内的馆藏书画精品，通过先进技术进行还原，供社会人士观赏和研究。例如"故宫经典"系列丛书、《故宫日历》以及《紫禁城》杂志等相关书籍。

4. 资料信息部

资料信息中心主要负责故宫相关 App 的开发，其工作人员对科技信息类产品有较浓厚的兴趣。另外，"数字故宫"建设是故宫的又一项重大举措，它以立体、多元、全方位的信息化方式让故宫文化融入人们的日常生活，以此来满足大众的文化需求。

虽然呈现在表面上的是 4 个团队，但其实故宫还有 39 个部处，绝大多数部处参与了研发和相关工作，比如法律处保障了故宫文创产品的知识产权安全。

有六百年历史的紫禁城，把深厚的历史底蕴与文化积淀，通过文化创意产品研发为观众架起一座沟通文化的桥梁，奉上一场文化盛宴。观众通过故宫文化创意产品直接接触到故宫文化，亲身感受故宫文化。故宫研发文化创意产品的出发点是让观众把故宫文化带回家，而真正地让观众通过产品学习文化、通过文化引发思考、通过思考获得精神升华，这才是故宫文化创意产品的研发理念和落脚点。上下一心的通力合作造就了故宫文化创意产品研发的高质量、高效率，有效提升了团队的凝聚力和战斗力。

（三）丰富创意产品

故宫的文化创意产品体系多样，其最具特色的是文化创意商品的开发，此外还包括特色出版物和服务 App 等。

1. 文化创意商品

故宫通过采用自主研发、借助社会企业进行产品合作开发等方式，不断探索适合自身发展的文化产品设计、生产、销售的良性循环道路，开发具有故宫文化内涵，鲜明时代特点，实用性强、环保、质优，价格合理，贴近观众实际需求，深受消费者喜爱的故宫元素文化产品。

表 5-1　故宫文化商品系列统计

种类	数目	种类	数目
钥匙扣系列	193 种	箱包系列	195 种
笔系列	12 种	伞系列	17 种
T 恤衫系列	191 种	文房系列	6 种
首饰系列	321 种	玩偶系列	93 种
领带系列	34 种	其他	1929 种

故宫文化创意产品主要取材于故宫本身的历史文化资源或相关的宫

廷文化陈列展览，处处体现了皇家气息，如宫廷人物、宫廷服饰、宫廷建筑、皇权用品、皇帝用词、故宫珍藏、皇家象征物等。有的截取了色彩、纹饰或部件；有的利用了形状、特征或内容，例如朝珠耳机的设计，以小皇帝、小皇后、阿哥、格格为核心的宫廷宝贝等。

在产品设计中充分包含了故宫元素，力求在观众第一眼看到故宫产品时可以产生共鸣，在游览过后，把故宫文化带回家。

2. 文化创意出版物

故宫文化创意出版物种类多样，其中以系列书籍、杂志、书画和老照片服务为主。

"故宫经典"系列丛书

2003 年经国家有关部门批准，故宫启动文物七年清理计划，全面清理故宫藏品的收藏状况。文物建档、图片拍照、初步研究等工作进展顺利而有效，积累了丰富的文字、影视资料，为"故宫经典"的编纂提供了资料基础。与此同时，故宫充分利用各门类卓有权威的知名专家学者（科学性、前沿性、权威性）、故宫业务部门的六批青年业务主干（在各自的研究门类有很深的造诣，具有承担重大出版项目编纂任务的能力），以及故宫所拥有的高素质的外围学术力量为此丛书提供保障。

"故宫经典"系列丛书是"十二五"国家重点图书出版规划项目，现已出版 37 种，是故宫出版社畅销图书。历经二十余年的出版沉淀，精选故宫传世馆藏精品，阐述历史源流、分析制造工艺、鉴赏风格特点，展现器物诸多角度，揭示书画创作细节，力图全面展示故宫深厚的历史积淀与丰富的藏品资源，使读者能够全方位、多角度地了解故宫及其文化。此套丛书最大的特点是，整体风格与各卷的个性化协调统一，充分展露出古典艺术气息和皇家气派，是将宏伟的紫禁城建筑、立体的皇宫器物、单调的经卷典籍、古旧的老照片等外形参差、色彩各异的图片资料有机地结合起来，构成整套丛书协调的组成部分。其不仅具有很高的权威性，还值得传世珍藏。

图 5-1 "故宫经典"系列丛书

《故宫日历》

2009 年初故宫下属的紫禁城出版社（后更名为故宫出版社）提出重新出版《故宫日历》的选题，并成功发行了 2010 年版《故宫日历》，标志着新版《故宫日历》诞生。《故宫日历》努力唤醒"深藏在禁宫中的文物"，努力实现"把故宫文化带回家"，通过高雅却亲近、通俗但不恶俗的形式和内容吸引读者，让传统文化和古代艺术传递到千家万户。2014 年版的《故宫日历》一方面主要选取唐人碑帖法书，从而与重点选取的汉唐文武相呼应，另一方面也是为了消除老读者的审美疲劳，保持《故宫日历》的新鲜感和吸引力，2015 年的《故宫日历》则是以"美意延祥年"为主题，向故宫的生日献礼。

图 5-2 《故宫日历》

《紫禁城》杂志

创刊于 1980 年的《紫禁城》杂志，始终坚持以依托故宫丰厚的建筑、文物、专家等文化资源，力图实现学术成果大众化、专业知识普及化的良愿，让平常百姓亦享受过去为一人所独有的艺术品，让精美的建筑、丰富的宫廷历史与文化艺术更好地服务于当下。2009 年，该杂志为更好地适应市场及读者需要进行了调整变化，全新改版，调整读者定位，装帧形式在注重设计的同时采用软精装，更加便于读者阅读，以为读者提供最大限度的文化给养为己任。如今，《紫禁城》杂志已经成为故宫的一个文化品牌，成为对外展示和宣传的平台和窗口之一。《紫禁城》分别于 2010 年及 2013 年在新浪网设立官方微博及"豆瓣小站"，及时更新，并将每期专题内容转化为更有力、更亲近网友的形式发布，同时，开展针对相关读者的各种投票活动，便于直接得到读者对杂志的各种反馈意见，以便杂志的完善。

图 5-3 《紫禁城》杂志

清宫旧照片

2015 年故宫对"故宫旧影"专栏进行策划，力求在展现历史画面的同时，融入故宫现状元素。故宫收藏了反映"末代皇帝"溥仪一家在紫禁城中的生活照片，大部分可以寻找到照片的拍摄位置。经过对这段历史的研究与分析，故宫相关人员在初步确定照片拍摄的时间之后，将当下流行的"穿越"与现状实景照片相结合，呈献给观众一种真实存在、强烈对比的历史感。为确保照片的准确性，故宫相关部门查阅大量资料、翻阅档案、回忆录、皇室后代指认等众多方法来分辨、确定时间。

为更好地将故宫深藏的旧照片呈献给广大观众，除了人物照、西苑三海、三山五园等照片以连载的形式呈现，故宫也将设计领域扩宽，将宫廷史、建筑史，甚至摄影技术融入其中，联合多个部门协作完成。故宫出版社即将出版大型历史照片册——《故宫藏影》的皇家建筑分卷，以及宫廷内人物与洋务实业两卷。通过三卷本照片册，可以使观众一睹故宫老照片收藏的宏富与蕴藏其中的珍贵价值。

书画系列的文创产品，在故宫内部72个文创商店中销售，还有部分文创产品在线上"故宫淘宝"官方旗舰店中进行销售。

3. 官方App应用

故宫于2012年开始尝试探索基于移动设备的观众服务及藏品介绍应用程序，提供包括博物馆交通、开放与服务信息、参观向导、院藏精品介绍、明清历史知识等内容，为即将来故宫参观的观众提供方便，同时也让无法亲自来故宫参观的观众通过自己的手机全面地、便捷地了解更多故宫的历史文化。目前故宫已自主研发并上线三款App应用，分别是《胤禛美人图》、《紫禁城祥瑞》和《皇帝的一天》，并在2015年继续上线《每日故宫》、《韩熙载夜宴图》和《清代皇帝服饰》。故宫文化创意产品始终坚持"以科学技术为依托"的开发理念，使文创产品的开发充分借助现代科学技术，用科技不断扩展文化创意产品的形式，提高文化创意产品开发的力度，增加文化创意产品的科技含量。

2013年5月23日故宫正式发布了《胤禛美人图》iPad应用，它是一款以院藏清代宫廷绘画《雍亲王题书堂深居图屏》的十二幅工笔仕女图为基础的交互式数字媒体的内容合集。以古代书画、陶瓷艺术、工艺美术、宫廷生活等领域专家的研究成果作为支撑，以普通文博爱好者作为受众目标，在解读绘画构图、技法及细节元素所传达的隐喻的同时，以图中所绘场景为基础进行情景构建，从美人妆容发饰、室内家居装潢、摆放器物陈列、图案隐含寓意等方面欣赏宫廷绘画及清宫生活的场景。

故宫于2013年6月正式启动《紫禁城祥瑞》App项目，通过新媒体交互方式，传播紫禁城祥瑞文化，展示院藏文物珍品。其特别之处在于，所有界面都是手绘完成，仿照中国古典绘画绘制的自然景观，清新又不失端庄典雅；根据点击描述创作瑞兽形象，翱翔在穹宇山川之间；用宏大的场景和生动的瑞兽形象构成卷轴式界面。在内容上结合故宫的原状陈列文物，把传说中的瑞兽与紫禁城的宫殿一一对应。与此同时，故宫还增加了App的交互性和趣味性，8种主打瑞兽都开发了互动游戏板块，用户可以制作自己喜欢的瑞兽形象，还能配以合适的背景和题名瑞兽，通过主流社交媒体分享给朋友。

2014年10月30日，故宫推出《皇帝的一天》iPad应用，专为9～11岁儿童开发的移动应用，力求通过趣味性、启发性的内容，结合交互技术实现与儿童的有效沟通，摒弃说教，表现清代皇帝生活中所体现的中华民族的传统美德，对孩子成长起到积极正面的引导作用。这款应用带领孩子们深入到虚拟的皇宫，以生动有趣的方式了解皇帝一天的衣食住行及其娱乐活动。应用软件中还注入了游戏元素，通过一个个趣味横生的小游戏，让观众进行一场智慧和勇气的比拼。在此之前，故宫相关部门与目标群体进行了交流，发现此款应用的形式和内容获得了学生、老师和家长的认可，其深入浅出地介绍了故宫的古建筑、文物、历史故事，符合青少年的认知，老少皆宜。

2013年8月故宫正式启动的《韩熙载夜宴图》App项目，是数字技术和文化经典的完美结合。这幅画中除了有100多个人物的信息点，故宫还整合了院内外对这幅作品有深入研究的专家学者的文学或资料，组建强大的研发团队。此外，故宫还邀请了汉唐乐府的真人表演，把真人表演融入绘画中，形象地展示画面中人物舞蹈等情节。

2013 年 5 月故宫正式立项《清代皇帝服饰》App。该应用软件结合故宫的各个品类藏品以及现有的学术研究成果，通过 App Store 的优质平台介绍清代皇帝服饰繁复而有序的典章制度及传统织绣技术的高超水平，将独特且具有重要意义但又无法长期展览的藏品展现给观众。

实体数字展示。文化展示、弘扬与传承是故宫的历史使命与社会责任，根据观众需求，深入挖掘院内藏品特色和研究成果，利用先进的信息化方式开展实体数字展示项目。2012 年 7 月 24 日，"文化国门——故宫印象"文化展示项目在北京首都国际机场 T3 航站楼开馆，故宫借助首都机场的开放平台，通过先进、多样的展示方式，向来自世界各地的旅客介绍故宫。"端门数字博物馆"更以数字影片引导观众了解紫禁城和故宫的历史沿革。一方面向观众发布所有展品的信息，满足观众需求；另一方面强化专馆主题，最大限度地展示故宫研究成果。此后，故宫还建设了"古陶瓷研究中心的数字陶瓷馆项目"、"文华殿陶瓷馆电子文化展示项目"和"武英殿书画馆电子文化展示项目"，通过主题视频片向观众整体介绍展览专题，以多个互动节目的方式帮助观众解读藏品。

（四）创新展销方式

故宫博物院院长单霁翔在《从"数量增长"走向"质量提升"——关于广义博物馆的思考》中提到"如果配合陈列展览主题，研发相应的文化产品，并在博物馆商店内销售，就能通过营造与文物展品直接相关的氛围，将观众的购物活动融入参观过程，使陈列展览变得更加有趣，也使观众获得更加丰富、难忘的体验。"

1. 实体展示空间

为展示和销售多样化的文化创意展品，故宫为文化创意产品专门开辟了展示空间，主要包括以下几个展馆。

丝绸馆：以丝绸手绣产品为特点。产品皆从故宫院藏文物中提取元素，融合丝绸天然舒适的特性和传统织绣工艺，定位于满足观众对生活和品质的需求。

服饰馆：以展示、销售故宫服装为特色。产品借鉴故宫礼仪服饰元素并加以创新，按照"礼"服、"吉"服、"常"服、"行"服的分类，定位于满足职场人士各种场合的着装需求。

生活馆：以销售新颖时尚的故宫元素创意产品为主，产品涵盖服装、包袋、手表、茶具、折扇、玩具、手机壳等多个类别。

影像馆：以销售故宫院藏书画衍生品为特色。引进全球领先水平的精密打印设备，配合5.8亿像素立体扫描，将书画作品直接打印于宣纸之上，制作出的图像层次丰富，精度高、色彩逼真，几分钟即可完成制作，最大限度地还原作品原貌。

展示馆：故宫集中展示优秀文创产品和新款文创产品，列如"海水江崖真丝手绣披肩"等。

木艺馆：以展销仿明清家具为特色。展销的产品皆以故宫院藏宫廷硬木家具为原型制作，所有产品均采用小叶紫檀、黄花梨等高档名贵硬木为材质，按照传统工艺技法制成。

陶瓷馆：以故宫元素陶器的展示和销售为特色，产品以茶器、香器、花器为主，故宫元素突出，设计简约，注重生活与时尚相结合。

紫禁书院：以传播故宫文化、分享典雅生活为宗旨精心打造的文化中心，提取宫廷核心文化，与现代审美巧妙融合，用来展示故宫文创精品，并可举办展览、文化讲座、雅集、新闻发布等活动，为观众带来多元化的文化体验。

2015年9月28日，故宫文化创意体验馆在故宫东厂房开幕。文化创意体验馆作为故宫"最后一个展厅"，集中展示和销售故宫研发的各类文化创意产品。

表 5-2　七大系列的文化创意产品展示

种类	数目
丝绸系列	692 种
陶器系列	366 种
瓷器系列	626 种
铜器系列	327 种
木制系列	119 种
书画系列	665 种
贵金属系列	960 种

在销售渠道上，故宫不断推陈出新，探索新的销售方式和电商渠道。

2008 年 12 月故宫创立了"故宫淘宝"官方旗舰店，以电子商务推广的形式传播故宫文化。目前有约 200 件故宫元素设计的各类文化创意产品，这些小巧玲珑、实用方便的小纪念品成为人们互动交流的礼物，成为故宫文化、中国传统文化的承载者和传播者。

2013 年"故宫淘宝"改版，加强页面设计和对故宫文化元素的利用，整体设计、文辞用语更加符合当下尤其是年轻人的审美和时尚需求。

"故宫淘宝"微信公众号也是随着微信成为一种时尚、流行的交流工具之后推出的传播形式，基于"故宫淘宝"新浪微博运作成熟的经验，利用新媒体传播传统文化和历史典故。

故宫与腾讯合作，经过前期调研和周密策划，开发了最具故宫特色的公众服务号——"微故宫"。"微故宫"使用具有故宫特色的微语言，组织微话题，推出微展览，为观众参观欣赏古代建筑、文物藏品、特色展览等提供全面、立体、便捷的服务，既方便了观众参观，又传播了故宫文化和文物保护理念。

2. 创意体验活动

在开发多种多样的创意产品的同时，故宫的文创团队也一直在努力，并尝试通过一些寓教于乐的形式和方法吸引青少年关注和了解故宫优秀的传统文化。

"故宫职工文化产品设计及产品创意竞赛"活动

为了从故宫内部发现、培养文化产品研发人才，提高故宫文化产品研发的整体水平。2008年，在首届"故宫职工文化产品设计及产品创意竞赛"中共收到作品41件，并对其进行评审，编印了《故宫首届职工文化产品设计与创意竞赛获奖作品集》。故宫已将烛台、正吻便签盒、云纹书档等获奖设计作品，生产成了高品质的文化创意产品并在院内经营网点销售，深受国内外观众喜爱。2009年，在第一届大赛成功举办的经验基础上，举办了第二届"故宫职工文化产品设计及产品创意竞赛"，共征集参赛作品33件，资深评审围绕元素提取、表现力、色彩搭配、创新可操作、文字说明五个方面进行评审，进而获得了一批成熟的设计方案，为研发提供了具体的设计思路。

"故宫人最喜爱的文物"活动

2012年，为了充分利用故宫丰富的文化资源，研发出优秀的文化产品，带领社会上优秀的设计团队、个人，快速进入故宫文物宝库的殿堂，领略中华优秀文化传统的博大精深。故宫耗时6个月的时间，在院内组织开展了"故宫人最喜爱的文物"评选活动。活动邀请了故宫学术委员会委员、业务领域专家、全院职工和志愿者共同参与，以文化产品研发和市场营销的视角，在院藏可移动文物和不可移动文物范围内推选出"故宫人最喜爱的文物"，专家评委通过对故宫26个文物类别入围的100件文物进行投票，评选出了10个"故宫人最喜爱的文物"类别，其中包括：（1）绘画类、（2）陶瓷类、（3）法书类、（4）建筑类、（5）玉石类、（6）青铜器类、（7）织绣类、（8）金银器类、（9）珐琅类、（10）玺印类。活动最终评选出11件"故宫人最喜爱的文物"并且出版了《故宫百宝——故宫人最喜爱的文物》图书，受到一致好评。

"紫禁城杯"故宫文化产品创意设计大赛活动

2016年，由故宫主办，北京故宫文化传播有限公司、中央民族大学美术学院共同承办了"紫禁城杯"故宫文化产品创意设计大赛。大赛倡导围绕文化、创意、生活、故宫、中华老字号等元素展开创意设计。在保持原创作品核心功能不变的前提下进行创意，融入更多的时尚元素，能够体现出带有中华传统文化与现代理念结合的传承性，有鲜明的文化元素与特征。

该活动旨在更好地传播中华民族优秀的传统文化，挖掘并利用故宫文化资源，发挥故宫文物藏品的教育和文化传播功能，促进中国传统文化与当代时尚的结合，引发社会对故宫文化产品的关注，唤醒创意设计灵感，以便研发出更多、更好的能够传播故宫文化的优秀文化产品。大赛共收到投稿作品 675 件，在基本元素的选取上考虑作品背后的故事，让观众容易接受，符合现代消费市场需求，符合现代人消费理念，让观众"看得上""愿带走"。最终评选出金奖 3 名、银奖 6 名、铜奖 9 名、优秀奖 30 名。

表 5-3　故宫文化产品创意设计大赛获奖作品

武骏宇（金奖）	"斗拱"积木	
宋楚童、张申（银奖）	青花瓷拼酒杯	
刘卜瑜（铜奖）	故宫智力拼图	

"戒急用忍"系列文化创意产品发布会

2015 年 7 月 31 日，由北京故宫文化服务中心与华视影视投资（北京）有限公司联合举办，故宫文化创意首套电影联名产品《新步步惊心》"戒急用忍"系列文化创意产品首发仪式在故宫数字所成功举办。故宫文化产品一直紧扣流行文化元素，植根于传统文化。随着故宫文创产品的持续创新，故宫文化品牌在"90 后"甚至"00 后"的年轻群体中的形象力正在持续激活，在 2015 年 6 月"故宫文创产品"已经作为社会热点词语入选 2015 年高考文综考题。

"戒急用忍"是康熙题赠给雍正的处世箴言，希望他可以控制情绪，始终保持平和、清净的状态。作为一个古为今用的正能量主题，它适用于当代人生活、事业、学习等各个方面，是对传统文化和精神的传承，并号召观众领会这四个字的文化内涵。

"腾讯 NEXT IDEA × 故宫" 发布会

2016 年 7 月 6 日，腾讯与故宫在故宫端门数字馆举办 "腾讯 NEXT IDEA × 故宫" 发布会，宣布建立合作伙伴关系，开展长期合作。故宫博物院院长单霁翔表示："近年来，故宫开展 '故宫古建筑保护修缮' 工程和 '平安故宫' 重点工程，对故宫古建筑、藏品和非物质文化遗产进行精心保护和传承，要把壮美的紫禁城完整地交给下一个 600 年。同时，我们更关注的是要把故宫所蕴含和代表的优秀传统文化留给年轻人，留给未来。"

3. 文创工作的推介展示

故宫的文化创意产品不仅在国内有一定的反响，同时也受到了国外企业的关注。

香港国际品牌授权展

2015 年，中国内地第一次参加香港国际授权展。中国内地馆由文化部主办，浙江省文化厅、四川省文化厅协办，跨界（北京）授权管理有限公司承办。北京故宫、浙江省博物馆，四川金沙遗址博物馆等 40 余家机构和企业参加了中国内地馆的授权展示。

故宫携带海水江崖系列、宫门箱包系列、五牛图系列和天穹伞等 300 余件故宫文化创意产品参展，同时对《紫禁城祥瑞》、《韩熙载夜宴图》、《胤禛美人图》、《皇帝的一天》4 款 App 和《故宫 100》视频进行了展示宣传。

参展期间，故宫参加了展会举办的推介会，介绍了故宫基本情况和文化产品研发情况，以及 "故宫" "紫禁城" 两枚国际注册商标。在与媒体的沟通过程中，故宫充分利用媒体的传播作用，对参展的文化产品（例如 "藻井" 伞、朝珠耳机等）进行了详细的介绍，并以图片的形式展示了未能带去香港参展的部分优秀的文化创意产品，得到了各大媒体的广泛关注，起到了较好的宣传作用。《星岛日报》《头条日报》《明报》《SCMP》等香港媒体对故宫参展的情况进行了专题报道。

2016 年，故宫携带了 2015 年新研发的胤禛十二美人、海水江崖（皮压花）、如意琉璃、齐梅祝寿大凤、神骏 5 个系列，共计 138 款文创产品参加"2016 香港国际品牌授权展"。

在展览期间，中国网、新华社香港分社、羊城晚报等媒体对故宫进行了采访和报道。此次是故宫第二次参加香港国际授权展。与 2015 年相比，故宫参展的文化创意产品数量较少，但全部具有创意性和实用性，更多参展商表示愿意与故宫进行文化创意产品的相关合作。参展期间 70 余家企业与故宫交流了合作意向，香港特别行政区政府投资推广署、香港历史博物馆、香港国际文化创意产业博览会组委会、商务印书馆（香港）有限公司、迪士尼合作方上海奇妙世界品牌管理有限公司、华谊兄弟电影、从事西班牙展览和欧洲授权的施乐高环球有限公司、墨兰艺品印务（香港）纽有限公司等机构和企业的代表与故宫进行了洽谈。

皇家加勒比国际邮轮展

2016 年 6 月 26 日，故宫与皇家加勒比国际邮轮的首次合作在天津东疆游轮母港"海洋赞礼号"上实现，通过专题讲座、故宫文化创意产品展示等系列文化活动，让故宫文化走出紫禁城，以有别于以往的渠道和平台，弘扬中国传统文化。故宫应发挥其应有的文化引领作用，履行其推广中华文化的历史使命。

皇家加勒比国际邮轮是一个全球性邮轮品牌，有着 46 年的创新历史，旗下拥有 23 艘邮轮，承载着千名来自国内外的旅客，成为一个东西方文化交流、互动的平台，共享文化成果、提升文化传播力度，满足观众的文化需求。其中，双方精心挑选了 100 余件（套）故宫元素的文创产品，在邮轮上进行展示，以丰富的故宫元素和文化内涵，吸引广大旅客的关注，让故宫文化以新的方式进行传播。

美国国际品牌授权展

2016 年 6 月，故宫携带了 163 件（套）故宫文创产品，参加了世界最大、最具有影响力的品牌授权博览会"美国拉斯维加斯国际授权博览会"。

此次参展商数量多达 400 个，参展品牌多达 5000 个。来自 90 个国家和地区的 21000 名世界顶尖零售商、经销商、制造商、代理商和品牌商等专业买家到场洽谈。展会围绕全球授权行业的焦点问题举办讲座、酒会、发布会等形式多样的活动。展览期间，故宫的展场举办了中国艺术文化授权交流会。本次拉斯维加斯授权展主席及高级执行副总裁一同出席，并在交流会上发言，中国驻旧金山总领事馆肖夏勇参赞也参加了会晤。除此之外，故宫代表团与美国国际品牌高级执行副总裁 Jessica Blue 等人进行了友好的会晤。会晤期间，双方就故宫的文化创意产品的发展进行了深度和重要的沟通。

故宫此次参加美国国际授权博览会，受到了国内外媒体的高度关注，人民网、中新网、中国经济网、中华人民共和国驻旧金山总领事馆文化快讯、《中国日报》（美国版）等十余家媒体竞相报道，并得到了高度评价和赞赏。

三 创意无限，发展无限

中国博物馆正处于蓬勃发展的时候，在市场经济快速发展的背景下，博物馆发展中的各类问题和困难也随之而来，如何转型是每个博物馆不得不面对的问题。而优秀的文化创意产品的推出，不仅为博物馆谋取了可观的收入，也符合我国博物馆今后自主经营的理念。文化创意产品蕴含丰富的历史文化底蕴，不但能够提高博物馆的社会知名度，也是博物馆教育和社会服务功能的延伸。

文化创意产品是艺术市场重要的一部分，它在西方已走过了几十年的历程，在国内却刚刚起步，但也逐步受到大家的关注。作为独特的艺术衍生品消费形式，博物馆文化创意产品的研发丰富了普通人的生活，让生活艺术化、趣味化。故宫文化创意产品的发展为国内博物馆文化创意产品的开发提供了借鉴和参考，但相比国际上的知名博物馆，我国博物馆文创产品研发还处于初级阶段，要赶超它们还有很长一段路要走。

中华文明源远流长，五千年丰厚的文化积淀势必蕴藏着无数值得开发的文化创意产品，充分挖掘这些资源，设计出一批内涵丰富、吸引力强的文化创意产品，融入民众的生活中，充实人们的精神娱乐空间，不仅丰富了日常生活，也是观众对参观完博物馆的延续和回忆。故宫博物院院长单霁翔表示，在未来故宫将继续采取亲民的路线，研究人们的生活和需要，深入挖掘文化资源，让人们更好地、更便捷地体验和感受传统文化，让馆藏文物在当代生活中"活"起来。

在博物馆文创产品的设计和开发中，如何把思路从对文物的模仿和简单剪切拼贴中解放出来，脱离对单一文物从纹饰到造型一成不变的"复制"，以剖析的视角回顾文物发展之路，把握并顺应时代审美的发展方向，在创意设计中保持民族审美一致性的同时注入创新精神，这是文创产品设计之本。

今后，随着互联网大数据和精准营销的发展，在市场的营销过程中准确定位、分众化消费和实时反馈，能对文创产品自身的不断完善提供可能。博物馆文创产品要向更高阶段发展，还须通过对大数据的挖掘，使其能够更加精准地投放市场。此外，在建立有效的开发模式、缩短周期、提高效率等方面，未来博物馆文创产品开发需要进一步给予解决。

创意的植入和多样化的展现形式为博物馆历史文物的活化打开了新的天地，可以预见的是，作为中华博大精深文化的重要代表，以故宫为首的博物馆文化创意产品的发展必将从更多维度上实现新的突破。

第 二 篇

旅游公共管理

观众疏导

作为博物馆，故宫并非世界最大，然而它却是世界上毫无争议的接待观众最多的博物馆，也是接待观众量最大的世界文化遗产地。

一 巨量客流带来的高压

数据表明，2009 年以后，故宫成为世界上唯一一个每年迎来上千万参观者的博物馆，而其访客增长量的速度更是惊人。从 1949 年的 100 万人次增长到 2002 年的 700 万人次，经历了 50 多年时间；而从 2002 年的 700 万人次，增长到 2011 年的 1400 万人次，仅仅经历了 10 年时间。也就是说，10 年之内故宫访客量整整翻了一番，2016 年更是突破 1600 万人次，达到历史新高。这一增长速度和接待规模在国内外博物馆领域绝无仅有，法国的卢浮宫、英国的大英博物馆接待访客量最大的数值分别为 930 万人次、670 万人次（均在 2014 年）。故宫的这一客流量在旅游景区中也是罕见，只有人气最旺的迪士尼乐园可与其比肩。故宫近年来的观众如果以 1500 万人次计算，全年日均接待 4.6 万人次。其中，单日观众人数最高突破了 18 万人次。这让近 600 年"高龄"的紫禁城和馆藏承受着巨大的安全压力，无论是参观的有序性、建筑的安全性，还是安防和消防工作，都存在复杂性和严峻性，保护任务极其繁重，观众参观质量也难以保证。因此，观众疏导与客流限制，成为故宫必须解决的关键性问题。

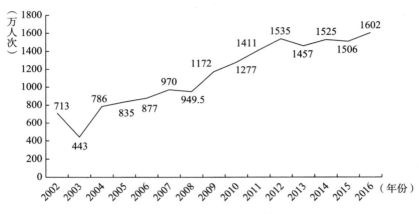

图 6－1　故宫 2002～2016 年接待观众数量

　　故宫博物院院长单霁翔多次表示，尽管参观故宫的需求是刚性的，社会发展环境造成故宫参观人数的增加，但持续走高的观众流量则始终是故宫面临的一大压力。因此，合理配置参观时间，调整参观制度，采取适当分流限流措施，削峰填谷，建设"平安故宫"，是故宫世界文化遗产保护管理的当务之急。

　　纵观全世界，空间狭小的文化与自然遗产因为容易损坏，从保护角度而言通常采取限制客流，预约参观模式。我国的莫高窟、布达拉宫在2005 年就开始施行限流措施。然而限流所牵涉的方方面面问题并不简单，尤其对于偌大接待量的故宫而言更是如此。2011 年十一期间，故宫曾尝试单日限流 8 万，但这个数字很快被突破，面对午门广场汹涌的人群，根本不能闭门谢客。此后，故宫多次召开媒体咨询会，问计于广大社会民众，听取各方意见，不断尝试各种疏导分流措施，同时，也从故宫整体保护方面高度重视观众疏解问题，最终在 2015 年成功实施了一套完整的限流分流措施。这套措施制定的原则可以概括为：宏观重视，细节落实；科学论证，先试后行；公开决策，问计于民；多管齐下，标本兼治。

二 多维举措并行疏导客流

紫禁城是一个充满故事的地方。明清两代 24 位皇帝在这里居住，并在此发生了无数中国政治、经济、文化、社会史上的重大事件。1925 年 10 月 10 日，紫禁城的内廷部分正式对公众开放。自当日起，紫禁城有了一个崭新的名字——故宫博物院。当天究竟有多少市民进入新开放的故宫，并没有准确的统计，据故宫老员工回忆，参观之日下午在观众离去以后，他们从地上捡起被踩掉的鞋，有整整一大筐，说明故宫从开院的第一天起，就格外引人注目。

90 多年过去了，故宫参观观众人数以极快速度不断增长。每年的国庆节假期，依然是访客量最大的时间段。2012 年十一黄金周故宫接待观众 79 万人次，10 月 2 日更是创下日接待 18.2 万人次的新纪录。据故宫的工作人员回忆，日接待观众 18.2 万的那天，巨大的观众流让故宫的安全工作经历了极为严峻的考验，让"故宫人"紧绷着每一根神经，度过了漫长的一天。故宫开放、保卫、院容管理等相关部门不断加派人手进行观众疏导、秩序维护，防止出现踩踏事故，保洁人员也压力倍增。各种观众服务设施"供不应求"，尽管开放所有的售票窗口，增设卫生间等服务设施，很多通道、座椅和卫生间依然需要排队。在观众非常集中的中轴线区域，基本上是摩肩接踵、人山人海，被观众流推着往前走，很难舒适地驻足停留，更别提好好地参观和感受文化了。御花园作为大多数观众参观的最后一站，更是"人满为患"，很多人坐在地上、栏杆上休息或饮食，古典园林的景观受到极大影响，就连拍的照片也基本是人多于风景，文化感受大大削弱。

更严重的问题是，单日超过 8 万人次的数值并没有停止，而是不断增加。仅 2014 年 7 月暑期，超 8 万人的天数就有 12 天（上一年暑期超 8 万的天数共 9 天）。作为世界文化遗产地，观众无限制地增加，使故宫的文物和古建筑群难以承受，观众参观的舒适度也大打折扣，更为严重的是存在极大的踩踏事故隐患。

（一）将观众疏导问题提到战略高度

为了解决快速增长的巨大客流所带来的综合难题，故宫将限流问题提到总体规划中予以安排。在《故宫保护总体规划（2013－2025）》中要求：实行科学合理的分流限流措施，结合世界文化遗产监测，开展专题研究，实现观众量与参观舒适度相对应的数据积累，科学研究最大承载量课题，加强观众服务与流量控制，细化观众定向引导措施；改善院内微循环，避免集聚拥堵；完善安全检查制度、改善安防设施，排除观众人身安全隐患。在保证安全的基础上，为观众提供更加舒适的参观环境和文化氛围。

（二）核定最大承载量，单日限流八万

故宫全年接待量分布不均，观众量在淡季与旺季分化非常明显。在以前五一和十一都实行七天长假之时，故宫每年的观众流量曲线图上呈现出"双针一峰"图形，即五一、十一两根针，暑期一座峰。

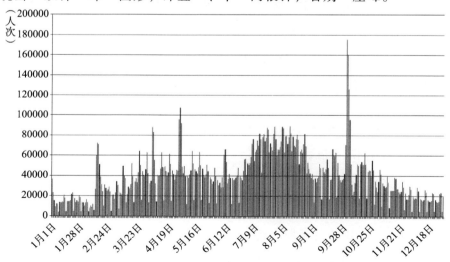

图 6－2 2013 年故宫观众参观人数时间分布

面对 72 万平方米的空间面积、淡旺季差异较为明显的客流现实，科学合理地评估故宫观众的最大承载量，建立科学的观众引导和管理体系，是故宫管理的重要课题。故宫世界文化遗产监测信息平台在多年研究的基础上，结合多年来接待观众的工作经验和故宫世界文化遗产地的特点，在以安全为前提、以观众为本的原则下，很多年前就核定了故宫单日接待观众人数上限为 8 万人次的承载量标准，只有这样才能实现文物安全、观众满意、参观有序、管理科学的目标。只是这一流量上限规定的落实并不一帆风顺。早在 2008 年，故宫就尝试单日限流，但没有刚性执行，2011 年的试行再次失败。然而这并不表明故宫的单日限流措施本身不可行，而是因为相关配套工作还没有准备好，事先的公众公告时间也不足。在随后的几年时间内，故宫分别尝试多种途径、多种维度的分流限流措施，逐渐探索出一套有效观众疏导措施体系，包括试行旺季单日限流、淡季"主题免费日"、鼓励网上购票、扩大开放面积、实行周一闭馆等一系列措施，引导部分观众避开高峰期，让观众获得更好的参观环境与文化氛围，同时培养观众网上预约的习惯，让观众逐渐理解故宫需要休养生息。

更为可取的是，在采取各种措施之前，故宫保持与社会、媒体的密切沟通，征求公众意见，实现科学限流分流。他们提出了多套分流限流方案，并多次召开咨询会征求社会各界意见。仅 2014 ~ 2015 年上半年，故宫就邀请志愿者代表、媒体记者、紫微星系成员（故宫粉丝团）、旅行社代表，相继召开了不少于 5 次咨询会，就故宫限流分流措施展开讨论，向社会各界征求意见和建议。2014 年 12 月 31 日晚，上海外滩发生的严重踩踏事件，令人对景区拥挤产生的后果高度重视。2015 年初，国家旅游局发布《景区最大承载量核定导则》，要求各大景区核算观众最大承载量。故宫此前多年尝试的限流措施终于找到了一个难得的实施契机。他们通过制定方案，向政协提交提案等方式，获得各界对其限流措施的一致认可，终于在 2015 年 5 月国际博物馆日前夕宣布：自 2015 年 6 月 13 日起，故宫试行每日限流 8 万人次的方案，并且采取实名购票方式。此举不仅受到了广大媒体和公众的"点赞"和理解，还使参观环境和氛围得到明显提升，文物和观众安全风险进一步降低。

限流措施的顺利实施，得益于两大重要配合手段：一个是实名制购票，另一个是网络预约购票。故宫呼吁和鼓励大家采用网上购票方式，一方面可以免去排队买票之辛苦，另一方面便于故宫根据网上购票情况进行应对方案的调整；同时还可以减少现场购票人数，降低排队购票时间，达到分流限流的目标。限流第一天的网络预售数量达到7506人次，超平日7倍。经过两年的运行，通过网上预约订购故宫门票的数量快速增加，从2015年的17.34%增加到2016年的41.14%，也就是说目前有将近一半的人通过网络预约购票。尤其是旅行社，必须通过网络预约才可以享受免除导游门票、从团队预约入口快速安检的优惠。可喜的是，不但团队网上预约数据大大增加，散客预约数也大幅度增加，越来越多的人形成了预约参观故宫的习惯。故宫方面最新表示，即将进一步推广手机购买门票方式，预计在2018年前后，故宫将告别纸质门票时代。

2015年开始的这一次限流措施顺利实行至今，获得了观众和社会各界的理解与支持。2015年7月11日，故宫第一次真正实施了8万人次限流，现场未引起大的波动。2015年全年共有40多个限流日。尤其是在观众参观的高峰——暑期和十一黄金周期间，每天参观人数屡屡接近8万人次，限流各项措施不断得到检验、完善，使故宫在安全保障、限流预警及现场管控、观众疏导等各个方面都积累了经验。可以说，此次限流成功，结束了故宫极端观众流量的历史，有效实现"削峰"，保障了观众参观的舒适性。

当然，故宫的日均限流8万人次是基于常年的经验，以及国家旅游局和国家文物局的评估，是经过专家论证认为目前可以试行的比较合适的一个数字。但是故宫不会永远单日限流8万人次。故宫博物院院长单霁翔说，随着故宫开放面积的逐渐扩大，未来可以多接待一些观众，所以 8 万人次的限流数字不会是固定不变的。

（三）调整开放时间，实施周一闭馆制度

故宫全年开放时间分为淡季与旺季，除了票价的不同，对淡旺季的开馆闭馆时间也实施了调整。每年 11 月 1 日至次年 3 月 31 日采用淡季开放时间：开始售票及开放进馆时间为 8：30，止票时间（含钟表馆、珍宝馆）为 15：30，停止入馆时间为止票后 10 分钟，清场时间为 16：30。每年 4 月 1 日至 10 月 31 日采用旺季开放时间：开始售票及开放进馆时间仍为 8：30，停止售票时间（含钟表馆、珍宝馆）延长 1 小时，改为下午 16：30，清场时间也顺延半小时至 17：00。

如果说顺延半小时的闭馆时间对旺季观众疏导起到一定作用的话，那么从保护文物和限流的角度而言，更大也更有效的措施是实施周一闭馆制度。为了使古建筑、文物藏品、观众服务设施能够及时得到"喘息"，从 2013 年 4 月 1 日起，故宫试行周一下午闭馆半天的规定，赢得了社会的正面反应。在此基础上，为了保障正常维护环境和提升安全设施、展览设施、服务设施的需要，自 2014 年 1 月起，除法定节假日和暑期外，故宫正式实行周一全天闭馆，这一措施得到社会各界的理解和赞赏。闭馆之举为全面推进"平安故宫"工程，保持古建筑和院藏文物安全健康的状态，争取了更多的空间和时间。短暂的休养生息，其实质是为了故宫文物的益寿延年。故宫的各部门也利用闭馆日组织开展展厅室内维护、开放环境清洁、文物展品科技保护、开放区内彩钢房拆除等工作。

（四）疏导关键环节，优化排队管理

作为一个超大客流聚集的博物馆，如何在关键拥堵环节有效疏导观众进出、合理分流，是重要的观众管理细节。近年来，故宫就如何疏导超载客流、为观众提供更好的参观环境等课题进行了深入研究和探讨，多项举措已经逐步实施。

1. 增加售票检票窗口，减少排队拥堵

自 2013 年 8 月 1 日起，故宫将以往的 16 个售票窗口增加到 30 个，售票接待能力增加 87.5%，逢特殊假日观众高峰时，故宫的售票窗口可以临时增至 37 个，大大缩短了观众排队的时间，使观众购买门票的时间在 3～15 分钟之内可以解决，减少排队拥堵。与此同时，故宫在售票处所在的端门广场上增加 1350 把椅子以满足观众休息，让观众可以在进入故宫之前舒适地"小憩"一下，结束了以往观众在广场上、树坑旁席地而坐的尴尬场面。

检票口也是容易排队拥挤的环节，尤其是故宫增加了安检环节之后，通行速度更易受影响。为此，故宫从 2013 年 7 月投入新的安检设施，安检端口由午门东、西门洞内的狭小空间，前移到午门外广场，安检口从原来的 2 个增至 18 个，开放长期专供接待贵宾时打开的午门中间大门给普通观众使用。安检人员由故宫员工改为专业安检保安人员，不但有效提升了安全检查能力，而且加快了观众的通行速度，较好地解决了空间压力，方便了安全检查工作的管理。目前来故宫参观的观众所需安检时间已经大大缩短，安检质量也得到提高，尤其二维码认证技术应用到验票环节后，有效地杜绝了假票。若非极端客流高峰日子，95% 的观众可以在 15 分钟内完成买票和进入故宫。

2. 在经常拥堵地段实行局部分流

故宫的御花园，作为参观的最后一站，常常是多数观众驻足停留之地。在观众流量高峰时段，这里更是成为故宫中最大的"堵点"之一。2013 年清明小长假期间，故宫在这个最大的"堵点"之一——御花园内试行东、西分流措施，打开启祥门，分流西六宫区域不准备参观御花园的观众。2014 年，故宫采取人工疏导、停止食品售卖等措施，整体提升了御花园的景观效果和参观环境，保证了古建筑安全、文物安全和观众安全。在节假日和黄金周，御花园还通过分流措施，安全度过客流高峰。此外，在节假日等旺季时，有展厅和通道客流爆满，为确保安全，故宫也会分时段采取单向参观、关闭个别大门、小区域限流等措施，在局部区域实施单向或限流措施。

3. 针对性缓解排队长问题

尽管采取了上述分流措施，故宫每遇超大观众接待量还会产生排队时间过长、观众拥堵等现象。例如在 2015 年"石渠宝笈特展"期间，观众排队过长的最直接原因，是观众在展厅内移动速度较慢，而来到展柜前的观众不肯轻易离去，个别观众不听从工作人员劝导，导致排队的人群不断增长。在武英殿特展区域，观众平均需要排队 3 ~ 4 个小时，高峰时段会达到 6 个小时。对此，故宫采取了一系列措施改善管理、提升服务。例如，调整排队路线，尽量选择浓荫匝地、小桥流水等凉爽舒适、风景优美、赏心悦目的区域，避免观众在烈日下长时间等候。在沿途设置 40 把座椅（每把可以坐 3 人），方便老人等有需要的观众适当休息。在整个武英殿区域，故宫增设多处岗位和工作人员，所设岗位是以往人数的 5 倍多，并根据观众排队情况随时增加人手，及时疏导观众、保证参观秩序；加强对工作人员的管理，保证服务质量等。除此之外，故宫在端门、午门观众量集中区域增派工作人员，维护现场售检票秩序，做好观众疏导、信息咨询、疑难解惑等工作，及时处置各类突发事件。可以说，故宫对观众服务基本做到了人性化、精细化程度。这对于一个日接待数万观众的博物馆来说，也着实不易。

4. 增加女士厕位，缓解厕所拥挤

增加故宫女士厕位，旺季时女士的厕位是男士的 3 倍，缓解了女士厕所门前大量聚集等待人群的状况。这一措施，是许多传统景区还没有做到的，既可疏导局部拥堵，更能体现人文关怀精神。

（五）以门票优惠方案引导客源分流

为了缓解全年观众分布不平衡情况，故宫采取措施分流限流，实现"削峰填谷"效应，故宫吸纳各方建议和意见，制定年票、主题免费开放日、单日内分流等分流措施。

1. 年票方案

为了让更多喜爱古代宫殿建筑、宫廷历史文化、历代文物藏品、专题展览陈列的观众多次来院参观，同时减少旺季客流量，故宫推出年票制度。年票单次价格比同日内单次门票价格略低，仅限本人使用，且不能在十一黄金周期间使用。2015～2017年，故宫年票的售出数量分别是2007张、1130张和1147张。

2. 主题免费开放日方案

为了更好地引导广大观众避开人流高峰期参观，同时为体现对特殊群体的关爱，故宫从2014年起设定淡季期间每月的第一个星期三为主题免费开放日，分别针对教师、医护人员、志愿者、现役军人、公安民警、大专院校学生等群体设置6个主题免费开放日。每个主题免费开放日限制预约总人数在1万人以内。

3. 单日内分流方案

为了合理地将高峰时段的观众引导至人流较少的时段，从而让更多观众获得更加舒适的参观体验，在2014年9月12～14日期间试行14：00后门票优惠方案（优惠活动不包含专馆），优惠票价为全票的一半（30元）。这个方案由于执行效果欠佳在试行后暂停。

（六）优化参观路线，以展览带动分流

优化参观路线的总方案是实行单向参观，增设展览活动，达到疏导客流效果。2011年之前未实行自南向北单向参观措施以前，由神武门进入的观众（约占15%）和由午门进入的观众（约占85%），常常会在主要参观线路相逢，造成人流堵塞，存在极大的安全隐患。如今实行自南向北单向参观，规定观众一律从午门进入故宫，从东华门或神武门出故宫，秩序井然。

从参观线路上看，有一个略为遗憾的事情是，观众进入故宫以后，

只往中轴线前面走，不往两侧走。也就是说只看三大殿三大宫，很少看两边其他宫殿。其实，故宫在两侧办了很多展览，例如陶瓷馆、青铜器馆、万寿庆典展，有些定期，有些不定期，展品都很精彩。也许是事先宣传不够，也许是其他原因，导致 70% ~ 80% 的观众进入故宫以后，都目不斜视地往前走，看皇帝过去坐在什么地方，再往前走，看皇帝曾经睡在什么地方、躺在什么地方，再往前是御花园，就出去了。旅游团为了节约时间，往往这么安排线路，但导致许多散客也跟着这么走，错过很多精彩的内容，也让中轴线客流更加拥堵。从 2015 年开始，故宫对全院的标识进行了系统的重新设计，希望能强化观众参观博物馆展览的愿望，使人们得到的游览信息更加丰富、强大、清晰，从而让更多的观众感到他们来到的是一座博大精深的博物馆，而不仅仅是一个旅游景点。

（七）增大开放区域，有效疏散客流

故宫近几年不断扩大对观众的开放区域，增加展示空间，使观众获得更舒适的参观环境，从而缓解人流压力。2014 年，故宫的开放面积为 52%，到 2015 年达到 65%，比 2014 年增加 13 个百分点，开放了 5 个从未开放的区域，包括午门 – 雁翅楼，东华门城楼、角楼，慈宁宫、寿康宫和慈宁宫花园，宝蕴楼，端门城楼。2016 年，故宫迁出紫禁城中路、东西路红墙内的全部办公科研单位，进一步使开放区域增加到 76% 左右。增加开放面积，对应对大客流，疏导观众有着显著作用。2008 年故宫第一次试行限流 8 万人次时，年接待观众量是 950 万人次，开放面积还不足 48%。2015 年限流量未变，可对应的年接待观众量是 1500 万人次以上，开放面积是 65%。因此，整体上保证了大多数观众能顺利参观故宫。

故宫内有一些文物建筑是不具备开放条件的。比如，雨花阁是乾隆时期原状佛堂，内部文物过于密集，空间非常局促；再如，著名的三希堂，面积不过 4.8 平方米，只容得下三四个人，无法接纳大量观众。类似这些地方，主要通过故宫数字博物馆向观众展示。

此外，正在建设中的故宫北院区，预计年接待观众量至少可达300万人次，也会分流一部分故宫本院的观众。北院区目前的环境、交通状况并不是很好。但北京市政府做了承诺，会将地铁和周边的高速公路引到这边来，将故宫北院区与颐和园、圆明园、八达岭、十三陵连接成一条世界遗产的旅游路线，这些都会方便观众参观。北院区最主要的功能是文物保护修复，未来将做更多的展览展示，展出一些具有震撼力的、主题鲜明的、故宫展不出来的东西，观众还可以看到部分文物修复的过程。此外，还有宫廷园艺。未来故宫将会把北院打造成一个花园里的博物馆、花园中的"故宫"，民众在这个地方看展览，赏园林，和去紫禁城的感受不一样，收获也不一样。

（八）调整展柜位置，增加容客空间

观众数量的急剧攀升给故宫重点区域和展室造成极大的人流压力，在狭窄区域和空间有限的展室内，很容易造成拥堵，从而危及观众、展柜及文物安全。故宫通过对观众参观时间、参观路线、参观方式、参观停留时间等方面进行调研、分析比较，对珍宝馆一展室、二展室、三展室，文华殿及其东、西配殿的展室和御花园内盆景进行调整。改造后，展室内所有展柜摆放在靠墙一侧，位于展室门口的展柜被挪到展室内。如此，一方面使展室内空间增大，观众从一侧有序参观，从另一侧通道退场，人流不会交叉在一起，不易造成拥堵；另一方面，工作人员的视野更加开阔，有利于看管文物并进行疏导工作。

增加展览活动，确实可以起到一定的观众疏导效果，但有时候也会增加新的拥堵。如2015年在武英殿展出的《清明上河图》，引起了极大轰动，参观者很多，一定程度上实现了分流目的，但武英殿区域却每日爆满，甚至到下半夜才闭馆。2015年秋季故宫博物院建院90周年时午门展厅的"万寿盛典展"也吸引了大量观众。如何在吸引观众参观展览的同时又起到分流作用，需要精细安排。

图 6-3 展示改造前后观众参观的变化

三 以更加科学的方式进行限流与疏导

客流疏导与控制，是景区管理的应有之举。故宫的限流与疏导工作，有其特殊性，也有其普适性。它需要在文物保护传承使命与大客流需求冲击之间寻求平衡，尽量做到两全其美。这一理念及其系列措施，对于资源依托型景区而言具有显著地示范效应。

（一）限流为保障文物与观众的尊严

1. 周一闭馆让文物获得保养

故宫限流的最大出发点是文物安全与保养。作为一个有着 90 多年历史的博物院，故宫此前一直没有像其他博物馆那样采取周一闭馆的国际通行惯例制度。闭馆一天，给这一世界文化遗产的保护创造了更多机会。尽管故宫从 2002 年启动了大规模修缮，但仍有约半数古建等待"疗伤"。在 2013 年之前，由于故宫连续开放，很多展厅因照顾观众参观而不能及时、彻底地维护修整，积累了很多问题。比如太和殿，地面金砖、地毯，殿内陈设的宝座、案几、珐琅等均需要足够的时间进行专业保养和清洁。周一闭馆政策实施之后，"故宫人"开始紧锣密鼓地进行文物的保养与清洁。比如，太和殿的地面金砖加工工艺非常复杂，铺墁工艺十分严格，保养工作尤为重要。擦拭地面不能直接用水，而需使用浸过煤油的墩布，且墩布每两周上一次煤油，要等油全部"吃"进布里才能使用，否则就会留有痕迹。以往工作人员只能利用开馆前的短暂时间对金砖进行清洁和保养，难以达到预期的保养效果。如今，整整一天的闭馆时间可以彻底地对其进行保养。故宫博物院院长单霁翔在闭馆时曾对记者说："我们是'歇马不歇人'，因为我们所面对的'马'，是更加珍贵的文物建筑和文物展品，更应该使它们得到应有的歇息。"实行闭馆制度，保持了古建筑文物健康状态，也改善了参观环境。过去"连轴转"的紫禁城和文物，从此终于可以得到常规的保养和维护，诸如古建筑墙面日常修补、屋顶除草、地面砖更换等。现在，像武英殿前、乾清门广场的路面已经修整竣工，由沥青路面换为传统建材路面，视觉和感觉大大改善。院内原有突出地面的水电暖、电话网络、污水、消防井盖也陆续更换为与周边环境相协调，且与地面砖石融为一体的特殊样式，参观环境更加和谐，文化氛围也更加浓厚。

2. 限流让观众参观更有尊严

客流疏导并非仅仅为了减少对文物的压力，也是为了让观众更有尊严、更有品质地参观故宫。正如故宫博物院院长单霁翔说，故宫不仅要让文物有尊严，还必须要让观众同样有尊严，这样才能让观众面带笑容、心平气和、体力充沛地参观。因此，在限流的同时，故宫也进一步改善了环境与服务。例如，通过改善售票和安检环境，大大缩短了观众排队的时间；增设与环境相配的座椅达1400多把，让观众"有尊严地休息"；扩建洗手间，解决观众如厕难的问题；设置观众服务中心，为观众提供各种咨询和服务项目，以及老年人轮椅、婴儿轮椅；对院内商店进行统一规划、重新布局，提升文化产品展示效果；改善陈列展览的质量，力争达到思想性与观赏性、学术性与趣味性、知识性与通俗性的有效结合，尽力缩小陈列展览与观众的空间距离和心理距离等。合理疏导观众和提升观众服务，实现了两个"尊严"，即保证故宫的古建筑和文物安全，维护其尊严，让观众有尊严地参观，在博物馆的良好氛围中，获得更好的文化体验。可以说，正是在这种全新理念的指引下，故宫才有了近几年在改善服务与管理、密切社会与媒体关系方面的种种努力，并因此而改变了故宫以往数十年"高高在上"，不理睬社会关切的"高冷"形象，从而转变成具有人文关怀性、管理精细化色彩的新故宫形象。可以看出，限流本身不是目的，为文物和观众赢得尊严，才是最终目的。

（二）客流疏解是系统工程

疏导上千万的客流，缓解大客流带来的超重承载力，对于任何一个景区都不是一件简单的事情。故宫需要建构一个新的系统，从宏观到微观，从不同角度多措并举，并在不同阶段实施系列措施，才能实现限流分流以保障文物与观众的尊严的目标。因此，一方面要在宏观措施上采取网上预约售票、实名购票、增加售票窗口、增加验票通道、增大开放区域等措施，另一方面也要在微观上实施调整展厅内展柜位置、疏导暴堵节点、管理观众排队、增加休息座椅等措施，才能有效缓解故宫的大客流压力。

（三）疏导措施的进一步思考

目前故宫实施的绝大部分客流疏导措施，都产生了良好的效果，这是有目共睹的。不过仔细思考，有些措施仍有优化的空间，也可以增加新的举措。例如，故宫展览大多数分布在四处分散、知名度较小的宫殿内，由于故宫整体面积较大，建筑物众多，观众一般难以及时知晓展览场所，准确定位。为了让更多的人能知晓新的展览信息，快捷找到展览位置，建议增加一些措施以增加客流疏导效果，优化引导服务，例如增加现场临时指引标识牌（告示）、发放简洁实惠的故宫导览图、让现场员工了解最新展览信息以便指引观众。从年票的售卖情况看，目前的数额不足客流总量的 0.1%，且呈逐渐下降的趋势，从分流效果看不是十分明显，或许可以考虑加大宣传力度，同时调整票价策略。持有年票经常到访故宫的观众，很少是走中轴线的普通观众，很可能是观看展览活动的群体，他们是故宫最名副其实的"观众"，喜爱的是观看展览，看完某展览就直接离开，确实可以减少中轴线拥堵。如何增加此部分人群的错峰游览效果可以再斟酌。此外，单日限流措施不成功的原因还可以进一步分析。实施分时段参观措施，预计对团队较为有效，对散客则可能不够有效也不够公平，毕竟参团者的参观项目与时间较为固定（中轴线），散客则未必。从 2016 年的售票情况看，团队人数占故宫观众总人数的 31.90%。在这些客流群体中实施错时参观分流，还是可以达到较好效果的。另外，可能增加大量客流的大型展览活动放在淡季进行，也是一种有效手段。

门票管理

故宫博物院自 1925 年迎客售票至今，已历经 92 年，如何通过门票管理提升故宫服务是一个非常重要的问题。

一　门票管理是景区公共服务的刚性需求

2013 年颁布实施的《中华人民共和国旅游法》中明确规定，景区接待旅游者不得超过景区主管部门核定的最大承载量。景区应当公布由主管部门核定的最大观众承载量，制订和实施旅游者流量控制方案，并可以采取门票预约等方式，对景区接待旅游者的数量进行控制。2015 年，国务院公布《关于促进旅游业改革发展的若干意见》，正式要求抓紧建立景区门票预约制度，对景区游客进行最大承载量控制。同年，国家旅游局制定了《国家旅游局关于促进智慧旅游发展的指导意见》，鼓励博物馆、科技馆、旅游景区运用智慧旅游手段，建立门票预约制度、景区拥挤程度预测机制和旅游舒适度的评价机制，建立观众实时评价的旅游景区动态评价机制。这说明博物馆门票预约制度势在必行，虽然要求所有博物馆都做到预约售票并不现实，但适当地学习和借鉴也是必要的。随着国民素质的提高和科技的进步，博物馆的制度化开放管理与观众的出游规划也应该逐步走向互动和平衡。

故宫作为国家 AAAAA 级景区，门票管理工作应对其他景区起到示范及引领作用，合理规划故宫的门票预约制度既能够为观众提供一个舒适的参观环境，又有利于资源保护工作的实施。

从 2015 年 6 月 13 日起，故宫正式实行每日 8 万人次的强制限流措施。同时，全面推行实名制售票，每人每天限购一张门票。旅行团全部网上预约购票。8 万人次是故宫在多年研究与数据分析的基础上，结合多年来观众接待的工作经验、故宫世界文化遗产地的独特性、观众参观的规律性，在以安全为前提、以观众为本的原则下界定的。这一制度的推行，在确保故宫文化遗产安全的前提下，为观众提供一个安全舒适的参观环境。

二 建立线上线下的门票管理体系

（一）网络预约门票

1. 合理规划票种

目前故宫的门票有四个种类：普通门票、年票、主体免费票及学生团体免费票。前三类门票均可通过网络预约。在细化票种的基础上，制订系列限流分流措施，有助于网络实名售票制度的推广与普及。

（1）普通门票

普通门票提前 10 天预售，购票实行实名制，且每个证件每个入院日限购一张门票，门票优惠政策与国家政策保持一致。每年 4 月 1 日～10 月 31 日为旺季，每张 60 元。每年 11 月 1 日～次年 3 月 31 日为淡季，每张 40 元。除法定节假日和暑期（每年 7 月 1 日～8 月 31 日）外，故宫全年实行周一全天闭馆的措施。遇重大活动或特殊情况，开放时间如有变动，故宫会通过官方网站发布公告。目前故宫每天普通门票发售数量限制在 8 万张，其中现场售票 2 万张，网上售票 6 万张。

（2）年票

故宫的年票于 2014 年 10 月 21 日开始发行，发行的目的是为实现限流分流，为观众提供更优质的服务。年票的成人票定价 300 元，老人和学生群体定价 150 元，观众可凭年票于 1 年内（自然年）至故宫参观 10 次（不含专馆），每天限用 1 次。2015～2017 年 3 年间，故宫共销售成人年票 2413 张，半价优惠票 1313 张。年票全部通过网络渠道销售，年票有效期按自然年计算（1 月 1 日～12 月 31 日有效），与购买日期无关。每年 1～9 月销售当年年票，10 月～12 月销售当年和次年年票。年票的入院凭证为身份证原件（学生半价年票还须携带学生证），现场无须换票，可直接持证件至检票处入院。

（3）主题免费票

故宫自 2014 年 11 月起，在淡季每月第一周的星期三实行主题免费开放日，引导观众错峰参观，获得更为舒适的参观环境和氛围。截至 2017 年 3 月，故宫已举办了三轮 15 次免费日，已接待教师、大专院校学生、现役军人和公安民警、医务人员、志愿者、公共交通司乘人员、环卫工人等群体进行实地参观。主题免费票全部采用网络预约制，指定群体个人可登录故宫门票预售系统，提前 10 天进行网络预约。订单提交成功后，在主题免费开放日当天，申请人持本人二代身份证和相关职业证件（如教师证、军官证、学生证等），在午门西侧检票口"预约通道"验证后方可入院参观。

（4）学生团体参观免费票

故宫对全国大中小学校组织的 20 人及以上的学生团体，每周二（不含法定节假日）实行免费参观制。具体实施办法如下：

①免费对象。有组织的中小学生（含各类职高、技校、中专院校学生等）团体，有组织的相关专业（如历史系、建筑系、美术系等为配合教学的相关专业）大学生团体，组织学生参观的老师（每 10 名学生可有 1 名教师凭教师证享受免费票待遇）。

②组织接洽办法。学校须凭介绍信提前 5 天与故宫宣传教育部联

系、登记，共同商定参观时间。如在预约时校方选定的参观时间超过故宫的接待能力，需另行商定。学生团体参观当天，校方凭介绍信原件与故宫接待人员接洽参观事宜。

2. 规范门票预约制度

票务是故宫核心业务之一。合理规划故宫的门票预约制度既有利于实现故宫盈利的目的，又有利于故宫各类资源保护工作的实施。

（1）门票销售渠道

销售渠道及其组合是故宫制定门票预约制度需主要研究的内容之一。在研究故宫门票预约制度时，首先要了解故宫现有的门票分销渠道，结合各分销渠道的特点，制定切实可行的门票预约制度及策略。

通过增加分销渠道，为网络预约购票提供更多便利。故宫门票目前主要有两种销售渠道：一是自营（故宫现场窗口售票及自营网站售票），二是通过在线旅行社分销。目前合作的在线旅行社主要有天猫旗舰店、携程旅行网、去哪儿网、驴妈妈旅游网和途牛旅游网。

（2）门票预约制度

作为故宫开放管理的一种手段，流量管理和预约售票能够从根本上解决故宫产品供给与需求之间不对称所产生的两个基本问题：一是安全，这既包括故宫的资源——文物及其他财产的安全，也包括观众的人身安全和财产安全；二是质量，主要是指观众的旅游质量。对于故宫文化遗产的观赏，有最佳的视距、视点，这需要足够的人均游览空间来保障。2012年10月2日，故宫单日参观人数达18.2万人次，创历史最高纪录（如图7-1所示）。为此，故宫制定了门票预约制度，并在此基础上制定分流政策及方案。

①确定最高入院人流量。结合古建安全、观众安全、参观舒适度，确定故宫单日最大承载量，在此基础上确定故宫每日的门票销售数量，以及网上和现场售票数量，保证各销售渠道票源充足。目前故宫每日入院的最高客流量是8万人，淡季每日平均客流是3.2万人次，旺季每日

图 7-1　全天参观人数为 18 万人左右时的午门外广场

平均客流是 6 万人，每日发售门票总量 8 万张，其中 6 万张通过网上销售，2 万张现场销售。

限流本着以文物安全为前提，观众体验为根本的原则，是可持续旅游发展的有益尝试。然而 8 万人次的数字并非固定不变，随着故宫开放面积的逐渐扩大，以及将来故宫北院区的建成，故宫的接待能力将进一步提升。

②景区门票网络实名制。鼓励观众通过互联网提前预约故宫门票，培养观众养成先预约后游览的习惯。并且要求全部观众持有效证件——居民二代身份证、港澳台通行证或护照，网络预约或现场购买故宫门票，在入院参观时观众只需在入口处闸机刷有效证件即可入院。

③完善取票、检票等配套设施。采用先进的验票系统，建立观众接待中心，制定集参观预约、团体参观接待、联系讲解、语音导览器租用于一体的观众接待服务流程和措施；开设快速入院通道，鼓励观众刷身份证或电子门票的二维码直接进入景区，最大限度地方便观众参观。电子门禁每次对观众所刷二维码信息进行记录，能够合理、科学、有效地控制观众流量，调整观众入馆时间，提升接待能力。

④扩展门票网络预约渠道。故宫建设自营网站，拓展与在线旅行社的合作，拓宽门票分销渠道，务求全方位、多角度推广故宫网络门票预约制度。

⑤建立客流预警机制。在旺季时，为保障观众的权益，建立客流量

预警机制。新的售票、检票系统与端门地区电子信息屏数据接口对接，可实现每日余票信息的实时播报。当观众数量接近承载量（8万人）上限时，通过各种渠道发布预警消息，让观众早知道、早规划、早选择，同时疏导观众至附近景区游览或延迟入馆参观的时间。这样一方面避免观众花费大量时间及金钱赶往故宫，却因人流控制而不能入馆，另一方面有利于故宫安全保障管理工作的落实。

⑥细化预约时间段。将故宫一日的开放时间划分为2个时间段，上午及下午，设定各个时间段预约人数的上限，对旅行社团队参观时段的控制更加严格，实现散客与旅行社团队错峰参观。

⑦加大门票预约制的宣传。通过平面媒体、网络媒体等多种不同渠道，加大门票预约制度的宣传，务求提高故宫网络预约的比例。经过近3年的努力，故宫已基本能够科学地引导观众通过网络预售途径购买门票。

⑧退票制度的完善。观众如遇特殊情况不能如期到故宫游览，可在预约参观当日20:00之前免费办理退票或改签，保障观众的权益。

完善门票预约制度，能够有效地平抑故宫汹涌的人潮，合理地进行人流控制，为打造"平安故宫"，实现故宫优秀文化惠及于民的终极目标提供了制度方面的保障。实名制售票方式得到了绝大多数观众的理解和支持，为限流工作提供了重要支撑，也为故宫下一步实现观众精细化管理打下基础。

3. 全面践行实名制售票

实名制是故宫完善门票管理、保障观众安全工作的重要一步，也是推广网络预售、保障限流顺利实施的重要环节。实名制售票还可以在一定程度上阻止"黄牛"高价倒票，也给制假造假等行为造成难度，同时配合网络预售门票、专门通道检票，可以有效减轻故宫售票、检票的压力。实名制售票，要求观众提供身份证或护照信息，一个证件限购一张门票，这样可以实时掌握在园观众数量及国籍、年龄等信息，为故宫进行进一步观众精细化管理和展览精细化管理提供数据支撑。

2015 年 6 月 13 日，是第十个中国文化遗产日，也是故宫正式试行限流 8 万人次的第一天。此次中国文化遗产日的主题是"保护成果，全民共享"。对于故宫来说，试行每日限流 8 万人次、推广网络预约及实名制售票制度，是对这个主题的最好诠释，即为保护故宫文化遗产，让公众享受更好的参观环境与文化氛围而不懈努力。2015 年 10 月 10 日，故宫正式实行每日限流 8 万人次、网络及现场全部实行实名制售票的措施，全部参观人员的身份信息都需录入系统，同时为了方便观众检票，普通观众一笔订单中的任意一个身份证件都可以作为检票凭证。在实行实名制后，门票将关联观众身份信息，方便联网查询。检票时参观者需出示身份证件，这样就给"黄牛"倒票制造了难题。在实行购票实名制后，如发现有非法一日游揽客、散发小广告、无资质导游揽客、黄牛倒票等违法行为的人员，故宫会将其身份信息记录到售票系统的黑名单中，被记录者将无法再通过网络及现场等任何方式购买到故宫门票。

故宫旨在通过此次限流，实现单日接待观众不超过 8 万人次，全面推行实名制售票，旅行社团队全部实行网络预订门票，取消旅行社团体现场购票，提倡散客通过网络预订门票，逐步提高网络预售比例。

自 2015 年 6 月 13 日，故宫开始试行每日限流 8 万人及实名制售票措施以来，经历了暑期和十一黄金周两个参观旺季，每天参观人数屡屡接近 8 万人，迎来了试行限流措施以来的多个高峰。经过试行，故宫在安全保障、限流预警、现场管控和观众疏导等各个方面积累了经验。2015 年十一黄金周，在历年来全年接待量最高峰的 10 月 2 日和 10 月 3 日两天，故宫顶住压力，顺利推进限流措施，保证现场秩序。黄金周期间，故宫网络预售数量多次逼近甚至达到预售限额的 5 万张，网络预约数量占当日参观总人数比例最高达到 62.5%；10 月 2 日和 3 日 10∶00 左右，即结束全天售票工作，关闭现场售票窗口，刷新停止售票时间；同时，黄金周期间"削峰填谷"效果显著，前 6 天每天接待观众数量基本在 7 万~8 万人，其中 10 月 1~5 日观众人数较 2014 年分别下降了

0.6%、45.2%、42.8%、27.9%、6.9%，平均下降24.7%，结束了故宫极端大规模观众流量的历史，保障了文化遗产和观众的安全，也保证了观众参观的舒适性。此外，实名制售票方式得到了绝大多数观众的理解和支持，为限流工作提供了重要支撑，也为故宫下一步实现观众精细化管理打下基础。

（1）散客观众网络实名制售票

散客可以通过网络预约门票，也可以在故宫午门售票窗口现场买票。故宫一直努力通过各种途径，呼吁更多散客观众能够通过网络预约途径购票，及时了解售票数量和购票情况，这样既能从容合理地安排出行，又能免去买票排队之劳苦。

随着网络预约数量的不断增长，观众预约购票的意识得到培养，故宫希望通过进一步的努力，实现故宫门票全部通过网络预约，取消现场售票窗口。通过增加分销渠道，为网络预约购票提供更多便利；研发网络预约购票系统的手机版，开发"微故宫"微信售票平台，实现扫描二维码即可进入系统购票等方式，方便观众购票；同时在端门区域设立票务服务中心，为不方便网上购票的观众及时提供帮助，协助他们当场预约购票并顺畅进入故宫参观，不会影响不方便网上购票观众的参观计划。

另外，故宫现场售票口现已全部移至端门西朝房，30个售票窗口一字排开，比过去的16个售票窗口多了14个，售票接待能力增加87.5%，大大缩短了观众排队的时间。故宫已经向社会承诺，观众购买门票的时间一般不应超过15分钟，实际上在大多数情况下，观众在3~5分钟之内就可以购买到门票。

（2）旅行社团队观众网络实名制售票

网络实名制售票政策实施以来，故宫要求旅行社团队全部实现网络实名制购票，未在网络预订门票的旅行社团队，将视为散客，享受不到团队优惠价，需在现场售票窗口购买门票，每人每次最多可购买5张门票，并且不享受导游免票优惠，不可以在团队预约入口检票。

旅行社进入故宫门票预售系统，注册成为"旅行社用户"，提交旅行社基本信息，并上传营业执照和经营资质证书的扫描件或照片，审核通过后再登录页面选择"旅行社"模块，登录后确定参观日期和参观人数，录入团队每位成员的身份信息，并指定一名导游的身份证件为检票审核证件，票款支付后完成预约购票。故宫为了方便旅行社带团参观，旅行社团队不再限制每个订单中导游免费票数量，即一个订单中，旅行社团队在免除带团导游门票的同时，对团队中所有持有导游证的人员，都可以在预订时提供身份证和导游证信息后，享受导游免费的优惠政策。

通过网络预订门票的旅行社团队，凭网络预订时指定导游人员的导游证和二代身份证原件，通过团队预约入口快速检票和安检。团队每位观众均须携带身份证或护照原件，接受工作人员抽查。

目前，故宫每日接待的观众中，旅行社团队是重要的一部分，在法定节假日等观众高峰期甚至可以达到总人数的60%，这些有组织、有计划参观的团队观众是故宫进行观众流量管理的重点内容。故宫在对旅行社团队全部实行网络预订门票的同时，为了在限流基础上进一步做好单日内分流工作，实行上下午分时段预售，旅行社团队以下午（即12∶00以后）时段预售为主，并将根据试行情况适时进行调整和完善。

4. 逐步实现全部门票网络销售

故宫自2015年6月13日实行8万人次限流措施以来，2015年限流32次，2016年限流48次，2017年限流10次（截至2017年4月30日），共计限流90次。尽管限流政策有效控制了故宫旺季和节假日入院参观的观众数量，但是全年入院参观的观众人数仍然逐年递增。2016年12月31日，故宫迎来了2016年的第1600万名观众。这是故宫博物院成立91年来年客流量首破1600万人次，较2015年增加6.19%，再次刷新最高接待纪录。为了进一步提升限流政策的成效，故宫将从2017年7月起，试行全部门票网络销售。

2017年5月8日起至2017年6月是准备阶段，在此期间故宫逐步取消必须提前一天网络购票的规定，当日门票也可当日网购。同时，现场售票窗口也将增加提示，引导更多观众了解并掌握网上购票流程。7～10月，全网售票将进入试运行阶段，这一阶段，实体纸质票还会在午门售票窗口销售，但工作人员将在端门广场南、北两端，各设置两个固定咨询台，帮助不熟悉网络购票流程的观众在现场完成网上购票，淡化售票窗口的作用。从10月下旬起，故宫将择机正式实施全网售票，停用纸质门票，现有30个售票窗口将逐步关闭，改建为综合服务窗口，目的是帮助一些特殊人群网络购票。另外，随着故宫门票的网络化，网络购票方式也将更加丰富，故宫正在研发网络购票的App软件，也将支付宝和微信等支付平台逐步纳入网络售票的支付方式。同时，为满足外国观众的购票需求，故宫还计划开发售票网站英文版等。此外，故宫还将成立现场劝导组、调解室以及应急处置小组，对只具备传统购票习惯又有入院参观需求的观众，进行购票流程讲解以及分流劝导。午门检票、安检区域将升级配合全网售票。其中，安检区将由6机12门增加至8机16门，检票口由原来的20个增加至24个，安检顶棚也将加长，降低恶劣天气对观众和设备的影响。力争在2018年五一期间实现观众分时段、错峰参观。

（二）现场销售门票

近年来，故宫就如何疏导超量观众流、为观众提供更好的参观环境等课题，进行了深入研究和探讨，多项举措已经逐步实施。如改善安检，避免检票入口拥堵；启动客流监测系统，实时掌控流量分布精确疏导；扩大开放面积，优化参观路线以疏散观众。为配合故宫人流疏导的各项举措，2014年底，故宫建成并投入使用了"售检票系统"，并与观众检测系统对接，实现观众有序、安全、快速地入院参观。

1. 升级售检票系统

2014年9月2日，经过10个月的研发安装调试，故宫新的售检票系统开始试运行，首次服务于单日内分流方案的售检票全程。新系统对售票系统、检票系统和预售平台三部分进行了全面升级，解决了老系统数据冗余、运行缓慢、安全性欠佳、无法兼容互联网业务等缺陷，使其不仅能够更好地甄别假票，减少国库损失，同时售票环节由过去的一维条码改为更加安全的二维码认证方式，并且配合网络预售系统提供多样化票种，例如年票、主题免费票等，使票务运行更加灵活便民。检票环节告别纯人工手检，增设的检票机，将纸质票和二代身份证预约票的检票功能整合起来，既提高了检票准确性，也可以精细地分析观众结构，告别了过去网络预售与现场售票分离的局面，使观众流量数据实现同步且安全性更高。

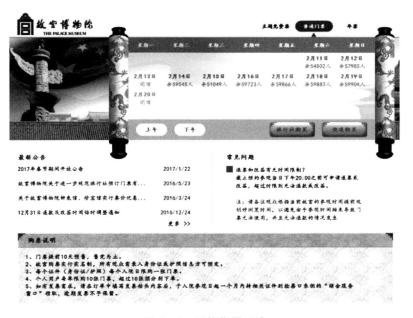

图 7 - 2　网络售票系统

2015 年，根据限流新方案和实名制售票计划的推进，故宫对现有的售检票系统再次进行了较大规模地改造，涉及整个系统的方方面面。主要有：根据此次限流工作要求，系统设置单日限流 8 万人次功能，每日出售门票数（网络预售及现场）达到 8 万张时将弹出停止售票提示；

网络预售系统增加分时段门票（分为上午票和下午票）和旅行社用户购票限制，严格控制旅行社团队购买上午门票数量，以引导其避开上午的参观高峰；实现实名制售票，全部参观人员的身份信息都需录入系统，同时为了方便观众检票，普通观众一笔订单中的任意一个身份证件都可以作为检票凭证；现场售票设备整体改造升级，原有界面全部重新设计，并在每个售票窗口配备身份证读取设备；增加了对护照等二代身份证以外证件的支持，为港澳台同胞及外国观众购买门票提供方便；同时，新的售检票系统与端门地区电子信息屏数据接口对接，可实现每日余票信息的实时播报。

经过改造，新的系统可以提供更精细化的观众流量信息，方便故宫进行观众管理和疏导，服务于世界文化遗产监测等工作，为精细化服务观众提供决策依据，也为故宫全面实现分流限流目标打下坚实基础。

2. 改善窗口售票环境

故宫不仅要让文物有尊严，还必须要让观众有尊严，这样才能使观众面带笑容、心平气和、体力充沛地进行参观。改善售票环境在这方面迈出了第一步，故宫增加了 14 个售票窗口，30 个售票窗口一字排开（旺季最多可增开至 37 个售票窗口），售票接待能力增加 87.5%，大大缩短了观众排队的时间，95% 的观众在 3 分钟之内就可以购买到门票。

3. 完善安检及检票设施设备

2013 年 7 月 1 日，新的午门安全检查及检票设施正式投入运行，解决了故宫检票和安全检查方面的诸多难题。

（1）安全检查

2013 年 7 月 1 日，故宫新的安检设施正式投入运行，安检端口由午门东、西门洞内前移到午门外广场，解决了安检空间狭小的问题，方便了安检工作的管理，安检设备前移，解决了检票和安检存在的问题；增加安检通道，增加安检人员，安检人员由故宫职工改为专业安检保安人员，解决了安检人员不够专业、人数不足的问题，保证安检质量；增加

图 7 – 3　原午门售票处场景

图 7 – 4　限流新方案实施及增设售票窗口后的午门售票处场景

验票通道,解决了检票口的拥挤问题,缓解了检票口的压力(如图 7 – 5 所示)。

　　实施网络实名制售票制度后,故宫不再接受旅行社团队窗口售票,所有旅行社团队都需经网络预订门票。入院时,凭网络预订时指定导游人员的导游证和二代身份证原件,通过团队预约入口快速安检和验票。团队每位观众均须携带身份证或护照原件,接受工作人员抽查。

图 7-5 午门安检前移

（2）验检票

2014 年，故宫启用新的检票系统后，检票由原来的纯人工手检，转化为使用检验票一体机（如图 7-6 所示）验票、检票。检验票一体机，将纸质票和二代身份证预约票的检票功能整合起来，观众入院时无须换取纸质门票，只需在验检票一体机身份证扫描区（持二代身份证买票入院的观众）或二维码扫描区（持护照等其他证件买票入院的观众）扫描入院凭证即可完成验检票手续，入院参观。

这一系统的使用不仅缩短了观众入院检票排队的时间，也提高了检票准确性，同时也可以精细分析观众结构，改变了过去网络预售与现场售票分离的局面，使观众流量数据实现同步，且安全性更高。

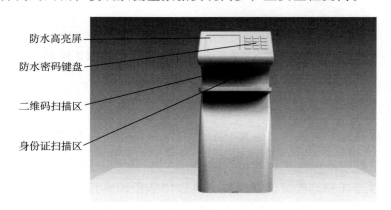

防水高亮屏

防水密码键盘

二维码扫描区

身份证扫描区

图 7-6 验检票一体机

三　全网售票是大势所趋

随着网络普及率的逐年提升，故宫将逐步推广全网售票。故宫使用了 92 年的纸质门票将逐渐退出历史舞台。从 2017 年 7 月起，故宫试行全网售票，在维持 8 万人次限流不变的前提下，门票均通过网络销售。提前在网上购票，观众可以根据剩余门票数量合理安排自己参观的时间。未来，故宫还将考虑研究按时段设置不同档门票等方式，引导客流合理参观。全网售票的最终目的是实现"分时段售票、分时段参观、有效控制观众流量"，全网售票也是对参观故宫的观众由简单粗放到精细化管理的根本转变，是互联网技术发展下故宫向"智慧文化旅游模式"迈出的更大一步。

故宫的门票实行实名制售票制度，观众购票时需提供身份证或护照等证件的号码，根据证件号中包含的年龄、性别等信息，故宫将描绘出一张不同区域观众的特征图。例如，年轻人喜欢逛什么路线，不同地域或省份客人的喜好等。未来的故宫展览也会根据这些特征设置不同的主题，让观众看得更过瘾，参观也会更有序。另外，故宫内 3000 多个高清摄像头正在联网，对每个空间客流情况将进行实时汇总，届时限流不再是午门外拉起的一道警戒线，也不是屏幕上一条滚动播放的客满通知，而是会精细化到每一处院落。故宫可以计算每一处院落的最大承载量，并且通过网络实时播报各院落的最大承载量及当时的观众流量，方便观众根据实时流量规划自己的参观路径。

专题八

旅游安全

作为全球著名的文化旅游目的地，故宫承担着繁重的观众接待任务。因此旅游安全问题就变得特别突出。

一　安全是旅游的生命线

居高不下的观众数量，故宫在文物保护、古建维护以及观众安全等方面都面临巨大压力。根据北京市园林局给出的我国古典建筑及园林游览的基本空间标准——以 20 平方米/人左右为宜，以此数据计算，故宫总面积 100 余万平方米。由于故宫特殊的地位和特色，使故宫的观众构成和观众数量在时间上的分布比较特殊。首先，故宫拥有世界博物馆领域数量最为庞大、结构最为复杂的观众群体，既有各国国家元首和政府首脑，也有来自世界各地和国内不同民族、宗教、文化背景的人士（包括学生和儿童）。其次，故宫的观众数量每年出现明显的"两针一峰"现象。所谓"两针"，一个是指"五一"假日期间，一个是指"十一"黄金周期间，每年国庆长假期间的 10 月 2 日则是高峰中的高峰；"一峰"是指暑期，学生们放暑假以后，7 月中旬到 8 月下旬是持续的观众高峰，每天都接待 10 万人次左右。根据现有数据分析来推测，在今后相当长的时间内，故宫观众人数的增长是不可逆的。虽然说，面对如此大规模涌入故宫的观众群体，这些年没有出现人员踩踏伤亡事件的确是个奇迹！但无论如何，观众数量无限制的增长是不科学、不可持续的，它隐藏着严重的安全隐患，亟待研究解决。

图 8 - 1　故宫游人如织

二　为观众提供全方位的安全保障

安全工作是故宫的生命线，是开展一切工作的基础和出发点。在"质量提升"的诸多工作中，文物建筑、文物藏品、观众的安全是最令故宫人担心的头等大事。无论安防工作、消防工作，还是防踩踏、防突发事件等工作都存在复杂性和严峻性，安全保卫防范任务极其繁重。有鉴于此，在持续、广泛、深入调研的基础上，2012 年 5 月由故宫博物院领导班子提出"平安故宫"工程，并于 2013 年 4 月获得国务院批准，以彻底解决故宫存在的火灾隐患、盗窃隐患、震灾隐患、藏品自然损坏隐患、文物库房隐患、基础设施隐患、观众安全隐患等七大安全问题。其中，"观众安全隐患问题"的提出成为故宫"以观众为本，心念观众"治院理念的一个最突出表现。故宫博物院院长单霁翔新上任不久，在 2012 年 9 月 18 日月度通报会上讲道："故宫作为大型对外开放单位，观众的组成极其复杂，同时又距离天安门广场较近，故宫的开放性质、地理位置都具有一定的复杂性、敏感性。要求全体故宫工作人员对此不但要有充分认识，而且无论发生什么情况都要把文物建筑安全、文物藏品安全和观众安全放在首位。"故宫人以完善、健全各项安全规章制度为起点，以制定各种突发事件预案为抓手，就此拉开"平安故宫"工程的序幕，通过陆续出台各项安保措施，确保观众安全。

（一）修改完善安全管理等各项规章制度

为了提升故宫的科学管理水平、更好地规范员工行为、广泛调动员工的工作积极性以及更好地发挥主人翁精神，故宫在大量调研的基础上，于 2013 年公开出版发行了《故宫博物院规章制度汇编》，汇编包括综合管理、安全管理、人事管理、古建与工程、观众服务、后勤服务等11 大类的 114 项管理制度。在各类规定中，对安全保卫各项制度进行了全面修订，进一步完善了《故宫博物院内保工作规定》《故宫博物院防盗、防爆、防破坏工作规定》《故宫博物院消防安全管理制度》《故宫博物院启门、封门检查制度》《故宫博物院职工胸卡、临时工作证件使用管理规定》《故宫博物院巡查工作规定》以及防火、防盗安全工作预案等。仅安全保卫各项制度就有几十个，并专门印刷了单行本，保卫人员人手一册，小到钥匙和锁封的领用也有专门的规章制度。这些制度既是对每一位员工的约束，也是让社会来监督故宫的运行。规章制度的细化补充，使故宫的安全管理制度得以逐步完善和健全，为今后的各项工作提供了强有力的制度支撑与保障。作为全世界观众年接待量最大的博物院，故宫的安全管理理念真正体现了"关注安全，关爱生命"，真正做到"安全第一、预防为主、综合治理"，从而尽可能降低旅游安全事故的发生概率，或尽可能减小因旅游安全事故而造成的损失。除了完善安全管理制度之外，故宫还建立健全安全组织管理机构、加强员工的安全教育培训以及落实安全督导、检查工作等，为观众的安全参观保驾护航。

（二）建立并运行观众流量监测系统

科学合理地评估故宫观众的最大承载量，建立科学的观众引导和管理体系，是故宫管理的重要课题。从开始筹划故宫世界文化遗产监测的 2008 年起，故宫就开启了逐步建立完整的监测信息平台的大门，对存在重大安全隐患的价值载体进行监控、测量和记录。2011 年，故宫正式成立故宫世界文化遗产监测中心，建立监测信息化平台，对文物建筑、馆藏文物、观众动态等 10 个方面进行持续监测，力求全面真实地反映文化遗产保护和保存的安全状况，为安全管理决策提供数据支撑。

为保障故宫观众、古建筑和文物安全，及时掌握观众动态数据变化，为故宫观众最大承载量和每个景区能够容纳的观众数量提供决策数据，推进观众流量监测常态化，故宫于 2013 年开始建设观众动态监测一期项目，2014 年 6 月完成了设备的安装和监测平台建设，经过半年的系统试运行和设备精度调试，目前已经实现对故宫开放区域三要出入口观众的进入客流量、离开客流量进行实时准确的监测和统计，并对太和殿、乾清门、御花园、养心殿、宁寿宫、西六宫等九个重点区域实现观众流量的实时监测，可以做到实时反映上述区域的观众实时人数、各通道通过观众的人数，并可统计分析和比对任何时间段的观众人数变化，并通过预警的方式启动观众人数控制紧急预案。

2014 年底，新建的安防系统以综合管理系统为中枢，融合入侵报警、紧急报警、声音复核、视频监控、数字录像、网络视频传输、出入口控制等子系统，建立集成化、智能化、人性化的安防操作平台，该项工程共安装各种探测器数量 5600 余个、各类摄像机 1300 余台。

2015 年，故宫开启观众动态监测二期项目的建设，其中 18 座门安装了 22 组监测设备，更多区域如文华殿、武英殿、钟表馆等也纳入统计范围，并通过计算机拟合技术解决域内观众数量统计不够准确的问题，逐步扩大监测覆盖面，提高数据的准确性。故宫目前拥有 3000 多个摄像头，全程监控故宫每天的运行状态。完整的动态监测体系预计将于 2020 年建成，届时通过对故宫的人流态势进行实时准确监测，明确区分最舒适参观、正常参观和最大接待量三个等级，从而引导进入故宫的观众有序合理地参观，引导计划进入故宫的观众合理选择参观时间。对故宫出入口、重点区域等观众流量的实时准确的监测和统计，并及时发出预警信息，为限流精细化分配、分时限流和动态控制观众数量提供科学的数据与决策支持，提高故宫对观众流量的高效、安全疏导能力和科学化管理水平，防止拥挤踩踏、文物损坏等意外事故的发生，保护故宫平安。同时，靠数字技术对观众进行引导也是数字故宫的一个努力方向。

（三）分流措施有效防范踩踏

1. 增加开放区域，科学分流观众

随着古建修缮进展和空间布局的调整，故宫的开放面积得到逐步增加，由 2002 年的 30% 增加到 2016 年的 76%。待全部规划完成后，故宫将实现"红墙内无办公区"，把红墙以内整体作为故宫的陈列展览、接待服务、观众参观的空间。届时，故宫对公众开放面积会增加到近80%，开放区与非开放区的比例达到 8∶2。此外，故宫经过研究和实验，拟在几个重点展览区域进行分流限流，保证文化遗产安全和观众参观的安全与文化体验。有的展厅内最高同时可容纳约 300 名观众参观；有的则可能最高同时容纳约 50 名观众参观，因此这些展厅和开放区域都将进行限流管控，保证安全。

2. 推行淡季全价门票半价优惠政策

为实现"削峰填谷"，避免观众旺季涌入故宫看人头攒动，又使淡季不"淡"，把客流量的"谷底"拉升，同时也为鼓励公众采取网络预约方式前来参观，故宫在进行总量控制的同时，推出淡季网络预售全价门票半价优惠政策，即自每年 11 月 1 日起至第二年 3 月 31 日（不含元旦、春节假日期间），门票 20.00 元（不含钟表馆、珍宝馆），从而吸引更多观众通过网上预约购票。

3. 引导观众科学规划参观时间

故宫正在研究方案，引导观众按照预约时段来故宫参观，保证全天院内观众参观的舒适度及安全感。除此之外，博物院还设置触摸屏，使观众可以提前了解一小时、两小时、三小时、四小时等多种参观线路，帮助参观者根据自己的实际需求设计规划参观线路。

除了科学的限流分流措施之外，为保证观众的旅游安全，故宫还出台了多种疏导措施，如提前半小时开门、增加售票窗口、设置缓冲区域、畅通出入口和通道、增大午门广场入口、安排工作人员加强疏导、实施开放路线客流疏导方案、完善指路牌设置、调整开放通道、分流观众、增加广播次数，等等。这些措施都在一定程度上有效地缓解了拥堵。

（四）全面禁"烟"禁"火"

故宫是全国重点文物保护单位、世界文化遗产、北京市重点防火单位，紫禁城是世界上规模最大、保存最完整的木结构宫殿建筑群，防火安全是所有工作的重中之重。2013年"5·18"国际博物馆日，故宫做出了一项重要决定，紫禁城范围内全面实施禁烟。此项决定不仅针对观众，也针对院内工作人员，真正实现"无烟故宫"。同年8月14日，故宫博物院院长单霁翔又宣布，故宫实行禁止火种进入，因此打火机、火柴等火种将不能带进"宫门"。单霁翔表示，根据北京市人民政府令第204号《北京市公共场所禁止吸烟范围若干规定》：博物馆和人口密集场所严禁吸烟。以往，打火机等火种未纳入故宫安检范围，加之故宫面积广阔、地形复杂、观众数量巨大，导致观众在院内随意吸烟的情况屡禁不止，这些现象成为故宫这一世界文化遗产防火安全的一大隐患。因此，禁止打火机等火种进入故宫，是杜绝观众在故宫古建筑群内吸烟的一项必要和有效措施。安检时，故宫将对违禁物品和危险品一律查收，并上交公安机关统一处理；如果是贵重打火机，观众需要取回，故宫在检票口外设置"打火机存放点",派专人负责管理并运至神武门出口,方便观众离院领取。这也是故宫人性化管理的体现。

图 8 – 2　2013 年 8 月 14 日故宫全面禁火

(五)禁止机动车辆穿行开放区域

过去故宫来宾的接待方式与观众参观之间始终存在矛盾。当来宾车队穿过人流密集的开放区时,都会影响观众的安全和正常参观秩序,经常引起观众的不满。特别是每当来宾车队穿过故宫午门、神武门门洞时,故宫工作人员需要组织观众避让,造成来宾车队与观众争道,极易发生拥堵踩踏事故和交通事故,保障安全的压力日益增大。因此,故宫按照"以人为本""以观众为本"的原则,确保观众安全和文物安全,吸收先进的管理经验和服务模式,改革现行的来宾接待方式。目前安全的接待方式是:安排来宾在故宫午门外下车,然后步行进入故宫。参观结束后,来宾或步行出神武门,或在非观众开放区乘车出西华门,故宫全力配合做好接待工作。这样既有利于保证观众参观安全,又有利于维护故宫世界文化遗产的应有尊严。从 2013 年初开始实行开放区内禁止机动车辆驶入的规定,逐渐得到了外交部门、公安部门的大力支持,包括外国国家元首、政府首脑在内的贵宾,均能够在观众开放区域之外下车,步行进入故宫,使观众安全得到保障,也使世界文化遗产——故宫更加拥有尊严。

另外，为了保持午门至端门的观众安全和其服务功能，将故宫东华门——阙左门——阙右门——西华门一线辟为步行道系统，禁止社会机动车辆穿行。

考虑到故宫内"人满为患""车满为患"的情况，不但有千余名故宫的员工在此工作，而且还有 700 多辆员工的私家车，再加上在故宫内工作的相关单位，造成每天早晚西华门和东华门处车水马龙，存在严重的安全隐患。故宫的领导以身作则，拟带领全部行政人员搬出紫禁城，同时要求把所有的私家车都搬出紫禁城，机动车辆不能在故宫里停放，以便保证紫禁城里文物的安全和观众的安全。这些措施将使安全隐患得以排除，观众参观环境得到明显改善，参观时的安全将得到应有保证。

（六）为观众提供紧急医疗救助服务

故宫人不但认真做好前来博物院参观人员的接待、讲解、安保等工作，并且向观众提供热情周到的服务，保障所有接待工作的顺利开展。如观众救护，在箭亭设 1 辆 120 急救车，为观众提供应急医疗服务，及时处理紧急情况，还设有急救站，由急救中心医生值班，处置观众突发急病事宜，这是自 2012 年 7 月 2 日以来常驻故宫的 120 急救站。据故宫介绍，其救护站由北京急救中心负责选派正式在编急救医生 1 名、护士 1 名，依照法律和行业规定，提供现场实施医疗救护服务。医疗救护站同时配置有急救医疗设备、医用耗材及急救药品等，负责南起端门，北至神武门，东至东阙门、东华门，西至西阙门、西华门区域的医疗救护服务工作。据急救站点的医生介绍，目前站点每周要接诊七八十例患者，有的是因为太过专注于景观，未留神脚下的道路以致脚部扭伤，有的是因为中暑、闹肚子来求助，急救站可免费提供速效救心丸、黄连素等常备药。另外，急救站配有贴着急救标识的电动摩托车，故宫内任何地方有观众受伤或需要急救，医护人员均能快速到达。除此之外，在售票处北侧的观众服务中心，设有医疗药箱。据不完全统计，每个月中医疗箱的使用约 60 次。一部分端门朝房用于观众咨询和对特殊群体个性化接待和特殊照顾，备有残疾人轮椅和儿童车，保障残疾人、老年人、孕妇、儿童等弱势群体的安全通行、便利使用。总之，故宫希望能为观众提供更加舒适、合理、周到、便捷的服务，使故宫的公共服务达到更高的水平。

（七）消除故宫周边的旅游安全隐患

曾几何时，故宫周边"黑导游"、"黄牛"、发放"一日游"小广告、无证游商、黑车、"胡同游"黄包车、流浪拾荒、乞讨等人员长期聚集，他们占据故宫周边的道路，强行兜售，占道乞讨，引起观众极大的反感，严重影响了故宫周边的参观秩序和观众安全。尤其是兜售各类小商品的无照游商始终在故宫周边活动，伺机兜售没有任何安全保障的食物和商品，对观众围追堵截、强买强卖，甚至和"黑导游"相勾结，对观众的饮食安全、人身安全、财产安全都造成严重威胁。由于故宫周边治安力量有限，治理力量和力度难以持续，有时也受到工商、城管、公安等职能部门治理管辖范围和职权的限制，一直以来有限的治安力量没有对以上现象形成有效的打击和震慑，难以从根本上解决问题，"打击、反弹、再打击、再反弹"成为常态。

鉴于故宫周边区域存在的各种乱象，故宫又没有执法权，只能对这些不法商贩反复进行劝阻和教育，很难收到良好的效果。所以故宫就此反复呼吁相关管理部门应该联合执法、加强执法，多管齐下以彻底清除各类安全隐患。让这片"首善之区"保持干净、安全、舒适的文化环境与氛围，让古建筑和观众能够保证"平安"与尊严。为了很好地维护故宫的参观秩序，强化开放区域治安秩序管理，更好更快地处置突发事件，自 2013 年 10 月，故宫保卫处引进专业保安队伍，配合治安管理科和驻院派出所，专项打击院内"一日游"小广告、黑导游以及无照游商等非法经营人员。近几年，博物院保卫处强化与驻院派出所的合作。从 2015 年 1 月起，故宫驻院派出所派驻警察常驻治安管理科指导工作，采取捆绑执法方式开展博物院内治安秩序治理工作，从而进一步提升了保安队伍对非法经营人员的震慑力。通过近几年的治理，故宫内散发的"一日游"小广告、黑导游以及无照游商等非法经营活动得到了有效控制，治安秩序日趋好转。2017 年 4 月，北京市东城区东华门街道正式启动"百街千巷"环境整治提升专项行动，并率先对故宫周边的景山前街、五四大街（红楼段）、北河沿大街进行专项环境整治，打击低端业态，消除安全隐患，还周边居民安静祥和的环境，从而进一步提升了故宫周边的整体环境。

三 "平安故宫"的永恒追求

多年来，故宫秉持"大胆探索、广泛咨询、试验先行、积累经验、逐步推广"的原则，努力探索和实践，在保护和传承故宫世界文化遗产的同时，认真贯彻落实"安全第一，预防为主，综合治理"的工作方针，加强旅游安全管理工作，结合实际多措并举，在建立旅游安全长效机制方面取得明显成效，为旅游安全管理工作提供了可资借鉴的经验、方法和启示。

（一）领导高度重视，认真落实一把手安全工作全面负责制

故宫是世界上规模最大的古代木结构建筑群，故宫的文物藏品具有极高的综合价值，故宫又是接待观众任务最为繁重的博物馆，因此无论安防工作，还是消防工作，都存在复杂性和严峻性，保护任务极其繁重。"安全责任重于泰山"这句话对于故宫而言尤为适用。旅游安全责任的落实关键在领导特别是"一把手"。对旅游安全问题，"一把手"不仅要意识到位更要认识到位，说到更要做到，需要领导率先垂范，以身作则，亲力亲为。故宫既是北京的，也是中国的，还是世界的。故宫既是过去的，也是今天的，还是未来的。它从历史中走来，还要健康地走向未来。故宫博物院院长单霁翔曾说："我是故宫的看门人，我的职

责是看好故宫。博物馆把每一位观众称作尊贵的客人，但对于故宫来说，公众是主人。"从某种程度上讲，公众的安全对于故宫的"平安"意义重大，所以故宫将观众的旅游安全作为"平安故宫"工程的一项重要内容，其目的就是为了实现"维护故宫尊严，保障观众安全"。在故宫"质量提升"的诸多工作中，故宫博物院院长单霁翔曾多次表示文物建筑、文物藏品以及观众的安全是最令人担心的头等大事。单霁翔将"防火、防盗、防踩踏、防突发事件"视为故宫人头上的"紧箍咒"，强调必须警钟长鸣，并亲自抓检查、抓落实。

（二）建立并落实全员安全责任制，修改完善各项规章制度并认真执行

建立全员安全责任制，将安全工作职责逐级落实到各部门、各岗位、各级人员头上，并作为岗位工作职责考核重要的内容之一。实行严厉的履职考核和责任追究制度，使全员安全责任制生根落地。全面修订几十个安全保卫制度并专门印刷成单行本，安全保卫人员人手一册，确保故宫各项安全保卫工作有章可循，有据可依。

（三）分析安全风险，排查安全隐患，多措并举治理隐患和防控风险

故宫结合自身实际情况，从文物保护、观众安全、周边环境等几个方面充分识别所面临的各种安全风险，将"火灾、偷盗、人群踩踏、其他突发事件"确定为所面临的重大风险。同时，故宫根据这些重大风险的主要影响因素，排查出存在的四类重大安全隐患。针对这四类重大安全隐患，故宫采取了有针对性的治理措施和风险防控措施，取得明显成效，如禁止打火机等火种进入、禁止机动车辆通行开放区、采取限流措施并建立观众流量监测系统、开展故宫周边专项环境整治行动等。目前，故宫基本形成了安全风险分级管控和隐患排查治理双重预防性工作机制。

环境卫生

作为世界级的博物馆，故宫每年要接待上千万的观众。汹涌而来的观众潮，给故宫的环境卫生管理工作带来了巨大的压力。尤其是节假日期间，故宫单日观众量猛增，开放区域的卫生、厕所等公共设施服务能力备受考验。在如此压力下，故宫始终致力于对环境卫生的改善，努力使观众在参观过程中，既能享受到故宫精深的文化氛围，又能体验到处处为其着想的舒适环境。

一 环境卫生是故宫的脸面所在

就像邋遢、不讲卫生的人很难给人好印象一样，一个旅游区点如果环境卫生不好，就算别的地方做得再好，也很难得到观众的认同。正因为如此，故宫对环境卫生高度重视。故宫的环境卫生管理，包括对自然环境和人文环境的科学管理，使其既有利于文物的安全保护，又为观众营造舒适良好的参观体验。然而，由于国家对博物馆、景区等尚未出台统一的卫生工作标准，过去人们走进故宫，第一印象就是偌大的故宫，除了人就是垃圾。尽管故宫环卫工作人员每天清扫两次，遇到观众量增加时晚上下班还要加班再扫一次，但垃圾仍然很多。此外，对于故宫内的不法摊贩及黑导游，故宫困于没有执法权，不能驱赶这些商贩，导致环卫工作压力巨大，严重威胁到故宫的文物安全，观众也是怨声载道，故宫作为国际级博物馆的声誉大受影响。为彻底改变这一状况，故宫首先从自身做起，制定了严格的规章制度。故宫博物院的整体环境卫生管理原则是"清新、整洁、优美，体现皇家宫殿整体美"。为此，故宫博物院多措并举，各部门协同，力求达到"室内一尘不染、室外片纸不留"的环境卫生标准，要求每一片垃圾落地，两分钟之内必须清理干净。

故宫的环境卫生管理分区域进行。一是开放区的道路、展室、卫生间、果皮箱、指示牌等，二是院容区的主要道路、办公区卫生间及部分院落，三是故宫内外筒子河水面的杂物清捞工作，五是故宫开放城墙上的保洁工作。日常管理部门涉及开放管理处环卫科、行政处院容环境科、院办公室和文创事业部等四个部门。此外，故宫还引入物业公司负责具体的日常保洁服务。每年物业公司在进行故宫博物院保洁投标时，围绕故宫博物院的标书，详细制定了保洁工作标准并严格执行。日常运行中，物业公司围绕故宫开放区域、重要活动、勤务接待、特殊参观等工作，制定了一套高水准的保洁运行模式。凡在重大活动前，必须实施拉网式清洁。

通过严格的规章制度作保障，故宫近年来的环境卫生状况大为改观。如今再进故宫，地面可以用一尘不染来形容。观众游览有序、服务质量保持较好水平。这背后都离不开故宫管理人员所采取的一系列卓有成效的措施。

二 以周密精细的管理保障环境卫生

为使故宫博物院环境卫生、环境保护纳入规范化管理，故宫博物院采取专业保洁和职工、干警、部队官兵及志愿者共同参与的原则，划分责任区，完成各自承担的任务。并对院容环境卫生管理方面的技术研究、推广使用先进技术以及在执行院容管理工作中做出显著成绩的单位和个人给予表彰和奖励。

故宫博物院的环境卫生管理工作分为《院内门前三包管理办法》、《拔草工作规定》和《清扫积雪的规定》。院内门前三包内容包括包卫生、包绿化和包公共秩序。为确保防火安全，保持院容整洁，故宫博物院制定了拔草工作规定，分为平时和秋季两个阶段，采取义务劳动和委托拔草服务的方式清除杂草。平时拔草从 4 月中旬至 7 月底，委托拔草安排在 8 月 15 日~9 月 15 日。拔草标准为开放区域及文物库房区见砖见缝、寸草不留；土地露出地面，不留树枝败叶及废弃物；碎砖渣土清理干净，河面无漂浮物等。8 月下旬至 9 月中旬由行政处及保卫处逐一验收。

为保证环境整洁，确保观众、职工及车辆的交通出行安全，遇冬季降雪，故宫博物院还会按各部门管辖区域组织开展扫雪铲冰工作。如遇节假日降雪，鼓励职工来院扫雪，并组织部队、施工人员、经商人员等依次完成社会场所公共区域、人员通道的积雪清理任务。

为加强院内外河道的保护和管理，保障河道整洁，改善水环境，故宫博物院制定了《河道管理办法》。规定河道内禁止倾倒垃圾和其他废弃物，禁止垂钓捕捞，放养家畜。为调节水质，河道管理部门积极配合上级部门维护和管理河道推流器，投放水生动物，保护河道生态平衡，强化自净能力。

（一）日常环境卫生管理举措

1. 加强培训考核，提高员工素质

故宫从事日常环境卫生服务的工作人员有 400 多人，其中有正式职工、派遣员工、季节工和临时工，成分复杂，个人素质、文化修养参差不齐。因此，故宫首先注重加强员工培训考核，提高员工素质。开放管理处的职工培训分为两个部分：管理人员的培训及其他职工的培训。首先，通过开展管理人员的培训，使其熟悉故宫环境卫生制度、原则与标准，提高其管理水平，并能够在日常工作中指出存在的

问题，提出改进措施。其次，通过建立制度化、规范化的教育方式，对员工进行文明礼仪培训，树立爱岗敬业精神，增强员工的服务意识、使命感和荣誉感。

故宫日常保洁考核实行"日查、周检、月考核"办法。日常由保洁班组长进行不间断巡视，故宫主管科室和项目部区域主管也会不定期巡视，项目部品质小组每周不定期巡视抽查，月度考核由故宫主管环境卫生科室及项目部共同参与，对发现的问题及违规行为等予以纠正和警告。

2. 以激励措施促技能提高

为激励员工不断提升工作技能，故宫以形式多样的激励措施，活跃职工生活的同时，也营造出良好的工作氛围。例如，岗位评优：每月开展"三员服务标兵"评比活动，即岗位安全员、服务员、保洁员的岗位评优工作，遇到重要活动，开展劳动竞赛。在区域之间、班组之间开展劳动竞赛活动。同时根据不同阶段，实施阶段性、季节性劳动竞赛，通过劳动竞赛，可以提高团队作战、保质完成各项临时工作任务。技能比武：通过技能比武，让员工在工作之中形成一种比、学、赶、帮、超的工作氛围。

3. 注重两个满意度的提升

在对员工进行严格的、高标准的考核同时，故宫非常注重人性化的管理。其中两个满意度（即观众满意度和员工满意度）的提升，也体现出故宫管理者尊重观众、尊重职工的文化素养。具体措施如下：提高机械化保洁设备使用范围，从而提升工作效率、提高保洁频次、降低员工劳动强度；每年不断提升员工工资福利待遇和薪资水平；为员工建立良好的休息环境，给每个员工休息室夏季安装空调，冬季安装暖气。

（二）特殊重要活动环境卫生提升举措

日常外国元首来故宫参观（称为"勤务"）非常频繁，行业内重要机构到故宫调研的也很多。日常凡遇到勤务和重要活动，都要对故宫整体保洁环境做一次大清洁工作。增加机械化保洁设备，提升保洁频次，开展拉网式快速保洁，保持墙要见角、地砖要见缝，做到窗台、地面干净整洁，铜铁缸内无积水。使用高压喷枪对院内的公共服务指示标牌、殿宇说明牌、石雕护栏、台阶、屋角、石雕地面等进行全面冲刷，做到地面"七无"，即无渣、无土、无尘、无杂草、无蜘蛛网、无污渍、无口香糖。绿化区域内无杂树、无树挂、无杂草、没有砖头瓦块等杂物。故宫建筑主体、亭、台、廊、榭、门窗、房檐、山体山石要用水进行冲刷清洗，清除上面的尘土、飞禽粪便、蜘蛛网，达到视线之内亮丽一新。

图 9 - 1　故宫保洁员清扫卫生死角

（三）重点区域的环境卫生提升举措

为保护好故宫，建设好故宫，全面提升故宫的文化遗产保护、展示传播和服务观众能力，故宫于 2013 年 4 月正式启动"平安故宫"工程。"彻底进行环境整治，全面恢复历史风貌"成为"平安故宫"工程重点工作之一。故宫为此进行的御花园景观环境提升、观众服务设施改造、开放区地面修缮等工作成为其中的亮点工程。

1. 御花园景观环境提升

故宫通过拆除不规则的护栏，恢复古典园林景观；通过对石雕、盆景、假山石等室外文物，或采用绿植进行软隔离，或以石栏杆做围挡，提升文化景观效果；通过对石子路两旁裸露土地铺上防护透水板，有效增加观众活动环境，并避免了每当刮风时尘土飞扬；通过对园内树坑垫以防腐板，使树木得到更好的生长空间；通过观众活动空间的成倍增加，不但有效减少了对彩色石子路面的磨损，而且使彩色石子路修复工程得以有序进行；通过增加路椅，让观众更加有尊严地休息；通过撤除御花园内所有售卖食品的商铺，维护了古典园林文化氛围；通过恢复堆秀山前水法（喷泉）景观，使御花园更具文化魅力；通过采取有效措施，保持澄瑞亭水池的清洁。一系列"组合拳"，使御花园回归古典园林之美，为观众提供赏心悦目的参观场所。

2. 拆除彩钢房和临时建筑

为了消除安全隐患，建设"平安故宫"，故宫博物院正式拆除寿康宫外侧的彩钢房（原为资料信息部办公用房）、西部区域的彩钢房（原为职工食堂），砖混建筑（原为职工浴室），以及隆宗门内、景运门内的彩钢房（分别为观众快餐厅、故宫商店），将这些区域还给观众，增加观众活动的空间，同时调整观众服务区域设置，提升服务水平，让观众更有尊严地休息。待清理完成后，这些区域将完整地恢复古建筑原有风貌，还原历史信息，全面提升了故宫世界文化遗产的完整性、真实性、和谐性。

3. 修缮乾清门广场地面

乾清门广场是紫禁城外朝和内廷的分隔界，自故宫整体保护修缮转入第二阶段常态化修缮阶段以来，故宫针对乾清门广场开展了第三次大规模保护维修工作。

此次修缮共分为两期进行，2013年完成第一期对广场西侧地面的翻墁工作，2014年完成第二期广场东侧地面的翻墁工程，使广场水泥地面砖全部更换为传统的大城砖半砖。通过直柳叶地面及全部建筑散水传统陡板砖的更换，实现了乾清门广场整体恢复历史原貌的保护目标。此外，在此次修缮工程中，结合官式古建筑营造技艺的传承与保护工作，在乾清门广场地面铺墁施工中首次开展了技艺操作展示，尝试以施工工地为半开放展示空间，用绿色安全密目网或低矮的可透视围挡将操作空间与参观空间进行分隔，同时将地面铺墁的操作工艺制成展板悬挂在施工围挡之上，严格按工艺流程进行施工操作，既满足了传统施工的需求，又让观众领略到传统修缮工艺的精妙，同时提高了文物保护修缮工程的透明度。

图 9 - 2　修缮乾清门广场

（四）倡导"微服务"，从旅游厕所做起

如厕难，厕所分布不合理一直是国内旅游景区遭诟病的最大问题。作为一年接待上千万观众的热门景区，故宫同样面临观众如厕难的问题。近几年，故宫本着"观众为本，服务至诚"的理念，在改善环境卫生状况，提升参观舒适度方面做出不懈努力。

1. 故宫卫生间现状调研

为了解观众如厕问题，故宫 2016 年通过专门的调查研究发现，观众对故宫如今的厕所分布，节假日高峰期采取租用临时厕所的举措较为满意，但对与其关系最密切的厕所数量、给予特殊人群的方便程度、卫生状况等满意度不高，尤其对厕所内的设施，如卫生纸、洗手液、干手器等给予了差评。为解决海量观众带来的如厕排队、对厕所环境不满意等问题，故宫积极倡导抓好"微服务"，从厕所做起。一是厕所数量明显增加，二是厕所质量明显提升，三是厕所布局更加优化。

表9-1　故宫卫生间现状调研分析

	调研项目		良	中	差
1.1	布局合理	步行30分钟范围内须有设置	√		
1.2	位置合理	位置相对隐蔽，但易于寻找，方便到达，并适于通风、排污		√	
1.3	数量充足			√	
1.3.1	厕位总量达旺季日均观众接待量的比率	男小便厕位可按每位0.8~1米的宽度计量		√	
1.3.2	观众高峰期设流动厕所	固定厕位数量如满足高峰期需求	√		
1.4	厕所采用水冲或使用生态厕所的比例		√		
1.5	残疾人厕位	应方便实用		√	
1.6	厕所设备	考察主要游览场所厕所			
1.6.1	洁具质量			√	
1.6.2	隔板和门	要求隔板与门均有		√	
1.6.3	其他设备	主要游览场所厕所具备盥洗设施（水龙头）、挂衣钩、卫生纸、皂液、面镜、干手设备等且实用有效			√
1.7	厕所内部有文化氛围	指厕所根据景区特点进行的装饰与布置			√
1.8	厕所外观、色彩、造型与景观环境的协调	按照景观特点专门设计，具有独创性的，有一定特色的		√	
1.9	厕所服务	观众集中场所的厕所有专人提供服务		√	
1.10	厕所卫生	有异味或地面（池面）有秽物		√	

2. 故宫卫生间改善措施

由于参观人数多，特别是节假日暑期等旺季，故宫的厕所数量总是不够。因此，故宫专门采取措施应对旺季出现的问题。例如，每年的清明节、五一、暑期、十一黄金周期间，租赁临时厕所，设置在端门、午门内、神武门外，满足观众的如厕需求；清明节、五一劳动节、暑期增加拖挂车 3 辆，单体独立厕所 10 个，共增加厕位 40 个；十一黄金周增加拖挂车 6 辆，单体独立厕所 20 个，共增加厕位 80 个。除此之外，考虑到女性观众如厕时间长等情况，故宫特意将午门广场东朝房东侧 30 多个厕位的卫生间改为"女士专用"，高峰时段女士专用公厕只需排队 10 分钟。为改善女士洗手间排长队的状况，故宫在端门西朝房南侧增设了卫生间，面积为 112.18 平方米，使端门地区卫生间面积增加了一倍。故宫对午门广场女士洗手间进行了调整，规划设计女士洗手间面积是男士洗手间的 2.6 倍。把一部分男性卫生间改为女性专用洗手间，使女性洗手间的数量比男性多 3 倍。尽管如此，每年春节期间，观众上洗手间仍然出现了排队现象。原因就是租用的临时洗手间不防冻，使用起来不方便。为此，故宫方面积极跟有关单位密切联系，研制冬天也能用的临时洗手间。

2016 年 11 月，故宫本着从小处着手，提升旅游服务品质的务实之举，制定了"2017－2021 年故宫博物院卫生间五年规划方案设计"。将"观众为本"的理念贯穿于故宫卫生间的规划布局、设计建设和服务之中，既满足普通观众的一般需求，还充分考虑到老年人、妇女、儿童和残障人士等特殊观众的如厕需求。提倡简约、卫生、实用、环保，反对豪华，取消四星级、五星级档次，按照从低到高的顺序，分为 1A 至 AAA 三个等级。在建设过程中积极采用节水、节能、除臭新技术、新材料，适应故宫大规模、大流量观众的需求。

此外，故宫在维护古建筑原则的基础上，采取合理布局、充分利用的原则，按照北京市《旅游区（点）厕所质量等级划分与评定》的标准进行厕所建设，开发建设故宫厕所，满足广大中外观众的如厕需求，注重提高服务意识，强化厕所的管理制度，使其常态化，健康有序发展。目前，故宫观众接待厕所 15 个，男女厕位合计 290 个。

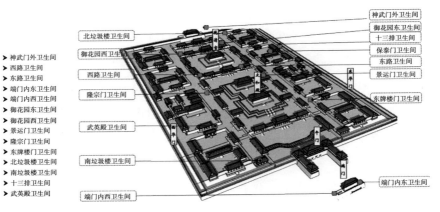

图9-3　故宫开放区卫生间分布

列表（左）：

> 神武门外卫生间
> 西路卫生间
> 东路卫生间
> 端门内东卫生间
> 端门内西卫生间
> 御花园东卫生间
> 御花园西卫生间
> 景运门卫生间
> 隆宗门卫生间
> 东牌楼门卫生间
> 北垃圾楼卫生间
> 南垃圾楼卫生间
> 十三排卫生间
> 武英殿卫生间

图中标注：

北垃圾楼卫生间
御花园西卫生间
西路卫生间
隆宗门卫生间
武英殿卫生间
南垃圾楼卫生间
端门内西卫生间

神武门外卫生间
御花园东卫生间
十三排卫生间
保泰门卫生间
东路卫生间
景运门卫生间
东牌楼门卫生间

端门内东卫生间

三　环境卫生保障永远在路上

今天的故宫，在环境卫生方面有很大的改变，源于故宫以观众为本的发展思路。近年来，故宫改造端门广场，将宽阔整洁的广场作为观众有尊严地进入故宫的序曲。"平安故宫"工程的启动，使故宫在基础设施，包括环境卫生服务人性化、卫生间管理规范化等方面得到极大提升。为了做好卫生工作，故宫还主动与团队导游沟通，询问了解北京旅游景点卫生突出的单位，带领团队管理层前去取经学习。故宫还积极推进数字化建设，建立相关的微信群，方便工作人员及时拍照发布卫生情况。

公众对故宫的向往热烈，但如果故宫带给人们的是拥挤与杂乱，那么，人们回报故宫的必然是失望与不满。所以，为观众提供舒适优美的参观环境，不断提高服务观众的质量，是故宫未来工作的重点。故宫正努力对矛盾最集中的问题，如人多拥挤、如厕难、就餐难等方面大力整改，同时也在转变服务观念等方面积极尝试。当故宫真诚对待观众时，观众回报故宫的也必然是满意的笑脸。

投诉处理

作为中国最大的综合性博物馆，故宫以其恢宏雄伟的建筑、熠熠生辉的文物、浓厚的文化气息、华美的景观吸引着来自世界各地的观众。但正所谓"能力越大，责任越大"，观众对故宫自然也有比较高的参观期待和需求。当观众的期待和实际感受存在差距，就会产生不满，提出意见乃至投诉。如何处理好观众的投诉并做好相关工作，是故宫提高自身公共服务水平、提升公众形象的重要环节。

一　处理观众投诉工作难度巨大

观众数量多，舆情影响大，周边环境复杂，在满足观众参观要求的同时，文物的保护工作也不容忽视。因此，让观众在故宫得到满意的参观体验，在观众产生问题和不满情绪时及时解决，就成了摆在每一个"故宫人"面前的难题。

（一）观众数量多

来故宫参观的观众多，这个从数字上很容易就能反映出来：2012年，1535万；2013年，1457万；2014年，1525万；2015年，1506万；2016年，1600万。如果以年接待观众1500万人次计算，故宫日均接待观众的数量为4.6万人次。但实际上，小长假、黄金周这些集中的假期，来故宫参观的观众可是平日接待量的数倍。以十一黄金周为例，从2012年到2016年，故宫所接待的观众总量分别为80.4万人次、71.3万人次、65万人次、53.9万人次和52.1万人次；而且单日峰值能够达到惊人的18.2万人次（2012年）、17.5万人次（2013年）和14.4万人次（2014年）。当如此多的观众出现在故宫，尤其是集中在"三大殿"、"后三宫"、御花园这些传统的参观区域时，观众移动都很困难，更不要提参观感受了。从逻辑上讲，产生不满或者投诉的概率自然也会提高。

俗话说，众口难调。尤其在庞大的观众数量背景下，观众参观故宫的个人期待和故宫的整体参观设计以及文物保护需要在客观上不可能没有偏差，观众因此不理解乃至不满也是很正常的。近年来，故宫在对观众参观的管理上采取了一系列重大举措：2011年7月2日，故宫实行单向参观，观众只能从午门进入故宫，神武门、东华门只作为参观出口；2013年8月14日，故宫开始在安检环节禁止观众把打火机带入故宫，8月15日开始在故宫全面禁烟；2014年1月1日，实行周一闭馆；2015年6月13日，正式实行限流措施，日最高接待量8万人次，同时全面推行实名制售票。这些措施的推行，是希望能够建设"平安故宫"，实现文物安全、观众满意、参观有序、管理科学的目标，但对于个体观众而言，当他的参观愿望因此受到影响时，对这些措施的理解、接受程度就不高。从近5年的实践来看，这些改革措施也是观众投诉比较集中的点。

（二）处理要求高

故宫地处首都中心地带，是世界五大博物馆之一，是重要的文化传播基地，肩负着向全世界弘扬中华文明、传播传统文化的重要使命。这一形象定位对故宫而言是鞭策，可以促进故宫不断提升自己的公共服务水平，但与此同时也可以说是"包袱"，让故宫在各项工作的开展中要慎之又慎，以免出现差错，对故宫造成不好的影响。

处理投诉工作也是如此。面对观众的投诉，要尽可能快的查明事实，以法律为依据，针对观众所指出的问题做出相应的对策，并尽力安抚观众情绪，避免事态扩大或发酵。一句话，尽快地提出恰当的解决方案，让各方都满意。但这真不是一件容易完成的工作。进入自媒体时代后，网络信息纷杂，相关人员都会从自己的角度发声，网络舆情的影响不容忽视，这对投诉工作的处理速度和处理方式也提出了更高的要求。

（三）处理难度大

作为开放的参观场所，故宫的周边环境以及外来人员也影响了故宫的接待服务水平和参观环境。例如，"三个屡禁不止"问题曾严重影响着故宫的治安管理和接待服务水平。"三个屡禁不止"指的是午门检票口的制售和倒卖假票现象屡禁不止、非法散发小广告的现象屡禁不止、非法倒卖小商品的不法游商屡禁不止。这些屡禁不止的问题不仅扰乱了故宫的正常参观秩序，使国家财产蒙受巨大损失，同时还严重影响了故宫的形象，严重影响了故宫周边的参观秩序和观众安全，引起了观众极大的反感。观众和不法商贩之间的纠纷也成为观众投诉的重点问题。再比如，部分旅行社导游在故宫内使用各种扩音器进行讲解，甚至在观众密集区域出现多位导游同时使用扩音设备。因扩音讲解设备带来的噪声污染，给其他观众的参观带来了严重影响，干扰了正常的参观秩序和文化氛围，故宫也因此经常接到观众投诉。

对于这类观众投诉，故宫在处理上有很大的难度。毕竟这些问题不是故宫或者故宫的工作人员造成的，但是这些问题发生在故宫内，观众来向故宫讨要说法也很正常，可真要故宫进行处理故宫又没有直接处理的权限，进行环境的综合整治故宫也没有执法的权限，因此无论是个案处理还是未来预防都是很困难的工作。

二 以"零投诉"为目标完善故宫服务体系

处理投诉是一项有着极高要求的综合性工作。具体工作人员只有对国家法律、法规以及所在单位的规章制度、工作流程有着较为全面的了解，并且具备一定的沟通协调能力，才能够对观众的投诉做出较为妥善的处置。故宫站在公共服务和整体管理的角度上，通过建立规范的工作流程，各部门通力配合，为投诉工作的处理提供制度性保障，并且在具体应对中不断积累经验、完善措施。近5年来，故宫的观众投诉处理工作取得了较大成绩，整体数量稳中有降，观众反馈情况良好。2012～2014年的十一黄金周，2015年的元旦和春节，故宫面对巨大访问数量的观众，还实现了"零投诉"。围绕着"零投诉"目标，故宫采取了一系列卓有成效的举措。

（一）强化制度保障，及时解决矛盾和纠纷

一线人员切实负起责任来，建立有效解决矛盾和纠纷的"首问制"。按照故宫的职责划分，院办公室负责投诉和信访工作。但对于观众而言，更希望自己的问题能够在第一时间得到解决。快速解决问题和纠纷，也可以及时平复观众的不满情绪，有效防止事态的扩大。因此，直接面对观众的一线部门——保卫处、开放管理处、经营管理处和文化服务中心等部门，在观众因为安全、参观、购物而发生问题时，也会及时出现，为观众排忧解难。而投诉电话、渠道和方式也会在网站、售票处、参观咨询、安检、购物场所等处显示。

对于需要沟通协调才能解决的问题，则先由院办公室填写投诉单，报院审批，再发具体部门核实、处理。具体部门处理完毕后，在投诉单上写清处理结果，经部门领导签字或部门盖章后交回院办公室。院办公室要将相应的处理结果再向院报送，复杂、重大或疑难的

图 10 - 1　文创商店内的投诉电话标牌

投诉，将视情况由院办主管领导向主管副院长报告。对于通过北京市旅游委、东城区旅游委、北京市市长热线等渠道转来的投诉，在处理完毕后，院办公室还需要向转诉机构拟具处理文函，以告知处理结果。为了保证投诉处理工作的效率，所有投诉如无特殊情况，都需要在 3 ~ 4 个工作日内处理完毕。并且，所有接待的投诉，都要有书面记录，以便日后查证。如果没有各部门之间的通力配合，很难想象像故宫这样一个专业分工较强的机构，能够高效地处理好观众的投诉。

给观众的意见和投诉一个满意的处理结果，并不是投诉处理工作的全部。做好后续工作，根据观众的意见改进故宫的服务设施和服务水平，则是更加重要的环节。这不仅可以和观众形成互动，还可以有效地预防此类问题的再次发生。例如，在故宫内，不少宫殿前的台阶都是汉白玉材质的，这样的台阶比较滑，尤其在雨雪天气就更加湿滑，这是一个不安全因素，也有观众因此提出建议。目前，故宫院内不少台阶都铺设了防滑设施，这有效地解决了观众的参观安全问题。

图 10 - 2　太和殿前两侧台阶对比

（注：左图为铺设了防滑措施的台阶，右图则未铺设。未铺设防滑措施的通道处于封闭状态，禁止观众通行）

图 10 - 3　采取了防滑措施的台阶

（二）以"零投诉"为目标营造故宫良好形象

尽管短期内取得"零投诉"的成绩是可喜可贺的，但故宫的管理层同时也清醒地认识到，以故宫对观众的吸引力以及故宫的现实情况，要求"零投诉"成为常态应当是一个不可能完成的任务。但是，以"零投诉"为理想目标，努力去挖掘故宫在观众服务方面所存在的不足，并认真加以改进，则可以有效地提升故宫的公共服务水平，并向

"零投诉"的理想目标无限接近。在这件事情上，故宫可谓做足了功课、赢得了赞誉。

在传统的认知里，故宫的形象是皇家气派，是专业的博物院。虽然美轮美奂，但是高高在上。近年来，故宫采用网络、移动应用和影视等多渠道进行宣传，让社会从新的角度认识了故宫。故宫"淘宝""萌萌哒"；《皇帝的一天》《紫禁城祥瑞》《胤禛美人图》《韩熙载夜宴图》等 App，以高科技尽显文化之美；《我在故宫修文物》娓娓道来，讲述着"择一事，终一生"的故宫人。这些全新的宣传角度让社会看到了故宫的严谨和专业，自然地获得了社会的认同和尊敬；同时又活泼时尚，不仅吸引了年轻一代，还实现了文化的继续和传承。良好的社会形象增强了观众对故宫的认可和信任，形成了故宫和观众之间的良性互动，故宫的坦诚和观众的谅解对于消弭观众不满或者尽快解决纠纷所起的作用是深层次的。

当然，良好形象也离不开宣传，更要重视媒体的作用，将故宫的事业发展和故宫人的工作内容如实地告知社会公众。2014 年以来，根据"平安故宫"工程的要求，故宫按月召开新闻发布会，这不仅是在探索先进的、开放的管理理念，更是保障了社会公众对故宫的监督权，也很好地提升了故宫的大众形象。尤其在故宫实施全面禁烟、周一闭馆和限流分流措施时，多家媒体及时跟进，对故宫的参观管理措施做了积极和正面的报道。例如故宫禁烟、禁带火种的规定，多家媒体用"实现平安故宫""开了一个好头"等字眼给予了大力的宣传和积极的评价。又如故宫每周一闭馆一天，媒体又以"太和殿十年浮尘被清去""歇马不歇人""宁静中的忙碌"等多角度地阐述了故宫周一闭馆的重要性和必要性。故宫限流分流方案中的"特定时段优惠票价"的试行，也在多家媒体的见证下得到了预期的效果。

媒体的宣传和报道让社会公众及时了解了故宫参观管理措施的具体内容，并且理解了这些管理措施的现实意义。在此之后观众投诉故宫参观管理措施数量的下降，也和观众对该措施的理解和接受程度提高相关。

（三）完善故宫的基础服务设施

虽然观众对故宫的工作越来越理解，但"打铁还需自身硬"，根据观众数量和故宫的参观特点，为观众配备必要基础服务设施，才能避免产生矛盾。

为了解决客流疏解和观众安全问题，故宫增加了售票窗口和安检通道，提高了观众的入院速度；在客流大量增加时增加临时厕位，解决观众的如厕问题；增加保洁人员并增设果皮箱，维护院容环境；增设安保人员，维持参观秩序并疏散观众；设置急救站，处置观众突发急病。

为了提升观众的参观体验，故宫增加对文物建筑无害的照明，观众再不需要把脸贴在玻璃上才能看清展品和内设；建设观众服务中心，为参观者提供讲解咨询、自助查询、饮水休息、免费轮椅等服务；增设座椅，供观众休息；院内故宫商店进行统一规划、重新布局，部分商店进行重新装修、改陈，提升文化产品的展示效果；改善陈列展览的质量，力争达到历史性与时代性、思想性与观赏性、科学性与艺术性、学术性与趣味性、知识性与通俗性的有效结合，调动观众的审美意识和审美情感，尽力缩小陈列展览与观众的空间距离和心理距离。

原端门广场（无座椅）　　　　　现端门广场路椅

图 10 – 4　增设观众座椅

再有，针对导游使用扩音设备造成噪声干扰观众参观的问题，故宫成立检查监督小组，负责院内巡查、劝阻和制止使用扩音设备的行为。而且，故宫对此并不是简单的一禁了之，同时还充分考虑到导游的工作需要和观众对讲解的需求。对随身携带扩音设备的导游，故宫在午门讲解服务处设立寄存处，扩音设备可以在此进行登记、编号后留存，由故宫将其免费运送至参观出口，导游在离开故宫时可在神武门和东华门领取处凭寄存牌取回扩音设备。进入故宫后，导游以人工讲解的方式给观众讲解，如果观众人数较多无法采取人工讲解时，故宫可以优惠提供团队专用自动讲解器的服务。

（四）建立多样化的信息沟通渠道

向社会公众，尤其是入院观众及时通报故宫的展览信息和参观注意事项，让观众形成合理的心理预期，能让观众更加文明、理性地参观。所以，对故宫的重大参观管理措施，故宫方面除了前期在媒体上加大宣传力度之外，还会在故宫官网公布，并在故宫院内外放置告示牌，明确地告知观众。

图 10 - 5 故宫西华门的公告牌

在特定的时段，故宫还会采取更有针对性的手段，和观众进行信息沟通。2014 年十一黄金周期间，故宫给每位入院的观众都发送了短信提示，其内容是："故宫欢迎您！文明参观，不刻画，勿攀爬，禁烟火，守秩序。远离票贩、'一日游'揽客。呵护文化遗产你我同行！"这条短信以活泼简洁的语言提醒观众文明参观、爱护文化遗产、维护自身权益，也让紫禁城更添节日氛围、文化气息与人文关怀。这条凝聚了故宫人对观众的责任的短信，被多家媒体转发，得到了公众的一致认可。

（五）提高工作人员素质

一线员工展现的是故宫人的形象。提高一线员工的素质，为观众提供专业和亲切的服务，能够营造良好的参观氛围。以故宫开放管理处为例，目前，在开放岗位上有近1000人的队伍，从人员构成上看，既有编制内职工又有派遣制人员，但是在观众的眼里，他们都是故宫人，都代表着故宫的形象，应当具备与世界一流博物馆地位相匹配的形象与素质。为此，开放管理处采取多项措施提升员工素质，包括全员参加了人事处、院工会和安全部联合组织的"提升文明礼仪与素质形象"培训；开展"争当最美开放人"评比活动和"夸夸我身边的开放人"演讲比赛；开展"院规处规学习月"活动；制作了"修身养性"和"班前8问，班后8思"工作卡片，让每个员工随身携带，随时学习；修改完善"开放工作30个怎么办"，下发每个员工学习掌握；利用每周组织考核时机，现场随机提问岗上员工有关应知应会常识；经常开展以"经验小交流、现场小观摩、业务小研讨、岗上小评比"为主要内容的"四小活动"；建立微信群，及时发布上级通知要求，通报工作期间的正反典型，进行工作交流；统一文明用语和岗上动作；坚持早点名和每日清场封门后工作情况讲评。提升员工素质也成为实施故宫精细化管理的组成部分。

（六）创新管理模式

针对故宫周边环境治理和治安秩序维护问题，故宫采取服务外包方式和建立外部合作模式，有效地加以解决。2013 年 10 月，故宫保卫处引进专业保安队伍，配合治安管理科和驻院派出所，专项打击院内散发"一日游"小广告的黑导游、无证游商等非法经营人员。为了解决执法权限问题，故宫保卫处强化与驻院派出所的合作。2015 年 1 月，院派出所派驻民警常驻故宫治安管理科指导工作，采取捆绑执法方式开展院内治安秩序治理工作，从而进一步提升了保安队伍对非法经营人员的震慑力。这一管理模式实现了故宫保安队伍的专业化，人员配备也有了保证，同时解决了执法权限的问题。通过创新管理模式，故宫内从事非法经营活动的人员得到了有效的控制，从源头上解决了因此所产生的观众投诉，同时也可以更好更快地处置突发事件。

三 将投诉转化为正能量

无论是妥善地处理观众的投诉和意见，还是提升故宫的服务水平来减少观众的投诉和不满，都是故宫作为世界一流博物馆应当完成的工作。因为故宫不仅要让文物有尊严，还必须要让观众们同样有尊严，让观众们面带笑容、心平气和、体力充沛地参观。

因此，作为一个影响力大、观众期待要求高的参观场所，故宫现有的管理制度和"零投诉"的管理目标在秩序的整治和形象的塑造上起到了积极的作用，这一近乎严苛的工作要求所蕴含的治理决心和信念尤其值得同类型的景区接待单位学习，对其他类型的景区接待单位也有一定的借鉴意义。

同时也需要引起关注的是，"零投诉"的管理目标在治理管理积弊、增强服务意识、提高公众认知度等方面有积极的作用，也能在较快时间内产生良好的治理效果。但是如果确立常态化的中长期管理目标，还需要对其进行一定的调整。毕竟在社会多元化的大背景下，个体基于自身的认知角度所提起的权利诉求可能和公共资源的管理要求之间存在差异，甚至个别投诉还可能具有相当的不合理性。因此，从中长期的管理目标来看，对观众的不满和投诉，应当采取更加开放和包容的心态，建立畅通的意见反映渠道，不唯"零投诉"是论，而是以更加实事求是和科学的态度来处理观众的投诉。

第 三 篇

旅游综合保障

旅游信息

旅游业是信息依赖型产业，如果观众和景点之间存在信息不对称，便会有企业或者个人利用信息的不对称来获取自身利益，使观众不能获得权威、公正、充足的旅游信息，对观众形成误导。如何将分散的旅游信息资源和观众对接起来，组成一个完整的信息服务体系，从而消除信息不对称，是旅游发展中的一个突出问题。2013 年 10 月 1 日正式实施的《中华人民共和国旅游法》第 3 章第 26 条明确指出："国务院旅游主管部门和县级以上地方人民政府应当根据需要建立旅游公共信息和咨询平台，无偿向旅游者提供旅游景区、线路、交通、气象、住宿、安全、医疗急救等必要信息和咨询服务。"博物馆作为文化单位，在信息收集、组织、整理加工方面具有独特的优势。同时，博物馆作为公益信息机构，更应该担当这一重任，坚持与时俱进、创新服务、开拓和完善博物馆在信息化时期的旅游信息服务功能。

一 "互联网 +" 时代的旅游信息服务

故宫肩负着展示、弘扬与传承文化的历史使命和社会责任。随着散客数量的迅速增长，故宫传统的受经济条件和技术手段限制的旅游信息服务已经不能满足观众的需求。根据旅游市场的变化和国家政策的要求，故宫的旅游信息服务在新的背景下不断转型升级，给故宫带来了新的发展机遇。20世纪末，故宫开始利用最先进的数字化技术和设备，在虚拟的时空中建立起一座和紫禁城同样辉煌的"数字故宫"，通过信息化手段帮助观众了解故宫所蕴含的深厚历史文化，将故宫变成普及文化、传播文化的阵地，将紫禁城里取之不尽的旅游信息资源传送给远方的观众朋友们。

二　以智慧化引领旅游信息体系创新

"以信息化作为杠杆和支点，改造传统的博物馆，全面提高综合管理水平、业务水平和学术水平，使故宫尽快跻身世界一流现代化博物馆之列"是故宫领导提出的治院方针。故宫旅游信息服务在维持和改善传统资讯平台的基础上，开发新媒体平台，通过多轨并行的方式，探索旅游信息服务的改革，并成为国内乃至国际旅游信息服务的范式。其中，在当前以移动互联为标志的博物馆数字化2.0时代，新媒体平台的建设和应用成为故宫的旅游信息服务在转型升级过程中的亮点。

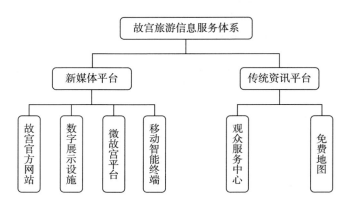

图 11-1　故宫旅游信息服务体系结构

（一）新媒体平台——足不出户，了解故宫瑰宝

故宫的新媒体平台的建设是依托于"数字故宫"的基础之上。"数

字故宫"的理念和目标是建设一个虚实结合的博物馆,并且可以脱离实体博物馆而存在。其重点功能之一是遗产保护及文化传播,实现信息服务和观众之间的重要交流。故宫的"数字化",使故宫摆脱沉重的历史包袱,突破受古建环境及文物保护等问题的局限,打破在展示、收藏、保护等管理机制和工作方式上相对滞后的传统手工作业状态。它可以源源不断地把故宫中珍藏的中华民族传统文化和旅游资讯介绍给观众,这是故宫跻身于国际一流博物馆迈出的重要一步。在此基础之上,故宫搭建了一个以官方网站为核心的主入口,由官方网站、微故宫建设、App 应用、数字展示设施等多媒体平台构成,线上、线下互通互联的一站式聚合平台,为观众提供便捷、全面的博物馆数字资讯。

1. 官方网站——提供故宫旅游信息的最重要平台

网络已经成为信息获取最重要的渠道之一。截至 2016 年 12 月,我国网民规模达 7.31 亿,互联网普及率为 53.2%,我国手机网民规模达 6.95 亿。更多的观众愿意借助网络了解旅游目的地的食宿、交通等信息,并综合各种信息为自己设计旅行路线,安排旅游时间。因此,在进行故宫旅游信息服务建设过程中,故宫官方网站的建设尤为重要。

故宫博物院官方网站(http://www.dpm.org.cn)于 2001 年 7 月 18 日上线,迈出了古老博物院"+互联网"的第一步。这是一个以故宫的文物、古建和中华五千年历史为基础,以"向世人介绍故宫、弘扬中华文化"为宗旨的,集观赏性、艺术性和知识性于一体的综合性网站。该网站是故宫对外发布信息的重要窗口和与广大公众交流沟通的主要平台,提供故宫概况、旅游指南、景点介绍、线路设计、门票预订等旅游信息和服务。故宫官网现已成为全世界博物馆中最强大的网站之一,平均每天的点击量在 100 万人次以上。

作为行业网站的标杆,故宫官方网站具有如下特点和特色。

(1)旅游信息全面,更新及时,资讯获取简洁精准

故宫博物院的官方网站内容极为丰富,观众不仅可以获取开放、

展览等最新资讯和服务信息，还可以更多地了解故宫古建筑、馆藏文物、虚拟展览、文化专题等方面的信息。故宫每周都会更新官网内容，旅游信息时效性强。此外，故宫官网的设计充分考虑了观众对旅游信息的需求，实现用户界面简洁、内容丰富、操作便捷、图文访问流畅、页面下载速度快的目的。例如，故宫现已在官方网站公布了多条游览推荐路线，包括两小时参观路线、半日参观路线、一日参观路线等，每条路线都附有详细、清楚的路线导引图，观众可以根据自己的需要安排参观路线，可以通过官网预约订票并选择行程，方便快捷。

表 11－1　故宫博物院官方网站结构和相关信息

导览	展览	教育	探索	学术	文创	关于
开放时间	近期展览	教育新闻	建筑	学术活动	故宫出版	总说
票务服务	常设专馆	故宫博物院教育中心	藏品	专家名录	文创产品	咨询
交通路线	原状陈列	国际博协培训中心	古籍	故宫研究院	故宫壁纸	院史编年
游览须知	赴外展览	故宫志愿者	文物医院	其他学术机构	故宫 App	景仁榜
全景故宫			宫廷历史	故宫学院	故宫游戏	机构设置
			文化专题			
			名画记			

2017 年 5 月 18 日"国际博物馆日"，故宫博物院中文网站全新改版。这次的新版中文网站为观众带来了更多惊喜。首先，扁平化的页面设计融合了传统与时尚，以故宫特有的红墙、黄瓦、朱门、金钉为基础色彩，点缀以传统纹饰，为页面增添了古典艺术气息，形成特有的"故宫美"。其次，在内容架构上进行了彻底优化，分为导览、展览、教育、探索、学术、文创等板块，观众查找信息更加方便快捷。再次，数万张高清文物影像让喜爱故宫藏品的观众看清楚、看过瘾。同时，完全为"手指族"定制的移动版网站也同步上线。

图 11 - 2 故宫中文版网站首页

（2）网站以英语为唯一外语语种——符合西方人信息检索习惯

故宫摒弃"官方网站的语种越多越好"的理解误区，认为多国语言版会分散受众，投入产出比严重失衡，而且不可能每个语种的内容都达到中文版的丰富程度。因此，故宫把使用最广泛的英文作为外语版的唯一选择，并将其做实、做详、做强大、做亲民。

此外，改变普遍的"英文网站的信息量比较小，页面的布局基本是中文版的翻版"定式，按照西方人的信息检索习惯来设计英文版网站的首页和相应的栏目（见图 11 - 3），从而吸引更多的外国人浏览。

图 11 - 3 故宫英文版网站首页

（3）量身定制的青少年版网站——知识性与趣味性并存

青少年网站（http://young.dpm.org.cn/）是故宫为青少年准备的一道文化大餐。青少年网是针对 3 ~ 16 岁青少年的特点全新开发、独立运营，用年轻人的语言和表达方式传递故宫文化，以动漫为主要手段，通过源自紫禁城的建筑、历史中的卡通形象演绎的故事，向青少年传递故宫的建筑、文物中蕴含的文化内涵。青少版网站兼具知识性和趣味性，让青少年在浏览故宫网站的时候不再感觉到枯燥无味。一打开首页，强列的故宫特色就"萌"面排来，青少年网站以情境式交互地图覆盖刻板的栏目，在形象化的探索中感知故宫建筑、展览、文物藏品，整个过程穿插着各种类型的游戏，以及图文并茂轻松易懂的文化专题。而精心绘制的"故宫大冒险"动态漫画游戏，以角色扮演的形式，让每一个进入这个网站的青少年都能够跟他所喜欢的角色产生关联，无论是小皇帝角色、格格角色，还是脊兽的角色，都可以带领他去了解他希望得到的故宫的内容。青少版网站的参观路线设计也非常有意思，把皇帝在宫中的生活按时间设计成大家最熟悉的"课程表"的样子，青少年就把它幻化成他每天的日程，来引导他选择自己的参观路线。形式上既比较活泼，又紧扣内容上的兴趣点。

图 11-4　故宫青少版网站首页

目前故宫官方网站功能还在不断强化和提升，每年都研究并实施改进的方案，尤其是英文版和青少年版网站，也在不断提升各项功能的同时，力图带给观众更加精彩的文化体验。未来的网站将会把英文、青少年、学术研究等子网站整合起来，建立一个故宫官方网站群，为不同的观众群体提供更有特色的优质服务，不断发挥故宫的多元文化价值。

2. "微故宫"平台建设——提供活动、展览等重要旅游资讯

"微故宫"平台包括故宫官方微信公众服务号和微博等社交媒体。

2014 年初，故宫研发上线了最具故宫特色的微信公众服务号——"微故宫"公众订阅号（见图 11 – 5）。"微故宫"使用具有故宫特色的微语言，组织微话题，推出微展览，为观众参观欣赏古代建筑、文物藏品、特色展览等提供全面、立体、便捷的服务。通过小巧而精致的掌上"微故宫"，观众可以随时到故宫看一看、逛一逛，感受故宫的文化底蕴，体验漫游故宫的奇妙。

图 11 – 5 故宫的微信公众号

表 11 – 2 "微故宫"（微信）结构和相关信息

入口名称	内容分类	提供的主要信息
看一看	故宫资讯	有关限流、主题活动、展馆开放等各方面资讯
	展览信息	有关故宫在国内外、在故宫内展出展览的资讯
	活动讲座	有关故宫讲坛、其他讲座的资讯
逛一逛	参观服务	有关最新公告、游览须知、导览地图、地理交通、开放时间、票务政策的信息
	故宫全景	故宫的全景虚拟地图，支持定位和导航等多种功能
	故宫展览	有关故宫内正在举办和已经举办的展览资讯

续表

入口名称	内容分类	提供的主要信息
逛一逛	故宫藏品	有关故宫各种藏品的照片和介绍
	故宫微店	故宫各种文创产品的售卖
聚一聚	奉旨签到	签到记录和积分兑换
	一起嗨	故宫表情包、故宫小游戏下载
	爱上这座城	微博微信的图片、资讯分享
	故宫 App	提供故宫各种 App 下载链接

故宫官方微博（以下简称"故宫微博"）是政府官方认证的政务类微博，现在新浪微博、腾讯微博、人民网微博三大平台开通使用。截止到 2017 年 4 月 26 日，三大官方微博的粉丝总量已超过 602 万人。其中新浪微博开通于 2010 年 3 月，发表博文 6768 条，关注粉丝达 252 万人；腾讯微博开通于 2011 年 1 月，博文广播 7637 条，关注听众达 301 万人；人民网微博开通于 2012 年 6 月，发表博文 2232 条，关注粉丝达 50 万人。故宫官方微博开通 7 年来，已经建立起了完备的信息发布体系，各流程责任明确，保证了传播质量。虽然故宫是一个公共文化机构，但是在微博里，完全成为幽默风趣、平易近人的文化诉说者。故宫微博的自我介绍中写道："这里，有你看得到的，看不到的故宫；这里，有你想知道却不曾了解的故宫；这里，有你关注的，感兴趣的故宫；这里，有最新鲜、最及时、最靠谱、最给力的故宫！"使用这些有自我风格的语言，缩短了传统文化与现代社会的距离，被粉丝们亲切地称为"故故""宫哥"。

现在，"微平台"已经成为故宫新的"文化名片"，在故宫的信息传播中起到了举足轻重的作用。对重大活动、重要资讯、院内展览及相关旅游服务信息等进行同步报道，"微平台"发挥了其应有的作用，及时、正确、全面地引导观众了解故宫的真实情况。

3. "故宫出品" App 系列——提供展厅、展品等旅游信息

故宫不仅自身给观众们展示了中国从古至今的多年历史，还在推出

图 11 - 6　故宫的官方微博及其发布的旅游信息

App 展示中华文化的这一方面不遗余力，一款接着一款，至今已经推出了 9 款：《胤禛美人图》《紫禁城祥瑞》《皇帝的一天》《每日故宫》《韩熙载夜宴图》《故宫陶瓷馆》《清代皇帝服饰》《故宫展览》《故宫社区》。每一个 App 都成为大家喜爱的"精品"，获得了很高的下载量和好评度，树立了"故宫出品"必属精品的良好形象。与国外很多博物馆推出的官方 App 不同，故宫系列的 App 并不只是让用户简单地去浏览一遍内部的场景，介绍一下代表性的展品，而是将单个内容提取出来做细节性展示和介绍，让观众通过 App 就可以对故宫有更深入的了解。

表 11 - 3　"故宫出品"系列 App 及展示内容

出品时间	App 名称	内容描述
2013 年 5 月	《胤禛美人图》	从十二幅美人屏风画像一窥清朝盛世华丽优雅的宫廷生活
2014 年 6 月	《紫禁城祥瑞》	揭秘紫禁城里的祥瑞符号，领略宫廷珍宝上的皇家文化

续表

出品时间	App 名称	内容描述
2014 年 10 月	《皇帝的一天》	通过少年皇帝的一天来表现清代皇帝生活中所体现的中华民族的传统美德
2015 年 1 月	《韩熙载夜宴图》	展示中国绘画史上的名作《韩熙载夜宴图》
2015 年 2 月	《每日故宫》	每日甄选一款馆藏珍品，介绍其中奥秘
2015 年 4 月	《故宫陶瓷馆》	以"时间轴"为骨架，展示文华殿陶瓷馆在陈的全部藏品，每件藏品都有清晰的图片和专家撰写的介绍
2015 年 9 月	《清代皇帝服饰》	展现清代宫廷典章制度和皇家服饰
2015 年 12 月	《故宫展览》	让观众迅速找到展厅所在位置，通过展厅 360 度高清全景和展品详细信息，全面了解和欣赏展览陈列
2017 年 5 月	《故宫社区》	将故宫丰富的文化资源与现代科技手段相结合，为观众提供更为开放和有趣的互动体验，营造一个"故宫式"的线上生活空间

　　《胤禛美人图》呈现了十二幅美人屏风画像，让观众一窥清朝盛世华丽优雅的宫廷生活；《紫禁城祥瑞》揭秘紫禁城里的祥瑞符号，带观众领略宫廷珍宝上的皇家文化；《皇帝的一天》以游戏的方式进行，结合清代皇帝的日程表为观众设计了一系列趣味小游戏；《韩熙载夜宴图》弥补了"珍贵文物极少展出"这一缺憾，通过高清的文物影像、专业的学术资料、丰富的媒体内容和创新的交互设计，让观众随时随地可以欣赏、探究这幅传世经典中的种种精妙之处；《每日故宫》实现了每天向社会公众介绍一件（套）故宫文物藏品的愿望；《故宫陶瓷馆》以"时间轴"为骨架，串联起文华殿陶瓷馆在陈的全部藏品，每件藏品都有清晰的图片和专家撰写的介绍，更有 8 件精品可以 360 度水平环绕欣赏；《清代皇帝服饰》展现了清代皇家满汉融合制度，让观众得以零距离欣赏传统织绣工艺的巅峰之作；《故宫展览》邀您指尖访古，看遍宫廷原状、常设专馆、专题特展，让故宫博物院精品展览一览无余，深度体验传统艺术与宫廷文化的丰富内涵；《故宫社区》是 2017 年 5 月 18 日最新发布的 App，它是一个全新形态的博物馆 App，旨在通过对博物馆新型数字生态社区的探索性建设，将故宫丰富的文化资源与现代科

技手段相结合，为观众提供更为开放和有趣的互动体验，营造一个"故宫式"的线上生活空间。

"故宫出品"系列 App 致力于实现"和谐互动，共享文化"的博物馆使命，在故宫信息化建设的基础上，以遗产保护和文化传播为目的，打造"故宫出品"App 平台，以社区的"活态"形式在公众和博物馆之间形成良性互动。在这里，可以全景逛故宫，每日一珍品，刷展览，聊故事，赏宫花，逗御猫，博古论今，吟诗作赋，记录点滴，与朋友分享，用古典的美装点现代的生活，这生活，很故宫。

4. 数字展示设施——提供虚拟现实、展厅、展品等旅游信息

2015 年 12 月 22 日，故宫博物院端门数字馆建成。故宫端门数字馆是坐落在传统建筑中的一个交互式新型数字展厅。数字展厅通过设置大屏幕播放"大片"的形式，让观众用最短的时间了解故宫如何从帝王执政的紫禁城，变成今天的博物院。

故宫博物院通过精心采集的高精度文物数据，结合严谨的学术考证，把丰富的文物和深厚的历史文化积淀再现于数字世界中。故宫博物院"端门数字馆"以"故宫是座博物馆"为主题，分为三部分，包括数字沙盘展示区、数字文物互动区、虚拟现实剧场。观众走进故宫内的"数字建筑"，触摸"数字文物"。观众通过与古建、文物的亲密交互，来探索它们本身固有的特性与内涵，获得比参观实物更丰富有趣的体验（见表 11-4）。

表 11-4　端门数字馆展区、展示项目和相关内容

展区名称	内容	展览项目	相关信息
数字沙盘展示区	讲述"从紫禁城到博物院"	数字沙盘	故宫博物院高精度全景建筑三维模型
		数字法书	兰亭序
		数字绘画	写生珍禽图
数字文物互动区	以数字形式与观众零距离互动的"紫禁集萃·故宫藏珍"	数字长卷	故宫名画记
		数字屏风	宫廷服饰
		数字宫廷原状	三希堂

续表

展区名称	内容	展览项目	相关信息
虚拟现实剧场	让观众感受紫禁城建筑魅力的"紫禁城·天子的宫殿"	数字宫廷织绣	故宫织绣
		虚拟"故宫多宝阁"	以百件故宫典藏器物的高精度三维模型为基础
		数字陶瓷馆	故宫陶瓷

　　端门数字馆不仅是一个新型的文化体验空间，今后还将通过与故宫博物院官方网站群、故宫出品系列 App、官方微博微信，以及其他数字展厅的关联、分享与互动，将为观众呈现出一个更为丰富、多元、精彩的"数字故宫"。希望观众在数字世界里与故宫亲密接触，了解"故宫是什么""故宫有什么""来故宫看什么"。

　　目前故宫还在建设"数字陶瓷馆""武英殿书画馆电子文化展示"等项目，以主题视频等多种互动方式实现场景再现，帮助观众解读藏品。

图 11 - 7　端门数字馆展厅照片

（二）传统资讯平台——面对面贴心服务

新媒体平台是为观众了解故宫、制定攻略、参观故宫提供了一种高科技的文化体验，让观众不到故宫就了解故宫具体的旅游信息。但是就目前来讲，实地参观展览、获取旅游资讯仍是主流。在实地游览的全过程中，观众服务中心、讲解服务和免费地图的发放极为重要。

1. 观众服务中心——提供旅游咨询和服务

目前，故宫的观众服务中心有两处，一处是太和门咨询服务中心，一处是端门观众服务中心。其主要功能是让观众享受到旅游咨询、免费饮水、轮椅等贴心的服务，获取参观的路线图、展览介绍等各类信息。故宫在 2014 全年接待寻人、问询及电话咨询服务 10602 余人次。

（1）太和门观众服务中心

2008 年，太和门咨询服务中心成立，它位于故宫的中心位置，是观众走进午门后最先接触到的服务岗位，其服务包括中文咨询服务、外籍志愿者服务、免费地图发放服务。由于太和门观众服务中心位于故宫内部，使用率较端门观众服务中心少。2014 年，太和门观众咨询中心累计为 30379 人次观众提供咨询服务。

（2）端门观众服务中心

2012 年 7 月 7 日，端门咨询服务中心正式成立，是集咨询、讲解、视频播放、自助查询、老弱人士休息区等多功能为一体的综合性公益服务场所。该咨询服务中心位于端门外，观众在进入故宫之前，就可以到这里咨询相关信息，接受各项服务，包括地图、饮水服务、轮椅、婴儿车、手机充电、游览路线查询和故宫视频介绍，所有服务均为免费提供。此外，这里还提供多个电脑和触摸屏，供观众自主查询信息使用。服务中心作为故宫面向广大观众的窗口，作为观众参观前的第一站，其整体形象直接影响着观众对故宫的第一印象。

根据故宫开放面积较大、南北门距离较远的实际情况，为减轻恶劣天气时路线内的拥堵情况、保证观众安全离开，观众服务中心购买了7000 件一次性雨衣，储存在观众服务中心、出入口和其他开放区域，以备雨天发放。2012 年 7 月 21 日，北京遭遇 61 年来最大强降雨天气，全市降雨量平均达 170 毫米。故宫闭馆前正逢雨势较大时段，不少观众因没有雨具而滞留故宫，故宫在出入口及开放区域内为观众免费发放一次性雨衣，为观众提供了方便。

2014 年，端门咨询服务中心共接待参观观众 129324 人次，咨询问题数量 45581 人次。手机加油站充电 1697 次、饮用水 828 桶。视频播放时长达 2400 余小时、向观众免费发放故宫地图 55600 份，公益性轮椅借用 1675 次、童车 19 次。

2. 免费地图——提供游览信息

地图对于初次自助游览故宫的观众来说极其重要。故宫观众服务中心可以为观众提供免费地图折页，折页信息包括故宫简介、游览须知、门票政策、故宫地图、游览线路、展陈信息等。

三 追求一流的自我突破

（一）让“文化”活起来

故宫作为世界上现存规模最大、最完整的古代宫殿建筑群，收藏有超过 186 万件（套）文物，但出于对建筑物和收藏品的保护，人们所能参观到的只是很少一部分。那么，如何通过信息化的手段，让优秀的传统文化“活”起来，让大家不用进故宫，就能欣赏到故宫的文化和文物？“数字故宫”的创新理念是解决这一问题的最好答案。

故宫在 1999 年底已经建立起存有 5 万余张摄影数据的数据库，在此基础上，故宫与中国科学院中科软件集团合作，于 2001 年 7 月 16 日开通了故宫官网。同年 8 月，故宫又成立“故宫文化遗产数字化应用研究所”，旨在采用数字虚拟现实技术，对故宫的建筑、藏品和档案进行模拟和复原，以便展示和研究。这些文化影像资料于 2003 年开始逐渐出现在故宫的官方网站和信息化展厅中。在数据库基础之上，故宫开启

"数字故宫"的建设，搭建了一个以官方网站为核心和主入口，由官方网站群、微故宫建设、App 应用、多媒体数据资源等各种信息构成，线上、线下互联互通的一站式聚合平台，为观众提供便捷、全面的博物馆数字资讯，彻底实现了故宫文化"活"起来的理想和初衷。

（二）让"信息"动起来

故宫经过上述基础数据库的建设，已经拥有了海量的数据资源。为了使这些数据资源"动"起来，化海量数据为"智能服务"，使之能够更好地为博物馆管理和观众游览服务，故宫持之以恒地进行了很多细致且有效的工作。

故宫的官方网站、微平台、故宫系列 App、数字展示设施等平台可以多途径、多渠道为观众提供旅游信息，让信息"动"起来。

观众可以通过官方网站进行门票预订、藏品查询、展览介绍、路线设计、购买文化产品等服务，外国观众可以访问英文版故宫官网进行同样的信息查询；观众可以通过微博微信对一些微话题、微展览进行阅读和讨论；还可以通过移动媒体终端，像现实生活中游览故宫那样，参观每一条游览线路和看到每一处宫殿，甚至还可以具体查看所选文物的细部特征，在这一虚拟世界中，访客甚至可以走进在现实中不能进入的宫殿，比如太和殿。"故宫出品"App 让故宫文化真正传播起来，为公众提供了翔实的研究、学习资料和生动的文化体验。

"数字故宫"的设计实现了文化遗存向社会公众的传播，激发了公众对传统文化的热情接受和持续关注，让故宫看到了社会对自己的期待，也感受到了沉甸甸的责任。

（三）让"科教"推起来

科普教育是博物馆的最重要功能之一。故宫作为国家规模最大的综合性博物馆，更是肩负着科普教育的使命，其重要的传播对象就是青少年。但是当下，青少年到博物馆游玩实属少数，如何吸引青少年对故宫的青睐，是故宫的一大难题。

在互联网经济快速发展，新媒体日益为年轻人所喜爱的大环境下，借助互联网，故宫为青少年的旅游信息服务进行了个性化定制，以吸引更多的青少年观众，是故宫进行青少年科普的重要手段。

《皇帝的一天》App 和青少年网是故宫针对青少年观众进行的个性化策划开发，是故宫为青少年准备的两道文化大餐。《皇帝的一天》App 是故宫专门为 9~11 岁孩子们研发的移动应用。通过趣味性、启发性的内容，结合交互技术实现有效沟通，将中华传统文化知识用更有趣的方式传达给孩子们，改变一些影视剧对宫廷文化的误读。青少年网无论从形式还是内容设计上，都充分考虑青少年的特点。

故宫通过为青少年量身定制网站、App、微话题等手段，力求将传统、枯燥的宣传方式向现代、活泼的教育方式转变，与年轻人的兴趣点紧密结合，让古老的传统文化时尚起来，让科普教育随时随地都在进行。

（四）让"沟通"畅起来

目前，很多博物馆所开展的信息服务，主要集中在文化挖掘、信息推送、知识组织、产品开发和导航服务等方面，一般是以博物馆提升自身的资源和人才队伍建设为主，较少考虑和观众的互动以及观众对博物馆信息服务的理解和接受能力。故宫则不然，故宫以"沟通流畅"为信息服务的宗旨，具体实现故宫与观众之间的"信息流畅""数字流畅""服务流畅"，以增强博物馆和游客的交流，提升博物馆的信息服务质量。

在当前，手机网民占总网民的 80% 以上，游览过程中通过手机获取旅游资讯成为最快的方式。故宫为方便观众随时随地获取旅游信息，达到"沟通流畅"的目的，提升观众旅游体验，开通了手机网站、微故宫平台、"故宫出品"系列 App 等，建设了官方微信公众号，为观众提供一站式旅游信息服务。观众身在故宫，只需使用智能手机、平板电脑等移动终端搜索并连接"Palace Museum-WiFi"热点信号（无线信号覆盖了中轴线等核心开放区域），就可以享受免费的互联网服务。触摸一下手机、链接 Wifi、进入故宫微平台，观众就可以快速便利地获得旅游信息。故宫的观众评价显示，通过开展基于"沟通流畅"的故宫信息服务平台的使用，有效地提高了观众的信息检索能力，缩短观众需求响应时间，增强了故宫内部的协作，提高了信息服务的质量。

标识系统

故宫的标识系统是为帮助观众优质、高效、安全地完成参观活动而设置的具有引导、提示、劝解、禁止等信息的旅游标识设施系统。自建院以来，故宫的标识系统与时俱进，已经发展到第四代，对引导观众高效参观故宫发挥了重要作用。

一　标识是景区无声的语言

故宫的标识系统担负着信息传递、识别、辨别和形象传递等功能。准确、有效、亲切、可感知的指示标识系统，包括温馨提示、位置图、服务标识等，能有效地引导观众参观，提高参观效率，同时也能使观众得到更加丰富、清晰的信息，更好地了解博大精深的故宫。故宫开放区的各类标识制作于不同时期，难免存在不规范、不统一的情况，不但内容、形式、字体不规范，而且标识牌的材料也不统一，甚至有些标识牌上还留有赞助单位的名称。在这种情况下，故宫的标识系统优化提升势在必行。

二 系统化构建和提升故宫标识导引

（一）标识系统的组成

故宫标识系统主要由说明类标识、指引类标识、温馨提示类标识、便移动标识四大类组成，并具体分为 16 小类。

1. 说明类标识

①综合总索引标识；

图 12-1 综合总索引标识

②区域总索引标识；

③区域说明类标识；

④殿宇说明类标识；

⑤景观说明类标识；

⑥景观说明类标识（小）；

⑦售票口标识；

⑧安检口标识。

图 12 - 2 区域总索引标识

图 12 - 3 区域说明类标识

图 12 – 4　殿宇说明类标识

图 12 – 5　景观说明类标识

图 12 − 6　景观说明类标识（小）

2. 指引类标识

①大型指引类标识；

图 12 − 7　大型指引类标识

②说明指引类标识；

图 12 - 8　说明指引类标识

③中型指引类标识；

图 12 - 9　中型指引类标识

④中型指引类标识（小）；

图 12 – 10　中型指引类标识（小）

⑤无障碍通道指引类标识。

图 12 – 11　无障碍通道指引类标识

3. 温馨提示类标识

①温馨提示类标识；

图 12 – 12　温馨提示类标识

②温馨提示类标识（小）。

4. 便移动标识

图 12 – 13　便移动标识

（二）标识系统的演变

自故宫引进标识牌以来，共制作更换了四代标识系统。

1. 第一代标识系统

第一代标识系统为木质结构，共有指引类、说明类、提示类三大类。

①指引类：指引类标识牌柱体与边框为棕色，面板为米黄色，底座为汉白玉石座，分为圆形、方形两类。中英文字均为黑色，配有红色指示箭头；

②说明类：说明类标识牌为斜面棕色方形，包含各类"参观须知"；

③提示类：提示类标识牌为方形小木牌，白底黑字，主要包含"请勿刻画"等提示内容。

2. 第二代标识系统

第二代标识系统开始采用铝合金结构，柱体与边框为茶色，面板为有机玻璃，底座为灰色。中文字为黑色，英文字为金黄色，配有红色指示箭头。

3. 第三代标识系统

第三代标识系统主要为铝合金结构，大部分为方形，茶色底色，白色字，分为指引类、说明类、提示类三大类。其中说明类标识牌包含部分半圆形抱柱标识牌，挂在殿宇较靠中门的立柱上，同样采用茶色底色，白色字。

图 12 – 14　第三代标识

4. 第四代标识系统

第四代标识系统即现有标识系统。

（三）标识系统的设置

故宫的安全提示标识牌主要根据以下 5 个步骤进行设置：

（1）根据展览布局和古建筑群道路实际情况，初步统计出开放区域中所需殿宇说明类、引导指示类、提示类等各类标识牌的数量、内容，共计 491 块；

（2）根据历年统计出的观众参观热点及重点，设置引导指示牌，力求全面、简洁地指引观众参观，按古建建筑条件，在易摔易堵点设置安全提示牌；

（3）查阅史料，按历史原貌，客观、准确地撰写殿宇说明牌内容；

（4）制作完成后，结合道路交通实际情况摆放引导指示牌，做到无遮挡、无死角，使指示牌更有效地起到引导、提示作用；

（5）在后期维护过程中，再根据观众流量及新开放展览情况微做调整，实时更新。

（四）标识系统的风格和特色

故宫标识系统内容全面、分类标准详尽、覆盖所有开放区域。标识系统的风格主要是在颜色上采用了红色、灰色搭配的故宫主色调，在结构上采用了古建筑形式的柱形牌架，使标识牌与故宫古建筑完美融合、相得益彰。

故宫的标识系统具有标准化、正规化、与古建环境一体化、全面化、精细化、高效化和数字化的特色。

1. 标准化、正规化：标识牌标识图案统一使用国家标准图案，引导、指示牌安装位置按国家现行规定统一设置在道路右侧；殿宇说明牌按照读写习惯，统一设置在殿宇左侧；

2. 与古建环境一体化：利用故宫色调与柱形牌架，使标识牌与古建筑完美融合，相得益彰；

3. 全面化：标识牌的设置贯穿南北，全面覆盖整个开放区域，并涉及引导、指示、说明、提示各类；

4. 精细化：要在适当的位置指示适当的路线，内容更要准确无误、精益求精；

5. 高效化：利用非开放时间准确、迅速摆放，在后期的维护、更新环节中也要效率最大化，做到实时更新；

6. 数字化：为了整体提升信息传播功能，故宫增加了大量的电子标识，方便越来越多携带手机的观众，使观众在参观过程中随时知道自己身在何处，附近还有什么新的展览，有什么适宜的活动，还可以链接更多感兴趣的信息。

（五）标识系统提升措施

为了解决标识系统中的各种问题，对标识系统进行全面提升，2014年，故宫对所有的标识进行了系统设计，并从2015年起开始安装，至今共安装安全指示提示标识牌491块。标识设计公司在设计过程中针对故宫标识牌的色彩做了很好的分析，研究表明紫禁城里的色彩36%是红色，25%是黄色，18%是绿色，11%是灰色，还有一些其他颜色，使故宫能够根据不同区域环境，安装不同色彩类型的标识。此次故宫还统一安装了一些电子标识，可以及时更新动态信息，包括穿插禁止吸烟、禁止发放小广告等内容的提示信息，特别是对于使用手机的观众来说，可以通过智能应用，随时链接更多希望了解的故宫文化信息。

根据《2015年故宫环境综合提升方案》，针对标识系统的提升，主要采用的措施如下。

1. 统一标识构造：使院内所有标识牌拥有统一的柱形牌架、方形面板，红色、灰色搭配的主色调，统一采用白色字、大标宋字体，使标识系统整齐划一。

2. 全面标识类型：经过几代标识系统的更换，逐步完善标识系统类型，使之涵盖指引类、说明类、温馨提示类三大类，并根据具体位置、用途细分为 16 个小类，使标识系统能更好地为中外观众提供方便，并为各类人群提供合适的参观路线，也体现出故宫的人文关怀。

3. 充分利用数字技术。数字技术的运用，打破了故宫和观众之间的时空局限，创造了一个个新的可能。《每日故宫》让手机用户利用碎片化的时间，与故宫每日约会；在端门数字馆内，3D 制作可以让观众把三希堂里里外外、上上下下看个够，而现实中的三希堂因空间狭促是无法对观众开放的；在参观故宫时扫一扫标识牌上的二维码，你的手机里就显示出文物信息和展览信息，仿佛邀来一位贴身导游。

4. 注重文物保护。在故宫古建筑群中，标识牌等任何设施的增加，应以不损伤文物本体为原则，尽量避免与古建筑发生直接接触，已有的钉在古建筑墙体上的标识牌等，此次均给予纠正。例如，原有钉在古建筑墙壁上、明柱上的标识牌，今后都要落地，尽量不和文物建筑本体接触，对环境、对历史信息不造成伤害和损失。

5. 标识精细化管理。为与院内整体环境相协调，故宫自 2015 年 9 月起，开始着手进行故宫院容提升项目，对全院的标识牌进行升级改造。每块标识牌专门邀请外事处、宫廷部、古建部、宣传教育部、故宫出版社等部门专家学者撰写殿宇说明，并反复审定、修改。任何设施定型之前先做几款模型，反复比对，直到满意为止；各类设施的材质，反复推敲，直到符合为止；各类设施的摆放位置，反复斟酌，直到合适为止。安装施工时，合理调整时间，利用夜间或闭馆日，最大限度地减少对观众参观的干扰。至 2016 年 10 月，故宫共计安装新型标识牌 491 块，撤除老旧标识牌 700 余块，2017 年再新增新型标识牌 42 块。在安装的过程中对每块标识牌都拍照存档，并进行了文字记录，整理成编，以便管理。各类设施制作安装好后，精心维护保养便是重点工作。为此，故宫安排专门人员定期巡查，发现损伤情况，及时联系施工单位和厂家，抓紧修复。物业人员每天多次对服务设施进行清洗擦拭，随时保持干净整洁。

另外，为保护故宫文物和加强标识牌与护栏的管理，更好地为观众服务，故宫博物院制定了《故宫标识牌及护栏管理办法》，对故宫标识牌的制作要求、分类、管理部门和职责以及申请新增标识牌的程序等都制定了相应的管理办法。

总之，从设计、制作、安装到建档、维护，制定了一套完整的标识牌管理体系，用系统的方法、全面的信息、快捷的手段、配套的工具，使整个过程更精细、更高效。

三　让观众通过标识感知细节

（一）构建标识系统应遵循的基本原则

1. 标识系统的设置应该体现统一性原则

导向标识系统的统一性能够体现博物馆作为游览区的完整性，也能够为观众提供直观、便捷而高效的服务。这种统一性除了文字、图示风格、色彩外，还包括相同的版式、材质、安装形式等，既要符合设计的功能和目的，又要方便、简洁，和周围环境相协调。同时还要与博物馆的品牌文化相统一，与博物馆的信息管理相统一，与博物馆的 CIS（企业识别系统）相统一，让观众在不同的空间身份中，凭借相同的标识元素自觉地行进、参观。

2. 强调以人为本的原则

标识系统建立的初衷就是为了方便参观者，因此，标识系统的设计要充分认识到参观者的主体地位和人与环境的双向互动关系，将关心人、尊重人的宗旨体现到标识系统的设计中。首先，标识牌设置要充分考虑观众的视觉和阅读的习惯与舒适性。例如，对其安装高度、方向、标识牌规格与形状、文字大小与间距等都要进行整体考虑。其次，在标识的制作时要充分考虑观众的感受，注意避免以管理者的身份要求观众该怎么做，禁止观众不要怎么做，应以服务者的身份引导他们该怎么做，提醒他们不该怎么做，努力营造一种轻松、舒适的环境氛围。再次，标识牌的设计不应只限于展品介绍、路径指引，而应增加标识内容的知识性、哲理性和趣味性，体现出博物馆的文化特色。另外，要充分考虑特殊人群的需求。随着老龄化社会的到来，以及社会对残障、孕妇、幼童等特殊人群关注的逐步加强，这对公共环境导向标识系统的设计提出了更高的要求。当前博物馆环境中的各种标识仅仅能够满足大部分人的需求，对特殊人群的考虑还相对欠缺。因此，标识系统需要采取"通用设计""无障碍设计"的原则。在设计中考虑到在标识使用中遇到各种困难的人群（这个人群包含不同年龄、不同能力、不同文化、不同背景的人），使他们可以通过导向标识系统的指示，得到准确的信息和精神的愉悦。

3. 加强新媒体的运用

新媒体的运用会拓展博物馆环境导向标识的设计思路和空间，在新型的博物馆环境导向标识系统设计中，光电技术、数字技术等将会被广泛应用。导向标识可从静态的、单项的印刷媒体转向电视或者互联网上的计算机图形，观众可直接参与或改变信息以适合他们的要求和愿望。随着数字技术的发展，公共环境导向标识的信息容纳量将会大大增加，内容将会更为细致。更重要的是，数字技术能够使导向标识改变传统的单向传播方式，实现人与标识之间的互动，使人形成独特的视觉感受，留下深刻的视觉印象，能够更有效地满足不同使用者的需求。

4. 注重对标识系统的管理

加强对标识系统的管理是实现其可持续利用的有效途径。首先，要制定标识系统管理办法，对设计、制作、安装到建档、维护，以及管理部门的职责等进行明确的规定；其次，管理人员应注意收集、归纳并分析旅游者对标识系统的需求特性，及时对标识系统进行调整；再次，要注意及时收集并有效处理旅游者的反馈信息。旅游者是旅游服务和旅游设施的使用主体，因而旅游标识系统的设置应时刻围绕旅游者诉求，注意与旅游者进行及时有效的沟通与交流。最后，应注重对标识系统的日常维护，定期保养，提醒观众注意保护，延长其使用寿命。

（二）电子标识是未来景区发展的重要方向

电子技术早已介入导向标识系统之中，通过电子信息储存、显示等方式弥补传统静态标识在信息量和灵活性方面的不足。目前，常见的电子导向信息设施主要是终端式信息指南标识、GPS 导航系统、便携式终端导游设备等，这些不同导向功能上各有长短，为电子技术整合发展提供了运用经验和整合资源。导向标识的信息动态化、界面可交互化、信息载体移动化将是未来发展的趋势。未来电子导向标识系统将得到更广泛的运用，不仅使用的数量将会显著增加，电子标识的内容也将更加丰富。

服务设施

随着故宫主题展览的增加和开放区域的日益增大，更多观众可以领略中国文化的魅力。但是，过多的客流也成为故宫的负担，尤其是在重点节假日，给公共服务设施带来了更大的压力。为了改善这种状况，故宫从观众服务中心、自动讲解器、餐饮、商品、卫生间、特殊群体服务、医疗、书店、售票九个方面进行了全面优化提升，为观众提供更为周到细致的服务。

一 服务设施是提供优质服务的硬件支撑

观众是故宫运行的核心，观众满意度是衡量故宫公共服务和管理水平的重要指标之一。以人为本的服务理念，要求尊重观众、理解观众、关心观众、不断把满足观众的全面需求作为故宫工作重点。故宫在确保观众参观的各项基本需求得到满足同时，还努力在服务中体现人文关怀。人文关怀往往体现在故宫服务设施的各项细节方面，包括对儿童观众、老年观众和残障观众提供特殊的休息、安全和急救服务。

（一）服务设施建设体现以人为本的思想

故宫管理者切实从观众需求出发，在了解观众需求的基础上，力求为观众提供方便、急用、急需、必备的服务项目，在故宫整体设施完好的前提下，完善公共服务设施功能，注重人性化设施的增设，营造安全和谐的参观环境，以符合社会公众的需求和时代的快速发展。

（二）服务设施规划设计彰显故宫的自身特色

在人们的眼中，故宫是一个高品位的文化场所，服务设施的规划设计不仅要满足观众游览过程中的刚性需求，为观众提供便捷周到服务，还要重视与整体环境的协调与融合。因此服务设施的设计在设施名称、服务内容、实体环境、氛围等方面结合故宫整体格局及馆内的陈列展示和藏品，充分凸显故宫特色。

（三）服务定位适应多元化的公众需求

故宫作为一个公共空间，其观众的结构日趋多元化。在顾客导向的服务理念下，根据公众不同的兴趣、需求，故宫在空间许可的前提下，针对不同人群提供不同层次的餐饮、商品、图书等服务。这样不仅可以丰富服务的内容与结构，还可以传递"丰俭由人"的人性化服务理念。

二 全方位布局和提升观众服务设施

（一）观众服务中心

故宫观众服务中心于 2012 年 7 月 7 日起在端门西朝房正式对外开放，为前来参观的观众提供讲解咨询、自助查询、饮水休息、免费轮椅等服务，以贴心周到的服务打造故宫观众服务的新"名片"。据统计，观众服务中心平均每天接待约 2000 人次，节假日人流密集时，每天接待量超过 3000 人次。

观众服务中心设有人工综合服务台，为观众免费提供咨询讲解、便民药箱、故宫地图、轮椅和童车等人性化的服务项目。在自助服务区内还设有视频播放机、信息查询机、手机充电器、老幼休息椅、自助饮水机等服务。观众服务中心通过增加服务项目、更新服务设施，秉承"以人为本，贴心服务"的理念，有效地提升了故宫的公众服务水平。

图 13－1　故宫观众服务中心

图 13－2　观众服务中心提供的服务设施设备

（二）自助导览设施

故宫不仅在午门入口处设立了电子自动导游讲解器的租赁窗口，院内也设置了不少语音导游租赁处，为观众随时就近租赁导游讲解器提供了极大的便利。

同时，为更好地传播故宫文化，提升故宫公共文化服务质量，方便观众自助参观、了解故宫丰富的展览信息，故宫正式推出智能导览应用

图 13 - 3 多语言讲解器

App——掌上故宫，公众可以在 App Store 和腾讯、百度、360、小米等应用市场免费下载使用。

这款可以"装进口袋里"的故宫导览应用，由故宫出版社和故宫宣传教育部研发推出。当观众漫步在故宫时，小巧轻便、清晰详细的导览能为观众解读开放区域内的每座宫殿及其历史典故；利用 GPS 准确定位，方便观众找到感兴趣的精美展览；观众可根据自己的兴趣自由选择多种精品游览路线；观众还可以随时随地利用《掌上故宫》App 内置的多种古典相框和趣味大头贴拍摄增色生香的照片，留下美好的瞬间。

（三）餐饮场所

餐饮服务是每个景区都必须提供的服务内容之一，故宫始终都在不断优化产品结构，改善服务环境，满足不同层次消费者的需求。

故宫每天的高峰游览时段是 10：00 ~ 13：00，12：00 左右正好是用餐需求的最高峰，而御花园是故宫参观路线的最后一站，因此在皇家园林内就餐也成了参观游览的一部分。

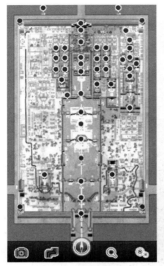

图 13 - 4　故宫自助导览 App 软件《掌上故宫》

据调查，以前御花园的商店里卖烤肠、汉堡、奶茶、咖啡等食品，但店里只有一排座椅，人们只能买了东西到御花园里吃。由此，摩肩接踵的观众、蹲坐用餐的游人经常在这里聚集。御花园也成了故宫最大的"堵点"之一，"让观众更体面、有尊严的参观故宫"成为摆在故宫面前的重要任务。

为此，2014 年起御花园内不再售卖各种饮食，但观众用餐是刚性需求，为了给观众提供方便的就餐场所，故宫对坤宁门东西两侧原御膳房、御茶房区域进行装修，其中增设了免费无线网络，同时可以容纳500 人，满足普通观众的用餐需求。

此外，故宫西侧的冰窖也开辟为观众服务区，为观众提供餐饮服务。故宫冰窖建于清乾隆年间，现存 4 座，为清宫藏冰之处。位于故宫隆宗门外面路西，呈南北走向，为半地下拱券式窑洞建筑。冰窖区域作为故宫西部区域的观众服务区开放，在充分尊重古建筑现存状况的前提下，结合冰窖的建筑特色进行完全可逆的环境改造，让观众在休息和享受优质服务的同时，了解古代宫廷的避暑方法和冰窖所承载的文化内涵，品尝独具皇家特色的经典美食。

图 13 - 5 设置在坤宁宫东西两侧的故宫餐厅

图 13 - 6 丰富的餐饮产品结构满足了不同消费群体的需求

图 13 - 7 冰窖餐厅

（四）书店

故宫御花园东北角的"摛藻堂"作为"故宫书店"改造后于2016年面向观众试营业。该书店前有浮碧亭，侧有堆秀山、"遮荫侯"，使观众处于园林之中，另有一番"静"味，在清代乾隆时期是宫中藏书之所，以收藏《四库全书荟要》闻名，"摛藻"的意思是"弘扬文华"。

改为书店的摛藻堂，里面是复原的乾隆皇帝的御书房，外面则是商品部，售卖各种具有书香特色的产品。比如，乾隆皇帝写的寿字，以及他为摛藻堂题写的楹联——"从来多古意，可以赋新诗"，也被开发成镇尺等各种文创产品。

同时，故宫还在文化产品专卖店设立了图书销售专柜，方便观众购买各类图书资料。

图 13 – 8　书店及图书销售专柜

（五）针对特殊群体的设施

在服务于普通观众的同时，故宫还特别关注残疾人和行动不便者，以满足他们的参观游览需求。目前，故宫无障碍通道正式开通，实现无障碍参观三大殿、后三宫及御花园等中轴线区域。这条中轴线上的通道，南起太和门东侧的昭德门，北止神武门，全长600米。行动不便的观众手持一本《故宫无障碍通道导游手册》，就可以在故宫游览。

开通无障碍通道，是故宫人的一个心愿。作为国家重点文物保护单位和世界文化遗产，故宫建筑高大恢弘，逢台必有阶，遇门定有槛，使残疾人等特殊人群难以自行或自由地游览参观，而作为一个公共场所，从以人为本的角度出发，所有公民理应都是服务对象。"开启无障碍之门，让残疾朋友跨越障碍，共享文明，是故宫服务公众的应有之义。"

2003 年故宫改造钟表馆区域时，率先铺设了无障碍通道，获得了残疾人和年老体弱者高度认同。2005 年午门城楼展厅扩建时，故宫从德国引进了一台轮椅升降机。在无障碍通道建设中，故宫用了很多心思，尤其是前三殿，在保和殿东侧增设了由国外引进的处于世界先进水平的垂直升降装置；在通往前三殿的昭德门、太和殿东的中左门、保和殿东的后左门等原有坡道的南北两侧增铺了安全环保的塑胶坡道；在内左门、日精门、乾清宫东西两侧等门槛处加设可移动坡道；在无障碍通道的旁侧增设安全护栏。故宫精心设计的这条无障碍通道，把特殊观众自主参观故宫的梦想变为美好的现实，将前三殿、后三宫、钟表馆区域等故宫开放区中最华彩的部分完整、完美地展现在他们面前。

图 13 - 9　故宫无障碍服务

（六）其他服务设施

除此之外，故宫已建成的服务设施包括售票处、咨询处、医务点、书店、语音导览租借处、卫生间、商店、存包处。这些基础服务设施的日渐完善，说明故宫已经充分认识到当今博物院的经营已不再是对"物"的管理，对"人"的服务也日趋重要。而故宫为提高观众服务质量搭建了基础平台。例如，故宫存包处每天都要负责把上千件箱包从寄存处安全送到出口处，最大限度地给观众提供便利。

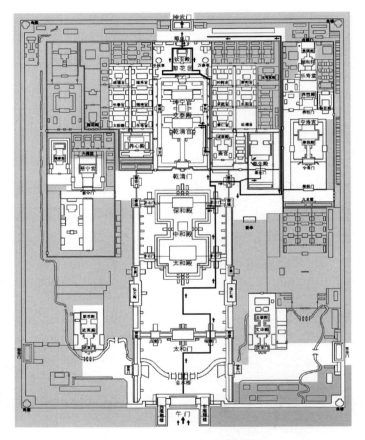

图 13 - 10　故宫无障碍通道分布

三　改善服务设施永无止境

（一）努力实现有尊严的参观

针对观众参观故宫的淡季与旺季差距非常明显、排队购票到进院参观耗费时间和精力、休息条件和环境相对较差等观众普遍关注的问题，故宫采取了一系列措施改善服务设施、整治参观环境、完善参观条件，让观众们面带笑容、心平气和、体力充沛地参观。

1. 改善售票和安检环境，使观众在 3～5 分钟就可以购买到门票。同时将午门安检前移，三个门洞全部打开，使观众从买票到进入约 15 分钟就可以完成；宣布紫禁城开放区禁止任何机动车辆通行，使观众安全得到保障。

2. 在有关区域设置与环境相配的座椅，使游览劳累的观众有一个休息的地方，避免以往"席地而坐""蹲墙角"等不文明的现象发生，让观众有尊严地休息。

3. 扩建和调整洗手间配置，经过调研发现女士洗手间的大小应是男士的 2.6 倍以上才能平衡需求，旺季时机动地将一些洗手间标识为女士专用，这一举措大大缓解了如厕难的问题。

（二）以良好的服务设施应对挑战

随着故宫定位和社会服务功能的不断深化，故宫观众的接待总量将进一步上升，观众对故宫服务的要求也会越来越高，这都将对故宫服务设备建设与管理带来更大的挑战。

1. 严格执行各级管理部门关于旅游景区建设的各类规范，力争达到更高等级或最优水平。管理部门将重点对照《旅游厕所质量等级的划分与评定》《北京市 A 级景区旅游服务中心建设管理规范》《北京市无障碍设施建设与改造实施办法》等标准和条件，以较高标准建设或改造故宫服务设施，加大服务设施的检查维护力度，确保服务设施运行良好。

2. 科学合理规划，努力实现最优配置。故宫将充分利用现在信息技术和方式，通过对客流数量、路线、主要停留点、停留时间，以及各类服务设施的使用情况、最佳服务半径、最大服务能力进行详细的调研、统计、分析，科学测算服务需求，从而不断优化服务设施的整体布局，实现服务设施类型、数量、规模的最优配置，从服务硬件角度最大限度地提高顾客满意度。

专题十四

氛围营造

　　紫禁城是明、清两代皇家宫殿，是世界上现存最大、最完整的木结构建筑群，也是世界上规模最大的宫殿建筑群。它那巨大的空间、对称的布局、严整的形制和恢弘的气势无不体现着王朝的秩序和信仰，彰显着天下一人的威严。而今，它浮华褪尽，曾经至高无上的帝王宫殿成为供人们参观游览的博物馆，而那段辉煌的历史便也封印在它的每一座建筑、每一个散落的空间碎片里。当观众走进紫禁城，前朝巍峨的宫殿可以被真实的触摸，而那些被称为历史的东西也纷纷被唤醒。为了让观众看到这座古建筑群最美的风貌，又能从内心感受到历史时空下的庄严感和敬畏感，故宫人在氛围营造方面不断努力。

一　影响故宫氛围的主要因素

（一）现代建筑与整体氛围不协调

　　在紫禁城内各个院落中，有 218443 平方米的古建筑，而几十年来相继添加的各类新建筑也有 11200 平方米，其中包括临时搭建的 58 座彩钢房，以及西华门内的"屏风楼"等。这些现代添加的建筑与故宫的整体环境氛围极不协调。只有全部拆除这些现代建筑，才能恢复紫禁城古建筑群的原有面貌。例如，"屏风楼"是故宫西华门内最北侧的三栋高楼与南侧的两栋高楼，是中国第一历史档案馆馆址的俗称。它建于20世纪70年代，当时为了建设这组建筑，拆除了西华门两侧城墙的马道，可以说，它的存在严重破坏了故宫古建筑群的历史原貌，也影响了紫禁城的壮美。

又如，几百年的风雨侵蚀，故宫的墙面和地面出现破损。由于不同时期对前面的修补采用的颜色不同，导致紫禁城一面墙可能出现三种颜色。此外，过去对地面的修补大量采用水泥和沥青，修补后的路面与周围环境极不协调。

（二）展览面貌陈旧，博物馆氛围不突出

20世纪80年代，时任故宫博物院院长张忠培先生将故宫定位为以明清宫廷历史、宫殿建筑和古代艺术为主要内容的综合性博物院。其中，宫殿建筑通过紫禁城古建筑群展现，明清宫廷历史通过原状陈列展厅展示，而古代艺术通过常设和专题展览展示。

长期以来，故宫的宫殿建筑和古建筑文物藏品始终没有一个专门的展厅进行展览。而其他展览普遍改陈周期较长，陈列展览的手段单调、面貌陈旧，有的已经将近10年没有改陈提升，逐渐失去对社会公众的吸引力。以养心殿为代表的原状陈列展厅，一直以来都用栏杆围住。观众只能趴在外面的栏杆向内看，隔着玻璃向里看。为了防火，殿内不敢通电，室内光线昏暗，观众往往看不清楚室内陈列内容。尤其到了冬天，玻璃上有水雾，观众还得先在窗口上哈气。

而端门广场周围，却充斥着诸如"太监展""古装展""十大酷刑展"等低俗展览，极大地影响了故宫的整体格调。

二　让观众体会更加真实和富于感染力的故宫

（一）修缮古建筑群，营造庄严肃穆的皇宫氛围

1. 恢复整体风貌，拆除现代建筑

为恢复紫禁城的整体风貌，故宫正在对历经几百年风雨的古建筑群进行前所未有的大规模修缮。故宫整体维修保护项目从 2002 年开始实施，计划至 2020 年基本完成，这项工程被称为"百年大修"。随着"大修工程"的推进，大批故宫古代建筑群得以"祛病延年"。2008 年，中轴线上的古建筑完成修缮。2014 年，慈宁宫花园修缮工程、宁寿宫一区保护修复工程、英华殿区维修工程等 7 项工程竣工，御花园水法景观和彩色石子路修复。2015 年，慈宁宫 - 寿康宫区域，东华门 - 西南角楼及城墙、端门、午门雁翅楼、宝蕴楼的修缮工程完成，养心殿、乾隆花园、大高玄殿和紫禁城城墙的研究性保护项目正按照计划有序实施，部分恢复了昔日皇宫庄严、肃穆、辉煌的风貌。

此外故宫还通过"整体保护"解决了一系列影响故宫历史风貌的问题，将不合理占用故宫用地和古建筑群的单位，迁出红墙，58 栋 3600 平方米的现代彩钢房被拆除，紫禁城历史文化氛围的完整性得到了保护。

目前，故宫正计划恢复紫禁城城墙和筒子河之间历史上的围房，将包括院长、副院长在内 600 多名故宫行政人员迁出紫禁城办公，仅留下1500 多名文物保护和保卫开放人员。届时，紫禁城内只有纯粹的红墙、黄瓦，故宫世界文化遗产的完整性、真实性、和谐性得到了全面的保护。

2. 传承传统工艺，还原昔年面貌

故宫坚持不改变文物原状的原则，在对文物建筑大修的过程采用传统的建筑材料和工艺技术，按照传统形制进行修缮，最大限度地保留珍贵的历史信息，维护故宫古建筑群的真实性。

图 14 - 1　现代彩钢房被拆除

　　倦勤斋位于故宫东北隅的宁寿宫区域，是乾隆皇帝计划养老休憩之所，在紫禁城九千余座房子里被公认为奢中最美、美中最精。倦勤斋凝练了江南园林造园艺术的精华，整座建筑的设计、构造、装饰都可以窥见乾隆皇帝的审美旨趣。室内空间被巧妙分隔，建有二层仙楼和一座微型戏台，以竹簧、云锦、双面绣等当时流行于南方的工艺装饰，营造出北方建筑内的南方庭院环境，尤其是戏台顶部以藤萝架和庭院景观为主题的巨幅通景画，令人叹为观止。

　　2002 年，倦勤斋修复工程启动，故宫和美国世界文物建筑保护基金会密切合作，历经 7 年，付出了艰辛的努力。在倦勤斋的修复过程中，许多传统工艺都是南方地区所特有的。在浙江义乌，工作人员找到了最为繁难精细的竹丝镶嵌、竹簧雕刻手艺；在江苏南京，找到几近失传的云锦技术；在浙江东阳，寻觅到了世代相传的竹编工艺。在 7 年的时间里，一个个几近失传的技艺得以重生并传承，古老的故宫在历史长河中重新变得光彩照人。

　　3. 整治室外环境，增强历史氛围

　　（1）现代设施融入传统符号与环境氛围

　　如今的紫禁城是一座博物馆，为实现故宫作为博物馆的管理、展览等功能，现代设施利用必不可少。如何在不破坏或尽可能少破坏故宫整体氛围的前提下，规划运用现代基础设施，故宫认真、细致地做了许多工作。例如，为室外空调发动机穿上了带有传统镂空纹样的装饰罩，为道路两旁安装传统形制的路灯等。

此外，故宫还进行了市政井盖的更换工作。故宫内一共有 1750 个井盖，在最初建设时很多井盖或凸出或凹陷于地面，与故宫的整体环境格格不入。目前故宫已将开放区内的大部分井盖都更换成与路面持平的新式井盖。这种井盖采用仿古砖式的外观，能够很好地融入故宫的文化景观和历史环境中。

图 14 - 2　传统形制的路灯

图 14 - 3　传统镂空纹样的空调罩

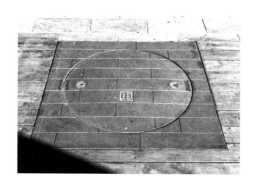

图 14 - 4　新式井盖

图 14 - 5　仿古座椅与树椅

　　过去，观众游览累了，就在广场上、树坑旁、护栏上席地而坐，不仅观众没有尊严，还损害了故宫庄严肃穆的整体氛围。为了让观众"有尊严地休息"，故宫在端门广场、太和门广场、御花园、东长房和院内其他开放区域加装了 1400 余把座椅，围着古树还安装一圈木板凳以增加小憩空间。

　　（2）日常修补地面，保留历史沧桑感

　　如今，故宫对地面古建筑砖加大了日常维护力度，采用"挖补"的方法，哪个坏了补哪个。为了最大限度地保持故宫古建筑群的整体沧桑感和历史感，故宫还在努力将历史遗留下来的水泥路面和沥青路面逐步改换成传统的仿古砖路面。2014 年，乾清门广场原水泥路面的改换工程全面竣工，预计至 2020 年完成紫禁城内全部水泥路面和沥青路面的改造工程。

图 14 - 6　采用仿古砖修复的坡道和地面

（3）修复破损墙面，回归"故宫红"

在 2015 年故宫博物院 90 年院庆到来之前，故宫修复了所有斑驳脱落的古建筑墙面，并经过研究和调配让一些存在色彩不一的墙面，统一为传统的"故宫红"。

（4）改善标识系统，呼应"故宫色"

2015 年，故宫对全院 500 余块标识牌进行了统一改善和提升。由于故宫不同区域的色彩类型也是有差异的，标识设计公司在设计之时，采用了故宫"主题色"作为标识牌的配色方案，并在不同区域环境安装不同色彩类型的标识。

图 14 - 7　标识牌采用故宫主题色：红色、黄色、灰色

（二）改善经营环境，构筑富有特色的公共文化空间

从 2014 年起，故宫对有损于整体景观环境的商业及公共服务设施进行了拆除和改造。例如，拆除神武门外搭靠在城墙上的商业设施；拆除隆宗门餐厅和景运门的故宫商店；取缔端门广场上的"太监展""古装展""十大酷刑展"等低俗展览；撤除御花园内所有售卖食品的商铺，重新规划，建设更加温馨、舒适的就餐和购物场所。

1. 故宫商店改造为文化创意体验馆

2015 年 9 月，文化创意体验馆（简称文创馆）在位于御花园东北侧的东长房正式开放。故宫将过去此处的故宫商店以全新的理念统一规划、重新布局，集中展示和销售故宫研发的各类文创产品。文创馆整体改造为丝绸馆、服饰馆、铜器馆、影像馆、木艺馆、陶瓷馆、御窑馆和紫禁书院 8 间各具特色的展厅，展厅中的所有展品都是在挖掘和利用故宫文化资源的基础上，经过创新设计，融历史性、知识性、艺术性、趣味性、时尚性、实用性为一体的文创精品。

文创馆的装饰装修结合了传统元素与现代审美，处处可见设计者的匠心。文创馆在色彩上采用故宫主题色，屋檐下悬挂着印有文创馆标识的灰色卷帘，展厅的标识镌刻在门旁米黄色的厚重瓷板之上，流泻出朴拙的东方美韵，再配上诗意的景窗、精巧的盆景和简约雅致的现代中式装修，营造出一种雅致、生动、丰富的传统文化氛围。作为观众参观故宫的"最后一个展厅"，文创馆给观众带来的不是一般商店的商业气息，而是一种多元化的文化体验。

2. 冰窖改造为观众服务区

2016 年开始开放的故宫西部区域服务区，设立在宫廷御用冰窖内，是清代宫廷储藏皇室用冰的场所。将冰窖辟为观众服务区，则是故宫近年来在服务创新上的一个缩影。

故宫的冰窖位于紫禁城外朝西路隆宗门外，夹在两道红墙之间，南

图 14 - 8　文化创意体验馆

北走向，都是半地下的拱券式建筑，采用埋入地下 1.5 米的半地下形式，冰窖长约 11 米，宽约 6 米，容积为 330 多立方米。这些冰块都是在每年三九御河起冰后，由采冰者凿成规定尺寸的方块拉入冰窖，待转年的夏天使用。

　　在充分尊重古建筑现存状况、历史文脉、文化肌理的前提下，故宫结合冰窖的建筑特色提升服务环境。在为观众提供餐饮（包括颇具现代特色的冰窖咖啡）的同时，也根据冰窖所承载的文化内涵，研发具有故宫文化特色的创意产品。例如，具有宫廷特色的冰激凌，包装的设计源于清代皇家的御用冰具，充满了故宫文化特色，让观众在享用优质服务的同时，也能够通过文化创意产品了解古代宫廷的避暑方法，以及用冰制度。观众可在树荫下、红墙边享用这独有的用餐环境，感受故宫文化。

图 14 - 9　红墙外的冰窖露天餐饮区　　图 14 - 10　隐藏在红墙内的冰窖入口

图 14-11　冰窖观众休息区　　　　　图 14-12　冰窖餐厅

3. 开设儿童文创体验店

2016 年 6 月，"故宫儿童文创体验店"正式开放。体验店位于故宫中轴线交泰殿东侧的景和门南端，总面积约 200 平方米。整个房间的配色、装饰充满了童趣。店里展示了近百余件专门为儿童设计的各类故宫文创产品，适合 3～12 岁不同年龄阶段的儿童进行体验。

图 14-13　文创儿童体验店

儿童体验店主打文创、互动、体验，旨在为儿童提供一个独特的环境和场所，通过专为儿童设计的文创产品，传播故宫文化、寓教于乐。在这里工作人员围绕故宫的文创产品，为儿童特别设计了互动活动，让他们可以通过使用、体验文创产品来增进对故宫文化的了解。例如"给壮壮、美美穿衣服"和"故宫动物城"，前者通过指导儿童为白色的吉祥物"壮壮、美美"摆件涂上颜色，普及宫廷服饰文化；后者通过体验以故宫建筑及文物中的动物元素研发的折纸小车，让儿童了解龙、凤、麒麟、狮子、大象、獬豸、甪端等故宫瑞兽的文化内涵。

（三）优化展览布局，营造充满感染力的博物馆氛围

故宫不仅是帝王的宫殿，也是一所博物馆。当观众踏入午门正门，一段奇妙的博物馆之旅已经开始，112 万平方米用地和 9000 余间房屋构成了独一无二的博物馆空间格局。故宫有 186 万余件（套）文物藏品，展出的文物数量 1 万件左右，每年举办约 40 个展览，涉外展览每年 20 余次。因此故宫的氛围营造不仅在于营造庄严肃穆、气势恢宏的皇家宫廷氛围和历史文化氛围，也包括创造一个自由、随和、亲切、充满感染力的博物馆氛围。

1. 结合历史功能，合理规划布局

通过合理规划，故宫逐步将一些鲜为人知的地方开辟为引人入胜的公共文化空间。例如，将东城墙下的昔日花圃建设成为古建筑石刻构件展示园区，使东华门古建筑馆的内容立体丰富起来；将南城墙下昔日储备建筑材料的南大库区域，规划为仓储式明清家具展厅，使长期以来无法展示的数千件古典家具藏品在更好的保护状态下具有震撼力地面对观众；将北城墙下昔日故宫商店，规划为文化创意体验区，使观众在更加温馨的文化氛围中"把故宫文化带回家"；开放西城墙下的故宫文物医院，使观众了解文物藏品修复的科学过程和精湛技艺。

随着故宫整体维修保护项目的推进，越来越多的古建筑修缮完成，故宫展览空间不断增加。在规划调整展馆布局时，故宫也尽量将展览展示的主题与该建筑历史上的功能相结合，让观众在建筑环境的今昔对比中、在对历史沧桑的回味思考中获得独特的文化体验。

经过多年研究，故宫将雕塑馆选址在修缮后的慈宁宫。慈宁宫区域过去是明清时期太后、太妃、太嫔们主要的礼佛场所，佛堂较多，供奉着完整藏传佛教神像、保存有故宫最多的藏传佛教文物，整体弥漫着宗

教氛围。在故宫的雕塑文物中以宗教文物藏品居多，因此将慈宁宫区域作为雕塑馆进行展览布置和陈设，有利于强化展览的文化氛围。

2015 年 10 月 10 日，修缮之后的东华门区域作为古建筑馆向观众开放。长期以来，故宫缺少一个专门展馆来展示其壮美的古代建筑群和丰富的古建筑文物藏品，而东华门古建筑馆的开放让观众得以走进故宫的城墙和精美的角楼，获得别具一格的参观体验。

2015 年 11 月，原作为文物库房使用的寿康宫向观众开放。乾隆生母崇庆皇太后曾居住在此，享受了无上的尊崇和礼遇，于是故宫将此处开辟为原状陈列展厅，让观众得以管窥清代盛世的陈设特点，感受皇太后尊贵奢华的宫廷生活与乾隆皇帝以天下奉养的孝道。

此外，故宫还将昔日作为库房使用的民国时期西洋建筑群——宝蕴楼设计为展示早期故宫院史的展厅；将损毁较为严重的明清时期皇家道教古建筑群——大高玄殿规划设计为集道教文物展览、数字博物馆和市民文化广场于一体的综合性文化设施。

在利用古建筑空间的现代功能时，故宫强调将古建筑的原貌展现出来，让观众能够充分感受到这座古建筑昔日的功能和历史。

2. 重塑历史空间，营造故事性

原状陈列是故宫最具特色的展览，以真实还原历史原貌为主旨。这些宫殿中的可移动文物，当年就是为这个环境而制作，今天还按历史上的样子安放在这个空间，单霁翔认为这是"文物最好的归宿，也是最有尊严的展示方式"。

（1）精心挑选展厅，营造历史故事情境

原状陈列通过真实再现当时的社会生活场景，并直接诉诸观众的视觉，给观众以感性的认识，增进观众对历史时期、历史环境及其当时社会生活的了解。为此，故宫编制了《故宫文物建筑原状（式）陈列规划》，精心策划了最具故事性的三个厅：其一是养心殿，为皇帝的宫殿，清代 8 位皇帝曾经居住于此；其二是寿康宫，为皇太后的宫殿，崇庆皇太后曾经在此生活了 42 年；其三是宁寿宫，为太上皇的宫殿，是乾隆皇帝 85 岁退位的时候为自己准备的太上皇宫殿区。如此，皇帝的宫殿、皇太后的宫殿、太上皇的宫殿形成系列，能够展出更多相关文物，呈现出更多历史故事。

（2）融合建筑与藏品，增强文化感染力

例如，在故宫的太和殿内，只有安放上牌匾、楹联、宝座台、屏风和宝座，再放置甪端、太平有象、仙鹤，以及紫檀香几、香亭、香炉等以后，才形成充满故事的空间，人们才会联想到这里曾经发生过的历史事件。

（3）考证布置陈设，还原历史场景

寿康宫是近年来故宫新开辟的原状陈列展厅，原为乾隆及之后的皇太后日常起居宫殿，早在 50 年代，这里就已先后被改为青铜器馆和文物库房，原有的宫廷史迹信息早已荡然无存。为真实再现当年日常起居的生活细节，工作人员需查阅浩瀚史料，找到相关的只言片语，根据种种线索勾勒出宫殿室内布置陈设的真实面貌，再将器物藏品摆放到特定的地方，将室内布置陈设一一复原，从而还原出一个最真实的历史状态。从寿康宫建筑修缮完成，到原状陈列展现在观众面前历经了数年之工。

（4）兼顾保护与利用，改善展陈环境

针对原状陈列展厅光线昏暗，影响观众观赏的问题，故宫经过 3 年研究，引进了冷光源的 LED 灯，并对不同的空间设定不同的光照度，达到既对文物无害，又能改善展览的效果。

为提升观众体验，达到更好的展览效果，故宫通过个性化的深入研究，将每一个院落都打造成一个独具特色的展览空间，让每栋文物建筑的玻璃窗，都像博物馆大型展柜一样吸引观众的视线。

（四）创意展示手法，营造趣味性、艺术性氛围

1. 注重展览形式设计，增强艺术性和审美性

陈列展览的思想主题内容与陈列艺术形式之间的关系，一直是人们关注和探讨的一个热点话题。英国广播公司（BBC）曾指出，国外博物

馆能把二流藏品形成一流展示，中国的博物馆是一流藏品三流展示，指的就是我国博物馆"重内容、轻陈列"的倾向。

　　近年来，故宫陈列展览水平不断得到提升。今天，故宫的展览通过丰富的展品以及新颖的设计，集学术、科普于一身，力求将观众带入一个既能感受历史沧桑，又能体味展览设计者趣味构思的世界。2015 年的"普天同庆——清代万寿盛典展"，在陈列艺术、氛围营造方面备受观众好评。清代帝后庆寿是清代的盛事，它既展示了清代的诸多礼仪，也展示了当时的民风民貌；既蕴含了清代帝后的祝寿思想，还集中彰显了清代帝后尊老敬贤的道德示范，亦反映了清王朝的政治风气、经济实力。

图 14 - 14　"万寿盛典展"展览场景

　　展览选址在故宫面积最大、功能最全、规格最高的现代化展区——午门及东西雁翅楼展厅。该展厅居高临下，气势恢弘，古代建筑外观完全保持原貌，内部则是既具有宫殿建筑氛围，又拥有现代展览设施魅力的文化空间。展区的三个独立展厅内部空间色彩规划为正殿深红色，东西雁翅楼为深土黄色，是故宫建筑群的主颜色，同时不影响文物展示效果，"争夺"观众视线。展厅装修既符合故宫古建内檐装修风格，又与展柜及原始建筑相呼应。

为契合祝寿的主题，展览在形式设计上力求营造出欢乐喜庆的氛围。柜内文物摆放设计借用此次展览的重要文物《康熙万寿图典》中所描绘街景场面中的礼品摆放形式，以礼桌摆放的形式呈现。

图 14 – 15　展柜文物的礼品摆放形式

展览的主形象设计师通过中国传统文化中象征长寿的动、植物形象来表达"寿"的主题。蝴蝶的"蝶"与耄耋的"耋"字同音，古人以蝴蝶寓意高寿。因此设计师将清人绘《百蝶寿字图》定为万寿展的"视觉形象"元素，并将其用在展览的宣传海报上。设计师还以粉彩百鹿图尊、碧玉松鹤图插屏、黄地矾红彩蝙蝠纹寿字高足碗等展品为创作题材，选取中国传统文化中代表吉祥寓意的动物纹饰作为平面设计的主要素材。在展览的"同登寿域""寿满京华""寿意敬呈""金殿贺寿""盛席寿宴""寿戏致祥"六个单元中，分别选择蝴蝶、鹿、鹤、龙、蝙蝠、凤凰作为各单元的装饰元素，背景色分别采用白、绿、红、黄、蓝、橙，这些颜色均取自此次展览中所展出的文物"大富贵亦寿考五色墨"。

为使展览效果更为生动、活泼，突出重点展品，展览综合运用了数字化手段。在长达44米的《万寿庆典图》上，安放了8个透明屏，截取了绘画长卷中八段画面，制作成动态视频，让观众更真切地观赏画中最精彩的部分，情境般地见证衢歌巷舞的场景，感受万民欢庆的盛况，成为展览中一大亮点。

图 14 – 16　展览海报中的百蝶寿字

图 14 – 17　六个展示单元的装饰元素

2. 运用数字科技，增强趣味性与参与性

近年来，现代新兴科技如多媒体、全息影像、3D 影像、虚拟现实、增强现实等纷纷进入故宫，以"数字建筑""数字文物"的形式，把本体脆弱难以展出的文物或实物展览中难以表达的内容以数字形态呈现给公众。

在 2012 年的"文化国门——故宫印象"文化展示项目中，故宫综合运用多种先进新兴的展示方式向来自世界各地的旅客介绍故宫。在展厅的视频播放区播放由故宫制作的十余部专题视频片，如介绍故宫总体概况的《故宫是座博物馆》，再现紫禁城营建过程的《朱棣肇建紫禁城》等；在互动区，观众可通过增强现实"陶瓷魔境"节目，把玩故宫镇馆之宝"鸡缸杯"，通过全息投影"玉器幻像"节目，欣赏红山文化代表作"大玉龙"。充分丰富了传统展览的表现形式。

为了让观众更好地了解故宫，故宫新建了"端门数字馆"，以数字影片引导观众了解紫禁城和故宫的历史沿革，了解精彩的传统建筑艺术、技术和故宫丰富的文物收藏；制作了《故宫是座博物馆》《皇帝的秘密花园》等高清视频片，《故宫瑰宝》《龙在故宫》《紫禁城中的运动会》《电子导览》等互动节目，《紫禁城·天子的宫殿》《三大殿》《养心殿》《倦勤斋》《灵沼轩》《角楼》等虚拟现实节目，以及《龙孩儿守故宫》系列动画片和临时展览期间播放的展览宣传片等；建设了"古陶瓷研究中心的数字陶瓷馆项目"、"文华殿陶瓷馆电子文化展示项目"和"武英殿书画馆电子文化展示项目"等互动展示项目。故宫以主题视频片的方式向观众整体介绍展览专题，以多个互动节目的方式帮助观众解读藏品。

三　让故宫的味道无处不在

紫禁城，这座皇室宫殿成为今天开门迎客的博物馆。红墙之内，故

宫博物院要将紫禁城庄严肃穆的历史文化氛围与亲切、随和的博物馆氛围融合起来，在同一时空下得以显现。

为营造庄严肃穆的皇室宫殿氛围，大至整个建筑空间，小到一砖、一瓦、一椅、一井盖，不论是古建筑还是现代服务设施，只要是观众目之所及，故宫博物院都要将它们与紫禁城的历史文化氛围相协调。

作为一座现代博物馆，故宫博物院还需要为观众提供必不可少的服务设施和商业设施。为保证故宫整体氛围的一致性，故宫将商店、厕所和接待中心都安置在古建筑和少量仿古建筑中。在理念上，故宫博物院更是将商业设施当作公共文化空间来看待，无论是对其标识牌、装修装饰还是所售商品都经过精心设计，力求营造出富有故宫特色的文化氛围。

作为世界上最著名的博物馆之一，展示陈列其丰富的文物藏品是故宫博物院的重要任务。因此，博物馆氛围的营造亦是故宫氛围营造的主要工作。近年来，故宫经过精心筹划，逐步开放慈宁宫雕塑馆、寿康宫原状陈列及专题展览、东华门古建筑馆、慈宁宫花园，逐步提升养心殿、丽景轩、皇极殿等原状陈列，逐渐改陈书画馆、陶瓷馆、钟表馆、珍宝馆、石鼓馆等常设展览，并举办了一系列设计精美、内容丰富、广受好评的专题展览。从展厅的规划设计到展柜、光源等设备引进，从展品的选择到展览的形式设计以及高新数字技术的运用，为增强展览的艺术性与趣味性，故宫博物院从不放过任何一个细节。

为保障故宫的文化氛围和尊严，故宫博物院采取了一系列严格的规章制度。2013 年，法国总统奥朗德来访，故宫博物院坚持让奥朗德在午门前下车。不久后，印度总理辛格参观，因其年事已高，有关部门希望"破例"一次，但故宫博物院依旧坚持原则，最后改乘可以在院内行驶的电瓶车参观。

目前，故宫已经为提升儿童的参与性开设了儿童文创体验馆，并针对年轻人的审美情趣开发了一系列极富趣味性和艺术性的 App，既有"萌萌"画风的《皇帝的一天》《紫禁城祥瑞》，也有精美画风的《胤禛美人图》《韩熙载夜宴图》等。未来，故宫博物院可以进一步细化目标人群，创新体验形式，在弘扬故宫历史文化的基础上，面向特定目标人群提供更加丰富的现代式服务，一方面能营造古典与现代交融的博物馆氛围，提升观众的体验与获得感，另一方面能延伸故宫的博物馆氛围，让原本阳春白雪的故宫文物和传统文化走出"红墙"，让观众更加喜闻乐见。

专题十五

文物保护

故宫是世界上极少数同时具备艺术博物馆、建筑博物馆、历史博物馆、宫廷文化博物馆等特色，并具有中国传统文化典范意义的世界著名的人类文化遗产。保护好这一世界遗产和大量珍贵文物，是故宫首要的职责，也是故宫管理者最基本的工作。

一 故宫文保面临世界级挑战

作为世界上现存规模最大、保存最完整的古代木结构宫殿建筑群，故宫代表了中国传统官式古建筑的最高成就，其历史已将近 600 年。不过由于古建筑自身环境条件较差，又不能随意改变其外观和结构，同时，古建筑对用电安全等方面又有特殊要求，这给故宫带来了工作量巨大、难度极高的古建修缮工作。另外，集中在 23 万平方米范围内的 9000 多间分散的房屋和宫殿构成了错综复杂的院落环境，这也给故宫的安防消防提出了严峻的挑战。

与此同时，故宫所拥有的 186 万余件（套）文物藏品，由于受到现有展览设施的限制，展出比例不足百分之一。更为重要的是，院内有 100 多万件藏品需要得到修复和采取预防性保护措施。例如，有 3 万多件武备仪仗需要得到抢救性保护，有数量巨大的明清家具、历代字画等需要进行修复或保养，而因为年代久远和保管条件制约，大量文物存在糟朽、腐蚀、开裂、破损等自然损坏现象，亟待进行保护处理。

由此可见，与许多博物馆不同，故宫所需保护的文物并不仅仅局限于院内的藏品，故宫的建筑本身也是需要保护的对象，再加上一再增长的观众流，这些因素综合在一起给故宫在文物保护方面提出了各种挑战。近年来故宫采取多种措施来应对这种挑战，其中最突出的包括故宫整体维修保护项目和"平安故宫"两项重点工程。在"平安故宫"工程的支持下，进行了《故宫总体保护规划》的制定，开展了研究性保护工作，完成了三年藏品清理工作，成立了"故宫文物医院"等。

二　多策齐用保护故宫文物

（一）编制《故宫保护总体规划》，落实故宫整体保护

1. 科学保护，有规可依

紫禁城内布局规整、恢弘壮丽的建筑群，无论在国内还是在国际，都被认作中华民族传统文化最具代表性的象征体。中国建筑设计院有限公司建筑历史研究所与故宫共同编制了《故宫保护总体规划（2013 – 2025）》（以下简称《总规》），并于2016年底经国家文物局同意，并报北京市政府批准将规划文本进行公布。可以说，这是故宫今后较长时间内文物保护的一个总体操作框架。编制组对故宫展开完整性、真实性和延续性评估，评估中发现的突出问题主要体现在三个方面：建筑群与馆藏文物在各自保存、保护与展示要求上存在的统筹协调问题；故宫保护、展示、管理要求与参观人次1500万/年的超负荷观众量之间的统筹协调问题；故宫整体保护与北京城可持续发展之间的统筹协调关系。对此，《总规》提出按照真实完整的保存原则、最小干预的保护原则、整体保护的管理原则、保护优先的利用原则、基于价值的阐释原则、公众

参与的展示原则，全面保存并延续故宫文化遗产载体的完整性、真实性，并制定了具有可操作性的分级、分类、分区、分批、分期规划措施。

2. 认清现状，制定对策

《总规》内容的规划主要涉及功能分区、不可移动文物、可移动文物、安全防范、遗产管理、遗产监测、基础设施、遗产利用、遗产诠释、遗产研究等。通过《总规》的制定，故宫在文物保护方面希望解决的几个主要问题是：可移动文物的修复、展示和保存与不可移动文物保护的矛盾，故宫的不可移动与可移动文物的保护、展示、管理要求与超负荷观众量之间的统筹协调问题，破坏故宫真实性、完整性和延续性的突出问题，故宫古建筑保护的自身规律和特殊性与现行体制机制的矛盾等。对于这些问题，《总规》都提出了明确的对策。例如，在不可移动文物的规划方面，故宫通过系统展示，促进不可移动文物（包括文物建筑、古树名木、露天陈设等）整体纳入故宫价值维护体系中。依据故宫文化遗产价值整体保护的原则，建立系统的不可移动文物价值维护和利用体系；制定院落管理统一标准，开展以院落为单位的日常维护、监测及管理工作；全面评估故宫不可移动文物的保存状态，制定基于日常维护为主的修缮计划；建立基于院落管理模式的日常监测机制，制定故宫不可移动文物日常监测标准；建立基于空间信息技术的故宫不可移动文物基础数据库；完善修缮工程管理制度，保证工程质量，培养明清官式建筑营造技艺的人才队伍等。同时拆除各类临时建筑，保证历史风貌和遗产地的完整性、真实性等。在可移动文物的规划方面，主要是针对故宫馆藏文物保存环境现存问题，编制专项《故宫馆藏文物保存环境专项规划》，并在此规划完成前，采取多种措施提升可移动文物的保存条件，比如改造提升原有地下文物库房，对故宫北院区进行文物保护、修复及展示，全面加强可移动文物保存环境的监测等。

3. 整体修缮，提升环境

由于故宫建筑群本身就是博物院的第一大文物，因此，整体修缮工程在努力争取修缮各栋文物建筑的同时，也力争通过整体保护解决好一系列故宫健康发展问题。例如，通过整体维修保护项目，以及将不合理占用故宫用地和古建筑群的单位搬出紫禁城，维护故宫的完整性；拆除与历史文化环境不协调的现代添加建筑，维护故宫的真实性；将现在文保科技部门分散的工作机构迁出红墙以内区域，在西河沿区域整体安排，以利于扩大对外开放范围；将故宫内长期存在的大面积堆料场和花房等在紫禁城外安排，消除安全隐患和恢复历史景观。实际上，在《总规》还没有正式出台之前，院方已经根据《2015年故宫环境综合提升方案》的要求完成了难度很大的整治提升工作，主要涉及提升东长房前后区域、慈宁宫及慈宁宫花园区域综合景观，尤其是慈宁宫花园东广场考古遗址保护和栈道工程、统一规范线缆设置；另外还包括整治墙皮脱落、彩画脱落、门窗框糟朽、路面凹陷、地砖破碎、水缸底座残缺及摆放方向不统一等问题。正是在这样的不懈努力下，古老的紫禁城才能够以安全、健康的姿态迎接世界各地的观众，使观众产生强烈的归属感，能够认同其内在精神价值，成为人们尊重并喜爱的"精神的家园"和"城市的客厅"。通过故宫整体维修保护项目，故宫古建筑群的整体保护水平得到明显提升。故宫也期待通过《总规》的实施，实现建设世界一流博物馆的目标，并"把壮美的紫禁城完整地交给下一个600年"。

（二）合理规划，整体保护，不误开放

1. 修缮得力，展区扩大

故宫应对每年不断增长的观众接待量的一个举措是扩大开放面积。除了《总规》提出的纲领性要求，这一举措的落实，主要依托于国务院批准的故宫整体维修保护项目。这是自1911年以来规模最大、范围最广、时间最长的一次故宫古建筑大修。作为木结构建筑群，故宫修缮是有历史传统的，新中国成立初期故宫就成立了专门的修缮队伍。从2002年以来，按照"完整保护，整体维修"的目标，故宫确定了整体

保护修缮工程的五大任务。在该工程开始之前，故宫对观众开放范围仅占其总面积的30%，以及2013年开始的平安故宫工程，故宫2016年对观众开放范围达到了76%。而2020年恰恰是紫禁城建成600年，单霁翔提出"我们的目标是把壮美的紫禁城完整地交给下一个600年"。该工程始于2002年武英殿的修缮，历时多年的古建筑整体维修保护工程在故宫正常对外开放的情况下进行，目前修缮区域已经进入古建筑群相对密集的区域。近几年陆续完成的有慈宁宫花园修缮工程、符望阁保护修复工程、英华殿区维修工程、东华门修缮工程等8项工程。正在进行的工程包括：乾隆花园修缮工程，大致在2019年完成，内檐装修保护、彩绘保护等工作都很具挑战性；毓庆宫修缮工程，因建筑体量大且室内陈设密集，修缮期较长；永寿宫修缮工程，正在进行下架地仗油饰；大高玄殿修缮工程，保护规划编制工作进入收尾阶段；城墙修缮工程，针对现有的诸多病害争取用3～4年时间进行整体保护修缮。此外，还提升了御花园整体环境，实现增加观众行走空间以防踩踏事件发生、恢复御花园古典园林景观的目的。

图 15 - 1　故宫古建筑整体保护修缮工程

2. 实事求是，精雕细作

在推进整体修缮工程的过程中，故宫遵守《中华人民共和国文物保护法》和文物工作方针所确立的原则，尽量做到不改变文物原状，最大限度地保持历史信息，同时也注重传统工艺的传承问题。这项工程的推进，不仅为逐步扩大开放面积、提高展示文物藏品比例奠定了基础，还见证了中国政府加强文物保护的重大行动，为故宫整体保护计划的探索实践奠定了基础。更为重要的是，在这个过程中，故宫一直坚持实事求是的科学态度，并深入探究古建筑修缮机制的问题。故宫古建修缮所需的优质传统材料由于市场本身以及资金管理等多种原因并不容易获得，而且具有长期实践经验的能够真正在修缮中完成所需工作的传统工匠也难以寻觅。单霁翔说："这个工作急不得，要严格按照程序按部就班地进行。"为了修复好工艺考究、材料繁杂的倦勤斋，博物院组织了一支古建筑专家寻访团，在全国各地找寻古建筑修缮所需的传统材料和传统工艺，安徽潜山濒临失传的桑皮纸生产技术就因此次大范围的寻访而得到抢救和传承。而为了恢复其历史风貌，故宫更是与美国世界文物建筑保护基金会合作实施"倦勤斋修复室内装饰装修合作保护"项目。该项目在详细调研和周密准备一年后启动，并在历时五年的精细修复后实现全部既定目标，为故宫古建筑内装修保护积累了丰富的理论与实践经验。乾隆花园保护修缮工程预计 2019 年竣工，对此人们充满期待，更重要的是，任何一项保护修缮工程进度永远服从工程质量的需求。

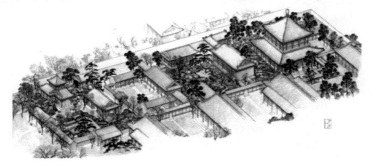

图 15 - 2　故宫乾隆花园鸟瞰示意

3. 零整结合，防治兼顾

故宫古建筑整体保护修缮工程被称为"百年大修"，但是故宫同时还十分注重加强"岁修""零修"，保持古建筑文物健康状态。目前故宫古建筑整体修缮工程已经进入常态化实施阶段，在工作中坚持"先救命后治病"的原则，优先修缮存在严重危险隐患的、能产生较大社会效益的、能更好发挥社会功能的文物建筑。但是，针对古建筑群的日常维修保养工作故宫人没有一刻松懈。故宫坚持开展系统的"岁修"和"零修"工程，建立常态化、制度化的工作机制，避免因年久失修"小病不治，酿成大病"，最大限度地减少可能对文物建筑所携带的历史信息造成伤害的古建筑大修，并努力处理好保护修缮工程与正常开放的矛盾。在重点修缮工程方面，慈宁宫花园修缮工程、东华门修缮工程、端门城台建筑保养项目、端门内檐彩画除尘保养等修复保护项目相继完成，大高玄殿古建筑群维修工程正在按计划进行中。

文物建筑的自然损坏是难以避免的，损坏出现后，如不及时处理，可能会加速文物建筑的老化。因此更多的保护细节体现在日常工作中，例如定期进行建筑和墙面修补、屋顶除草、地砖更换等，使古建筑以健康的状态更好地迎接观众参观。继 2013 年的"开放区不允许有一片垃圾"的口号之后，单霁翔又在 2014 年提出"屋顶不能有草"。这样的要求看似简单，但对历史久远的古建筑群却意义重大。因为飞鸟或大风将草籽带到房顶，草生命力很强，生长过程中会拱瓦，瓦松动了，就会漏雨，导致木头糟朽，古建筑就有坍塌的危险。故宫真的做到了"从高处往下看，紫禁城的屋顶没有一根草"。只要是对维护文物生态有好处，故宫就做到有令即行、有禁即止，为了维护古建筑和文化遗产的尊严，在保持建筑"沧桑感"的同时，坚决抵制失修、失管所造成的残破。2014 年，故宫对御花园整体环境进行提升，恢复了其古典园林文化景观，同时增加了为观众服务的设施。从 2014 年开始，故宫对古建筑群进行常规保养。武英殿前、乾清门广场的路面也修整一新，由沥青路面换为仿古砖路面，舒适感和视觉美观大大提高。2015 年，故宫针对养心殿、军机处等古建筑年久失修和陈列展览多年没有维护的区域进行景观环境综合提升，这些工作均显示出"零修"、"岁修"和预防性修缮工程的重要性。

同时，按国际上大博物馆的做法，故宫实行周一闭馆，让古建筑定时休息。为加强对故宫世界文化遗产的保护，及时开展对故宫古建筑的检查保养和"岁修"工程，定期对展览设备及服务设施进行维护，故宫自 2013 年淡季开始试行周一半天闭馆，并于 2014 年正式改为实行周一全天闭馆，让"连轴转"的紫禁城得了休憩的时间，而大量的建筑维护保养工作则在闭馆日展开。

4. 古建保护，研究为先

在整体修缮的过程中，故宫对每一项修缮工程做出详细记录，并尽可能地形成研究成果或理论总结，以备后人借鉴和研究，并自觉进行修缮技艺的挖掘、传承和抢救工作，这对提升故宫乃至中国和世界的古建筑保护的发展水平，为传统官式建筑营造技艺的传承创造了机遇。2014 年，国家文物局在故宫设立明清官式建筑研究和保护国家文物局重点科研基地，博物院借此努力将"古建筑修缮工程"上升为"古建筑保护研究"，并担负起将其建设为在国际上具有一定影响力的中国古建筑保护国家基地的责任，彻底改变中国文物建筑保护理论在国际领域缺少话语权的状况。在此背景下，故宫于 2015 年成立了故宫研究院古建筑研究所，深入开展古建筑保护理论和实践研究。系统整理紫禁城古建筑保护历史文献，包括正在进行的《宫廷建筑大事史料长编》编纂工作，在编纂《明代宫廷建筑大事史料长编》的基础上，启动《清代宫廷建筑大事史料长编》的编纂工作。故宫还建设古建筑修缮技艺传承基地，部分恢复"造办处"功能。此外，故宫对整体修缮工程进行研究，及时编辑、整理、出版各项古建筑修缮报告和工程实录。

故宫整体维修保护项目从 2002 年开始投入运作，一直都在井然有序地进行着，经过维护的古建也得到了很大程度的恢复。由于招投标、政府采购、老匠人退休等客观原因，故宫已经无法像以前那样采用原来的材料、工艺等方式科学修缮，而成了必须赶时间完成的"工程"，因而无法保证质量，造成刚修复好的太和殿屋顶又要复修。单院长不得已在 2015 年 11 月全国政协召开的双周协商座谈会上指出故宫修缮中的这些问题，撰写报告呈交给全国政协领导，得到了"要特事特办"的批示。从此，故宫的修复工作开始重新运作，不再被视为工程，而是作为研究性的保护项目开展。

2015 年，在对过去 13 年古建筑修缮经验进行总结的基础上，故宫选择了 4 项古建筑修缮工程作为今后五年古建筑修缮的重点，希望这些古建筑修缮工程成为中国古建筑修缮的典范性工程。其中作为宫殿建筑修缮典范的是 2015 年末启动的养心殿研究性保护项目。它的目标主要有五个，一是恢复并延续养心殿区域的健康状态，改善文物保存环境与观众参观质量；二是探索研究性保护修复的方法与策略；三是探索多学科合作修复的途径；四是联合建立官式古建筑传统工艺材料基地；五是建立工匠招募、考核与培训机制。这个项目将以研究为主导，以价值评估与保护为核心，调动社会力量，研究"研究性修复"的策略、技术方法和实现途径，尝试突破现有的材料供应束缚、工匠与研究者聘用障碍，希望能够率先实现以"研究性、预防性"为主的科学修复，为国内文物建筑保护工程做出表率。这就意味着养心殿在修缮之初，就要考虑日后的陈列展览。

目前故宫筹备每项陈列展览，都希望能够立体呈现文化气魄。要对整个修缮工程进行详细记录，做好公开出版修缮报告的准备。要运用数字化技术，精细制作养心殿修缮过程的全记录，今后无论是制作虚拟现实影片还是制作故宫系列 App，都可通过数字记录手段，揭示养心殿更深刻的文化内涵。同时加强养心殿历史研究，与养心殿古建筑修缮报告一起，形成系列研究成果。还要面对社会公众，研发与养心殿有关的文化创意产品。故宫强调将在修缮工程中努力做到将研究精神、专家指导、人才培养、社会监督贯穿始终，包括对各种材料、工艺、施工技术的研究，并由当今官式古建筑修缮方面最具经验的著名专家组成顾问组确定方针、原则，成立专家组，深入修缮现场进行指导，对每一个环节严格把关，选择具有实操经验的领队，担负起保障质量的责任等。在整个保护性修复过程中，将养心殿修复当作科研工作、文化工程来对待，当作整体项目来运作。故宫希望借助此项目开辟文化遗产保护的新途径，建立工匠招募、考核与培训机制，建立官式古建筑修复材料供应基地，制定材料性能标准，为挽救濒临消亡的古建筑营造工艺、装修工艺以及文物修复工艺做出贡献。同时，故宫计划恢复古建筑"八大作"，即瓦、木、土、石、搭材、油漆、彩画、裱糊的匠师培养机制，将文献研究、保护修复、检测分析、价值评估的专业梯队建设起来，为将来文物建筑遗产的保护储备新生力量。预计 2020 年养心殿修缮完成后，御膳房等从未开放的"禁地"都将揭开面纱。届时，故宫整体开放面积也将扩大到 85%。

除了养心殿，还有乾隆花园保护修缮工程、大高玄殿保护修缮工程、紫禁城城墙保护修缮工程，也都作为古建筑保护研究工程，按照科学规律和传统技艺传承加以实施。这些研究性保护项目的实施是通过最优势的古建筑修缮资源，包括理论、人员、材料、技术等对故宫内文化底蕴深厚的古建筑群，进行系统的修缮保护，恢复其本来面貌，使它更好地呈现在观众面前。

（三）清查藏品，提供精细化保护

1. 摸清"家底"，明确责任

文物藏品是博物馆赖以存在以及开展业务活动的先决条件，藏品质量的高低和数量的多少是衡量一个博物馆地位及其作用的主要条件。弄清文物藏品的种类和数量，才能进行有效的保护，才能进行深入的研究，这是博物馆事业发展的首要基础，也是故宫迈向世界一流博物馆进程中必须完成的重要任务。故宫的文物藏品不但数量多，更重要的是价

图 15 - 3 养心殿东次间宝座

值高。故宫的文物藏品结构是"倒金字塔形",其中"珍贵文物"占
93.2%,"一般文物"占 6.4%,"资料"占 0.4%。同时,全国博物馆
和文物收藏单位共有国家定级的珍贵文物 401 万余件,其中由故宫收藏
保管的有 168 万余件。由此可见故宫所承担的保护国家珍贵文物的职责
有多么重大。

作为一个综合性博物院,故宫的一个区别性特征就是文物藏品与
文物建筑间的不可分割性,文物建筑为文物藏品提供了展示空间和存
储空间,陈列文物也构成了文物建筑的一部分,反映了文物建筑的功
用。自清室善后委员会点查清宫古物以来,故宫对文物藏品进行了多
次大规模的清理,大致可以分为四个阶段:民国时期故宫文物的点查
(1924~1943)、新中国成立初期故宫文物的清理(1954~1965)、改革
开放时期故宫文物的整理(1978~2001)以及 21 世纪以来故宫文物的
清理(2004~2010)。这里的第四阶段就是经常提到"七年藏品清理工
作",旨在摸清家底,推进文物保管工作。为了更好地指导此项清理工
作,故宫颁布《故宫博物院 2004-2010 年文物管理工作规划》,决心对
故宫藏品及所有库房宫殿进行一次全面彻底的清查和整理。经过 7 年的
努力,故宫首次彻底摸清了家底,截至 2010 年 12 月底,有文物藏品总

计 1807558 件，其中珍贵文物达 1684490 件，占文物总数的 93.2％，占全国文物博物馆系统馆藏珍贵文物的 41.98％。这一数据在 2014～2016年的"三年藏品清理"工作中被再次刷新。

2. 以查促建，提升文管

经过这历次的文物清理工作，故宫文物管理制度更趋完备，解决了以下几个问题。首先，解决了个别门类文物交叉管理的问题。故宫为了完善文物管理体制，由院里统一协调，根据文物藏品的属性，对相关科组和部门文物交叉的问题统一进行了管理归属权的变更。其次，实现了文物管理的账物分离的问题。文物管理处作为全院文物总账的管理者，之前也一直管辖着一些珍宝等门类的文物和资料，账、物未能实现分离。在 7 年藏品清理中，文物管理处将原来所辖的文物和资料，根据文物属性分别移交给宫廷部、器物部、书画部、古建部，共计 131962 件，实现了文物账、物完全分开管理。

不过，随着文物事业的发展和认识水平的提升，仍然有大量的后续工作需要继续开展，部分藏品需持续和深化清理，故宫于 2014～2016 年开展了三年藏品清理工作。截至 2016 年 12 月 31 日，故宫的藏品总数由 2010 年 12 月的 1807558 件上升至 1862690 件（珍贵文物 1683336 件，一般文物 163969 件，标本 15385 件），其中，增加较多的主要是新整理的乾隆御稿与尺牍以及甲骨、陶瓷类文物（标本）等。"三年藏品清理"由"乾隆御稿""明清尺牍""瓷片、窑址标本""旧存瓷器""甲骨""石碑""散置全院各处的文物箱柜架""旧有席、垫、褥等文物资料""清宫老照片""清宫老照片玻璃底片""古建库房整理""石刻构件""原存材料""古建筑及其附属物品登记""部分无收藏价值的藏品报请国家文物局退出藏品序列"等15 个工作项目组成。

相比此前故宫的七年藏品清理，此次清理有着更加精细的工作内容，并伴随了更多的研究工作。将文物清理工作与文物保管、文物信息化管理相结合，是时代的发展趋势。通过这次清理，可以丰富展览内容，提高展览水平。单霁翔院长表示，"三年藏品清理虽取得了阶段性的成果，但是故宫的藏品整理工作并不会因此而终止。在这次三年藏品清理工作中未完成的项目，将会继续推进。结合精细化管理的要求，故宫也已经启动文物细编目，以及借助外来服务加大影像采集等工作。故宫也会继续适时向公众发布文物整理的新动态"。

图 15 - 4   清代宫廷老照片整理

（四）科技创新，文物修复不断前行

1. 院企协作，古今合璧

故宫很多文物藏品历经了数百年乃至上千年的沧桑，需要适时进行保养修复，以及预防性科技保护，因此，故宫是中国乃至世界上最重要的中国文物保护修复机构。故宫院藏文物抢救性科技修复保护项目也是"平安故宫"工程的重要内容之一。针对大量院藏文物濒临腐蚀、锈蚀等严重自然损坏状况，在故宫内的西河沿区域建立文保综合业务用房，与故宫北院区建立的大型、综合文物修复中心一起成为中国文物科技保护修复的国家基地，将现代科技与传统技艺、故宫人才与社会力量相结合，对文物藏品进行全面和持续不断的修复。建立完善相应类别的文物

修复工作室，购置更新必要的仪器设备、珍贵材料，强化人员培养，分轻重缓急开展文物保护修复任务，使故宫文物藏品保护修复工作得到较大改观。从实际完成的工作量来看，故宫文保科技工作可谓硕果累累。2013 年，故宫全年完成文物修复 239 件，自 8 月中旬先后与 5 家企业签署合作协议，有 19 位技术人员在故宫进行工作，完成 10 件文物的保护修复工作。2014 年，故宫全年共完成 600 件文物的保护修复工作，与20 家企事业单位开展合作，共有院外单位 107 位各种不同领域的专业技术人员在故宫工作，完成 60 件各类文物的保护修复工作。

为了使大众对文物修复工作有进一步的认识，2015 年 8～11 月故宫在神武门展厅举办了"故宫文物保护修复技艺特展"，该展览是故宫首次举办全面展示文物修复成果的展览，集中展示"平安故宫"工程、"院藏文物抢救性保护修复"项目两年来的成果，同时，这也是故宫首次引进社会力量，让更多来自全国各地的非物质文化遗产传承人参与到故宫文物藏品的保护修复工作之中。

2. "文物医院"，全球领先

另一个抓人眼球的是 2016 年 12 月 29 日"故宫文物医院"在故宫报告厅举行揭幕仪式的消息。新落成的故宫文物医院是目前国内面积最大、功能门类最完备、科研设施最齐全、专业人员数量最多的文物科技保护机构。之所以将文保科技部展示区命名为"故宫文物医院"，一是因为文物修复是一个科学的过程，像患者到医院看病一样，不仅需要有传统技术的工匠进行经验性的判断，也需要借助各类分析检测的仪器来诊断。单霁翔院长表示，故宫文物医院将作为文物修复的常规展览场馆向公众开放，观众通过提前预约可近距离参观文物修复的全过程。观众可以在这里参观文物藏品修复的情况，可以了解非物质遗产传承过程，了解文物藏品保护背后的故事。

故宫文物修复历史悠久，修复之法世代传承。故宫除收藏有 186 万余件（套）文物藏品，同时也保存有许多中国古代特有的文物保护修复传统手工技艺，并拥有以古字画装裱修复技艺、古书画临摹复制技艺、青铜器修复技艺、古代钟表修复技艺、官式古建筑营造技艺等 5 项国家级非物质文化遗产名录为代表的十多个门类的保护修复专业队伍。故宫文物医院坐落于故宫西侧院墙内侧，建筑长度达 361 米，建筑面积 1.3 万平方米，地上和地下各一层，从空间上整体划分为六大区域，分别是科技保护区、分析检测区、书画修护区、综合工艺修护区、综合艺术品修护区、金属钟表修护区；从功能上划分为文物科技实验室、文物修护工作室和文物保护管理与展示宣传三部分。

此外，故宫西河沿文物保护综合业务用房和故宫北院区项目作为"平安故宫"工程的重要内容目前都已在建设中。西河沿文物保护综合业务用房建成后，将汇集文物藏品科技保护领域的专家学者和众多非物质文化遗产传承人，配备先进适用的科技保护设备，有力配合文物普查清理成果的保护研究工作。故宫北院区项目选址海淀区西玉河，整体规划用地 47 万平方米，一期工程准备安排 12.5 万平方米的建筑。最主要的是文物保护修复中心，旨在解决故宫大量大型珍贵文物，例如家具、地毯、巨幅绘画等，因场地局限而长期无法得到科学保护和有效展示的问题，同时把文物修复的传统技艺（即非物质文化遗产保护技能）展示给公众。故宫北院区建成后，故宫将实现对文物藏品和文物建筑的完整保护，实现优势互补。故宫北院区未来也将成为海淀地区的重点文化项目和重要公共文化设施。

三 通过保护让故宫文物代代相传

故宫的建筑及藏品是中国传统文化的精髓，是中华民族的历史见证和中华文化的重要载体，在世界范围内都具有巨大的吸引力。这一系列特殊的文化身份对它的文物保护提出了有异于其他博物馆的要求，多年来这也成为推动它在古建保护、藏品管理、文保修复方面长足发展的动

图 15 – 5　百宝镶嵌修复室修复后文物

力。这些成绩并非旦夕之间完成，而是依靠博物院十年如一日的坚持才获得的。归结起来，这些成就的获得凭借的是科学的保护理念、专业的学术论证、合理的修缮方案，在实际操作中保持实事求是的态度和工程管理施工的精细化，更是对现状和责任的清醒认识。具体看来，故宫的许多具体措施也是值得借鉴和进一步探究的。

第一，规划和制度先行，在文物保护上做到有章可循、有法可依。故宫保护是一件涉及方方面面、牵一发而动全身的工作，需要得到各个部门的支持，也需要一个协同合作的指挥棒。2016 年底出台的《故宫保护总体规划》无疑是故宫今后较长时间内文物保护的一个总体操作框架。它的实施对实现故宫整体保护目标，进一步提升故宫保护、利用与管理的科学性和合理性，促进文物保护与经济社会协调发展起到保障作用。

第二，将古建修缮和整体保护常态化、制度化，做到防治结合，有效化解维护和开放之间的矛盾。这些每天都在进行的古建筑维修、"岁修"、"零修"就是要在问题刚刚出现时便对它进行处理，使问题不能扩散、病害不能发展，不至于造成更大的破坏力，延长古建筑的应有寿命，让紫禁城保持健康状态，不断实现对公众开放，合理扩大开放空间，同时提高服务水平，改善服务设施，增大接待能力。

第三，时刻不忘以事实为准绳，在保护和修缮中质量永远是效率的前提。在实际保护维修中，准确把握恢复原状与保存现状之间的尺度，实事求是地对材料供给、工艺传承、实施方式、资金管理等客观条件进行全面分析，制订更为科学合理的保护修缮计划，不追求速度，把质量放在第一位，工程进度服从工程质量的要求。在这种"急不得"的心态下，故宫基本实现了"完整保护，再现庄严、肃穆、辉煌的盛世风貌，充分展示历史文化价值与内涵"的修缮目标，为发挥故宫特有的社会教育与文化传播作用奠定重要的基础。

第四，以文物普查为契机，提升文物管理水平，丰富观众的展览体验。随着文物普查清理的持续开展，博物院更好地理清思路，进行策展规划，并将不断开辟新的展厅，继续增加展示文物的数量和质量。同时也能及时发现存在隐患或亟待修复的文物藏品，在对这些文物藏品开展科技保护中形成的新成果，包括所采用的新技术，都可以以展览的形式展示给公众，让公众了解、理解、支持文物保护事业，在公众和文化遗产保护之间形成良性互动。

第五，以科技创新和科学研究为文保护航，发挥研究性保护和修复工作的最大效用。今日的古建整体保护与藏品的保护和修复都分不开，随着时代发展，科学技术在文物保护过程中应用日广，为文物病害的诊断、文物的预防性保护和文物修复提供了重要的支撑。在采用传统工艺保养修复文物的同时，故宫文物医院也与现代科技相结合，使世界上最珍贵的文物在这里能得到"古法"和"今方"的呵护，以健康的姿态迎接络绎不绝的海内外观众。

综上，我们可以预见在不久的将来，故宫在整体保护规划的指导下，经过对古建筑群的整体修缮，文物藏品的全面清理和文物的保护性修复之后，博物院的文物资源必将引起更多观众的兴趣，也将给予观众更优越的参观质量和更完善的体验。它也必将为传承古典中国文化、为增强中华民族的自信心和使命感、为世界认识中国做出巨大贡献。

专题十六

科技运用

近年来，科技的发展和新技术在博物馆领域的应用发展极为迅速，虚拟现实、三维建模、物联网、移动互联网、大数据和云计算等各类新技术应用大量涌现。尤其是以数字化、网络化、虚拟化为特征的数字博物馆的发展，将"物"转化为数字，极大地增强了博物馆管理、展示和服务观众的表现能力和交互能力，拓展了博物馆展示的时间和空间，开辟了文物研究的新方式，创造了文物和人的新关系。

到目前为止，故宫博物院开展信息化建设已近二十个年头。作为国内最早开展信息化的文保单位，在漫长的持续信息化建设过程中，故宫人根据实际工作需求和前瞻性国际化视野，不断开拓和探索，从最初的胶片文物影像拍摄，到数码影像拍摄，从建立文物数据库，到以文物数据库为基础的文物管理信息系统，从内部管理工作平台、文化展示系列平台，到数字故宫社区，逐步形成了独特而完整的数字博物馆体系——数字故宫。数字故宫体现了故宫先进的信息化理念，即"信息技术已经越来越不是一个简简单单的工具，而是已经成为必不可少的管理方法，因此信息化的定位已经不仅是服务，而是生产力"。

这种先进的信息化理念可以从以下两个问题的有效解决中略见一斑。一是故宫文物的数字化是一项耗时的工作。故宫采用先进的高清影像扫描技术，率先在国内完成了文物影像资源数字化加工和利用的技术转型，实现了影像采集、加工、存储、检索、利用的全过程数字化管理。二是多种渠道的新媒体文化传播与服务是故宫需要解决的问题。故宫没有对各渠道进行功能复制，而是根据渠道的特点区分定位，以服务PC 端的网站群为综合展示平台，以移动端的手机应用为深度展示平台，以满足社交——位置——移动的社交媒体为导览服务提供窗口。数字故宫的先进建设理念、思路，以及得到观众认可的丰硕成果，必将对国内外同行产生较强的借鉴意义。

一 科技是博物馆建设的重要支撑

（一）克服困难，全面建设网络基础设施

网络通信是信息化的基础条件，没有计算机通信网络，就不可能实现数据共享和建设有效的信息系统。故宫博物院经过十多年的信息化建设历程，在网络基础设施建设方面成功地克服了拥有近 600 年历史的紫禁城古建筑的特殊环境对施工及各类硬件选型构成的困难。故宫有线方式的局域网络硬件基础已经颇具规模，无线内网实现了展厅监测区域的全面覆盖，并通过借助社会力量，于 2016 年 8 月针对观众开通了开放区域免费 Wi-Fi 互联网服务。同时，通过与国内移动互联网运营商合作，试点开展移动互联网环境下的各种应用，为各类新增业务提供硬件基础保障。

从 1998 年开始，故宫博物院通过前后数次网络扩容建设，围绕全院铺设光缆近 30 公里，双绞线 150 公里，可以围绕紫禁城 50 多圈。为提高安全及业务工作效率构建了 50 多个子网，联通了博物院全院各个办公室及大部分展厅，实现了内网万兆核心交换、百兆到桌面，外网千兆出口的信息网络基础构架，为信息化建设奠定了坚实的硬件基础。

经过多年的摸索和不断的更新，故宫博物院已经实现了内部门户系统，集成了院内的二十余个业务系统。为保证信息系统安全，重要的业

务系统（诸如财务系统、人力资源管理系统等）完全与外网物理隔离。通过门户网站，故宫人可以实现用户统一身份认证及单点登录，根据身份识别和权限分配，员工可以安全便捷地访问自己权限范围内的系统资源。员工外出或需要他人协同工作时，可以设置工作代理，将指定业务代理或协同给他人。

故宫博物院的中心机房也已经从最初的仅有 10 平方米、4 台服务器的小机房，发展到了今天拥有 150 平方米和上百台服务器的大型机房，其核心存储容量已达 200TB。目前故宫博物院的网络基础设施建设以 24 小时全天候的故障排除服务提供安全的网络硬件环境，确保了故宫博物院所有应用系统的平稳运行。

（二）坚持不懈，持续建设故宫的"大数据"资源

数字故宫的核心和基础是数字资源，数字资源的采集、加工、传播与展示构成了数字故宫的主要内容。经过十多年的数字资源采集工作，故宫的数字资源不仅类型丰富、数量繁多，而且在持续的建设和发展之中。这些数据资源主要包括二维影像（文物、古建筑、历史文档、图书文档、古建图纸等）、三维数据、视音频数据、文物描述和研究数据等文物资源数据，以及各类信息系统流程数据和文件数据、故宫文化遗产各类监测数据等，文物的数据化覆盖了故宫当前一段时期的主要工作内容。

1. 建设文物数据资源库，实现"数字文物"

故宫博物院在成立资料信息部之初，就在文物数据资源建设方面倾注了大量的人力、物力。作为故宫信息化建设的起点，故宫的文物影像资源的数字化加工和利用在国内率先完成了文物摄影的技术转型，不仅用分辨率高达 5000 万像素的数字相机取代了传统的银盐胶片，并且使用国际领先的 CRUSE 书画扫描仪代替了传统扫描。随着一系列高清影像采集技术的探索逐步成熟，文物影像质量大大地得到提高。随着色彩

管理技术的引入、统一影像格式标准的建立，最终在统一的平台上实现了从摄影、编目上传、审核存储、利用检索到数据加工、发出登记的全过程数字化管理。在视音频数据采集工作方面，资料信息部在古建修缮内容、修缮技艺、修缮前后对比等内容的采集工作基础上，增加了非物质文化遗产传承人及其技艺的音像视频的采集工作。如今，故宫博物院每一位工作人员可以方便地访问十余年来持续积累的近百万张各类文物影像和数万分钟数字高清视频数据。除了方便地支持院内工作人员的业务研究以外，这些资源还以网站图片浏览、影像资源授权、数字展厅播放、手机下载等不同的方式不断满足越来越多的社会需求。

故宫已经形成了一个数字文化资源的宝库。数据资源的丰富不仅有利于文物的保护，也在一定程度上支持着故宫各项业务的开展，例如，文物的宣传展示、各个系统平台的建设等。数据资源的丰富为故宫博物院进入世界一流博物馆行列迈出了坚实的一步。

2. 建设数字业务数据资源

业务数据是故宫信息化建设中业务流程管理的核心和基础，是故宫进行现代化快速管理决策的先行条件之一。故宫各类业务系统的建立和发展融合，也是数字业务数据资源从无到有、从异构到统一、从单一到丰富的演变过程。

从 1998 年至今，故宫相继建成藏品管理、行政办公、财务管理、资源管理、文化遗产监测等二十余个信息系统，并在 2005 年以办公系统为门户平台，借助开放互联、Web Service 等技术，逐步实现各业务系统的服务集成和数据集成。随着各项业务流转，信息系统中积累了大量的业务数据，其中包括存放在数据库中的文物编目、文物利用、资源利用、行政公文审批、财务审批、监测信息等数据，以及大量的存放在服务器硬盘和存储阵列中的非结构化资源文件数据、附属文件数据等。这些伴随故宫数字化进程积累的文物资源数据，已成为故宫永久性数字资产，且在未来仍有较大的增长趋势。而在业务系统运行过程中积累的流程数据，将和文物资源数据一起，成为故宫文化遗产保护进程中的重要决策支持依据。

3. 不断探索数字资源建设的新思路

除了持续进行数据资源的采集加工等具体工作外，故宫不断在数据资源建设方面进行探索。例如在数据安全有保障、数据资源不泄露的前提下，逐步探索通过授权或劳务外包等方式，与有资质的单位合作，共同进行文物数据资源的建设尝试。为了促进对数据资源的充分利用，对于动态监测类型的数据，除了主要应用于决策支持平台外，故宫资料信息部配合相关业务部门进行了深入的分析和应用，开展与文物保护相关的应用技术深化研究等科研项目申报和研发工作，取得了一批开拓性的研究成果。在各类资源数据、数字多媒体成果和新媒体成果基础上，故宫逐步探索出一种集科普、宣传、文化艺术品制作、文化市场推广为一体的模式，以便快速、便捷和充分地利用建设成果，履行文化传播的职责。

二 用科技给博物馆插上翅膀

（一）用网站群综合、全面地宣传故宫

故宫博物院网站从 1998 年开始建设，2001 年 7 月 18 日开通。目前故宫博物院网站群包含中文网站（www. dpm. org. cn）、英文网站（en. dpm. org. cn）和青少网站（young. dpm. org. cn），以及名画记、藏品总目和全景故宫等子站，已建设成为故宫博物院主要的宣传窗口，其界面设计理念、所采用的技术以及内容设计思路，均可为国内外博物馆门户网站建设所借鉴。

1. 融合故宫文化元素的界面设计

2017 年 5 月上线的新版中文网站采用扁平化的页面设计，融合了

传统与时尚，以故宫特有的红墙、黄瓦、朱门、金钉为基础色彩，点缀传统纹饰，为页面增添了古典艺术气息，形成特有的"故宫美"。以高清晰、大分辨的精美图片作为页面展示图，清晰、直观地展示出故宫的整体风貌。采用模块化设计，条理分明地展示出页面的所有信息，让用户在浏览网站的同时有一个清晰的思路。页面图标采用了形象化思维，将来源于故宫的藏品及建筑形象化，同时融入手绘插画的设计理念，使图标极具创意性的时代感。图标设计还加入了中国古典花纹纹理的技法特色，为整个页面增添了古典艺术气息，与故宫的历史文化相得益彰。页面以白色为主色的字体，体现出一种沉静、自然的特点，配以生动活泼的文字格式设计，繁简得当，长短有度，引导客户更加便捷、高效、舒适地找到想要浏览的内容。形象有趣的图标与清新亮丽的文字设计，自然而然地为浏览者展示出故宫深厚的文化底蕴。

2. 以先进技术解决网站浏览问题

故宫网站作为全世界最大的博物馆门户网站之一，平均月点击量近100万次。最新改版的网站摒弃了过去老旧的网站建设技术，采用包括负载均衡技术、缓存技术、CDN 分发技术和高性能全文检索引擎技术等为核心的网站建设技术，以先进的技术解决了网站信息量大、流量大而带来的运行速度问题。为了降低程序的复杂度，网站采用模块化设计方法，使程序设计、调试和维护等操作简单化，为网站的高速运行奠定了坚实的基础。网页则通过采用最新的 CSS3 和 HTML5 页面展现技术、第三方应用嵌入技术（如调用地图 API）、图片预加载技术等，提升用户整体使用、网站向下兼容以及页面加载的流畅性。

为了提高故宫所藏绘画珍品的在线浏览品质，2015 年 1 月开始上线的"故宫名画记"采用了十亿像素的大影像在线平滑浏览、多媒体标注数据的组织与调用、高清影像的鲁棒数字水印嵌入与提取算法等业界领先水平的信息技术，保证了栏目高清大图欣赏和多媒体导览。目前，全世界的观众都可以通过互联网顺畅地浏览《洛神赋图》《游春图》《步辇图》《五牛图》《千里江山图》《写生珍禽图》《秋郊饮马图》等十余幅传世古画的高清影像图。

3. 面向不同用户群优化网站内容设计

新版英文网站在 2015 年上线，内容架构在原有突出参观者服务和展览信息的基础上，对多个栏目进行增删和整合，使网站更加符合博物馆网站国际用户使用习惯，栏目设置更加符合当下博物馆参观者服务的趋势和发展方向。

故宫博物院青少网站是 2015 年上线的面向青少年的"文化大餐"，通过生动可爱的卡通形象、手绘的故宫地图、充满故事性的探索环节、各类寓教于乐的互动游戏、有趣的动态漫画，以年轻人的语言和喜爱的方式传递故宫文化。

（二）用 App 展示传统艺术的丰富内涵和表现力

为适应移动互联网时代，故宫博物院充分挖掘、利用院藏文物特色，探索了基于移动设备的观众服务及藏品介绍应用研发，自 2013 年在 iOS 和安卓平台上相继推出《胤禛美人图》《紫禁城祥瑞》《皇帝的一天》《韩熙载夜宴图》《故宫陶瓷馆》《每日故宫》《清代皇帝服饰》《故宫展览》等应用程序，形成"故宫出品"系列 App，打造出集数字与实体化的"大文创"的数字文化产品，并依托热门在线平台和渠道，创新故宫文化展示的形式及渠道，深度展示故宫文化，成为博物馆与移动互联网结合的典范。

1. 打造"故宫出品"系列品牌

"故宫出品"系列 App 以故宫文化元素为本底，利用数字媒体、移动互联网等技术，通过交互界面、图标等设计细节，将技术、互联网和故宫文化融合一起。通过这些技术开发出的"故宫出品"系列 App，成为具有鲜明特色的数字文化创意产品，成为受社会关注的"故宫出品"系列文创品牌，受到用户广泛的好评及各大平台推荐，曾多次入选 App Store、豌豆荚等应用商店的精选,总下载量近 600 万,并获得百度手机应用等平台的年度创意奖项,获得了"故宫出品,必属精品"市场口碑,在公众当中已具备一定的影响力和知名度。

"故宫出品"系列 App 充分考虑产品上线后的周边推广宣传策略,并根据 App 个性特点进行周边文创产品设计开发,延伸开发出系列文创产品,如围绕《皇帝的一天》App 开发出《皇帝的一天》主题钥匙扣、T 恤等周边产品。

2. 创新故宫文化深度展示方式

"故宫出品"系列 App,围绕时代主题,挖掘、利用文物藏品和故宫历史文化进行 App 应用开发,找到了故宫文化展示的小切口,深层次拓展了文化展示形式,给普通观众带来了更丰富的文化体验,实现了专业解读与数字应用完美融合,在藏品诠释、推广普及方面起到了极强的示范作用。

第一,"故宫出品"系列 App 将现代数字技术与传统文化相结合,创新了文化展示渠道,产生更易于被观众接受的表现方式,迎合了现代观众特别是年轻群体的消费方式和碎片化阅读习惯,让传统文化进入普通大众生活,实现了古典、严肃的故宫文物更容易被可见、可知、可感,增强了故宫亲和力、互动性,让故宫文化"活"了起来。

第二,"故宫出品"系列 App 结合了互联网技术与交互设计,多媒体交互手段,增强了故宫文化交互体验,突破了文物体验的时间障碍和空间障碍,带来了更亲密的互动交流和文化体验,满足观众视觉、听觉、触觉等多维体验需求,有效地提升了故宫文化的展示水准。

3. 建立多品类专题展示体系

"故宫出品"系列 App 围绕不同用户需求,选择不同的适宜专题,有针对性地开发出面向不同群体的 App 应用程序,并充分考虑绘画、织绣、器物等不同类别的材质藏品的特点,结合 iPad、智能手机等移动设备用户行为习惯、交互手势、视觉呈现方式等特性,选取最适合展示特定藏品的平台。通过手绘、真人拍摄嵌入画卷、三维模型、微动画、现代性结构等多种表现形式，形成横贯多个品类的特色专题展示体系，让 App 产品序列更加完善和多样化，实现不同年龄、不同知识层次、不同需求、不同接受方式的群体的覆盖。

例如，《紫禁城祥瑞》《皇帝的一天》分别针对年轻化和 9 ~ 11 岁儿童两个用户群体，以手绘的形式讲述宫廷文化知识；《清代皇帝服饰》参考时尚杂志及电商平台的服装展示方式，创建各类服饰三维模型，帮助用户更加直观地理解清代典章制度中服装搭配及佩饰穿戴方面的信息；《韩熙载夜宴图》则依托作品创作背景模拟烛光探索模式，并充分利用汉唐乐府主题表演，以真人表演融入画卷，提升了程序的沉浸感。《故宫展览》通过全景漫游及虚拟现实（VR）两种模式为无法实地观展的用户营造身临其境的体验，打破实体展陈的物理边界。《故宫社区》则是一款具有完整生态体系的垂直型社区化产品，以独特的场景化为切入口进行各类资源的高度整合和定制化，并具有较强的社交属性，能够打通线上线下的综合性产品。

4. 嵌入大数据分析功能

故宫后期推出的"故宫出品"系列 App，创新嵌入了大数据分析功能，以精准识别观众需求，持续提升各类 App 的用户体验。如《每日故宫》《故宫展览》等 App，通过 App Analytics 等应用商店分析工具及第三方监测代码，关注用户使用习惯，能够收集相关数据并进行初步分析，指导后续的产品开发、用户群体画像及受众精分，为改进"故宫出品"系列 App 提供支撑。

5. 内外资源整合、协同开发

开发模式上，"故宫出品"系列 App 采取了协同开发的新模式，充分整合院内外部资源，推进应用程序开发与设计。一方面，依托院内各领域专家的文物研究成果及出版著述，院内资料信息部自主策划，制定内容、产品策略和整体形式，确保 App 内容体现故宫元素、气质和研究水准。另一方面，通过与中央美术学院交互设计实验室、清华大学美术学院、雅昌艺术网股份有限公司等多家在交互设计、美术设计、移动应用程序开发方面拥有丰富经验，具有良好口碑的高校及知名企业的深度合作，为 App 提供技术支持，确保设计制作和程序开发上的高水准。

（三）用虚拟现实技术增强观众"故宫"体验

虚拟现实技术的出现极大扩展和丰富了观众在博物馆中能够获得的体验。在虚拟现实中，"把情境赋予物体"这件工作变得异常简单。它集合了所有能够想象得到的视听体验方式，而且可以在上面添加一些全新的"情境"。这样，可以将博物馆的观众带到曾经不可触及的历史环境中，挑战观众思考自然世界和历史的方式，并能激励观众更好地理解它们，让观众更加深入地了解紫禁城。从 2000 年开始，故宫博物院开始研究和应用虚拟现实技术，传播故宫文化。

1. 创作大型虚拟现实作品

2000 年开始，故宫与日本凸版印刷株式会社开始进行合作，研究利用先进的数字化技术，保护、研究和展示故宫文化遗产。项目中综合运用三维扫描工具、数码摄影工具和三维建模技术等数字化手段，对古建筑和其他文物进行数字化数据的采集、加工、存储，建立了故宫文物的三维数据库，再利用虚拟现实及其他数字渲染和播放技术，立体再现文化遗产的原貌。最后通过建立实体数字馆和在线数字馆的方式把故宫文化遗产介绍给观众。

为顺利开展项目，双方共同组建了国内文博界第一个中外合作的研究机构——文化资产数字化研究所。到目前为止，研究所相继完成了《紫禁城·天子的宫殿》、《三大殿》、《养心殿》、《倦勤斋》、《灵沼轩》和《角楼》六部大型虚拟现实作品。作品从建筑场景的展示到非物质文化遗产的再现，再到文化氛围的表达，不断深入探索故宫的文化内涵。

普通观众可以通过故宫数字化应用研究所的演播厅来观看上述虚拟

现实作品。高性能的图形工作站渲染出逼真的宫殿三维仿真场景，经投影机将其投影到高 4.2 米、宽 13.5 米的曲面屏幕上，配合音响效果，50 名观众可感受到身临其境的效果。例如在《紫禁城·天子的宫殿》这部作品中，通过独特的视点移动，如身临其境般欣赏从天安门至太和殿之间宫殿建筑的恢弘，以鸟瞰视角将皇家宫殿全景尽收眼底。同时观众还可以控制操纵摇柄，一跃"登"上紫禁之巅，"飞"上华丽藻井，零距离欣赏精妙的彩画和斗拱，"依"靠龙椅指点江山。

2. 建设端门数字馆

2015 年 12 月，故宫博物院"端门数字馆"开馆试运行。"端门数字馆"是世界范围内首次将一座整体的古典建筑完全用作数字化展示的尝试。展示中所有的内容素材全部基于故宫博物院历时十余年的数字化采集的文物数据。

"端门数字馆"采用沉浸式、交互式的体验手段，采用了包含数字沙盘、数字书法、数字绘画、数字长卷、数字多宝阁、数字宫廷原状、数字宫廷织绣、数字屏风、虚拟现实剧场等数字展现形式，通过精心采集高精度文物数据，结合严谨的学术考证，把丰富的文物和深厚的历史文化，再现于数字世界中。按照"故宫是座博物馆"为主题将上述展项分成数字沙盘展示区、数字文物互动区和虚拟现实剧场三个展示部分，观众在这里可以了解"故宫是什么"、"故宫有什么"和"来故宫看什么"。

数字书法项目由 3 块高清屏幕模拟兰亭序中"曲水流觞"的溪流，人们点击靠近岸边的漆器"觞杯"，面前的平板电脑就会随机打开兰亭序中的一个或一组文字，使用带有压感的笔模拟毛笔进行书写。观众所写的字就会融入原作中，并可与古人原作进行对比。由 12 块高清屏幕构成的"数字屏风"，将不断为观众展示院藏宫廷文物或与宫廷生活有关的历史知识，还可以实现虚拟试穿宫廷服饰。观众只需根据提示，就可以在屏幕上穿上虚拟华服，拍照留念。虚拟试穿环节采用了三维立体的服饰模型，通过骨骼绑定技术使它与人体动作更加一致，是目前同类项目中定位最为准确的技术呈现。

故宫宫殿建筑中小巧雅致的室内空间、质地脆弱难以展出的文物珍品、实物展览中无法表达的内容，都能在"端门数字馆"以数字形态呈现出来，为人们打开一扇深入了解故宫博物院的数字之门。"我认为，今天最好的数字博物馆是故宫博物院。"单霁翔院长自豪地说，"每一个内容都延续着故宫的文化底蕴，同时又借助高新技术，注入了时代的气息。"

3. 创建故宫数据可视化知识体系

故宫博物院整合十余年积累的故宫古建筑和文物三维数据优质资源，打造"V故宫"项目。项目基于多种（剧场、穿戴设备、移动终端）交互体验方式，不断引入最新可视化软硬件设备，拓宽应用场景，逐步构建故宫文化遗产数据可视化知识体系。"V故宫"项目以计算机视觉技术为主要实现手段，高拟真再现金碧辉煌的紫禁城，多层次深度解析紫禁城中的著名建筑，向公众传播权威精准的历史文化知识，提供全视角直观鉴赏古代宫廷建筑之美的独特方式，同时也为爱好者与研究者提供高质量的可交互故宫三维可视化知识资源。通过新技术研究、项目实施、成果展示，故宫在三维数据资源整合应用方面形成了一个完整闭环，并将持续打造基于三维数据的可视化知识体系。

"V故宫"项目下包括V展览、V修复、V学术等方向，在V展览中分为线上展示和线下展示两个部分。线上展示中，"养心殿虚拟现实线上展示"和"灵沼轩虚拟现实线上展示"在移动端以VR和全景两种模式呈现建筑场景和文物细节；线下展示中，不仅拥有上述6部用于演播厅播放的剧场版虚拟现实节目，同时还开发了基于虚拟现实头戴设备的"养心殿VIVE"、"御花园VIVE"以及"江西景德镇御窑遗址VIVE"等展项，为观众提供兼具趣味性的高黏度可视化知识普及传播模式，为文化遗产的认知拓宽了多维渠道。在V修复中，例如"养心殿研究性保护项目可视化工作平台项目"和"奉先殿神龛虚拟修复项目",不仅能够在虚拟可视化平台上完整模拟修复流程,还能"所见即所得",迅速评估修复效果,为而后的实际文保工程提供科学依据和路径印证,为文保修复提供了新的审视途径。在 V 学术中,"宁寿宫花园数字记录项目"、"慈宁宫花园考古工地数字记录项目"和"江西景德镇御窑遗址数字记录项目"不仅完整地记录了文化遗产现场的高精度三维数据和色彩数据,成为"永久保存"的基础数据,还为研究者提供高度仿真的可交互式可视化研究资源,丰富和拓宽了文化遗产本体研究的方法范式。

(四)用外部电商媒体平台扩展数字故宫能力

1. 用社交媒体提升故宫文化影响力

为了强调文化与人的互动以及持续提升故宫文化影响力,故宫在多年的数字化建设的积累、良好的流程化管理和精准的用户分析基础上,2011 年正式推出官方微博,开通了"新浪微博号"和"腾讯微博号",2012 年又推出"人民网微博号"和"腾讯微信号"。时至今日,故宫博物院官方社交媒体发展已形成了一个较为全面的社交媒体平台的矩阵体系。

微信公众号"微故宫"是故宫的服务号,充分地利用多功能的优势,既发布动态信息,又开设了全景导览、购票、微店、小游戏等栏目。除定期推荐展览资讯、文化专题、文创出版等内容外,观众还可通过全新升级的菜单栏进行自主查询,获取最新资讯、参观导览、建筑藏品、"故宫出品"系列 App 下载等丰富内容。公众号的语音辅助功能、微专题小站、游戏视听板块、粉丝积分兑换等互动性机制吸引了更多观众的长期注意,增加了故宫的持续影响力。

在微博的运营中,故宫的运营团队注意细节,巧下心思。如微博开放 140 字的限制之后,把重点内容放在 140 字中,用户不需要点击更多也可以读明白;微博 9 图摆放顺序一目了然,图片制作精美统一,顺应读图时代的需求；"微故宫"图片制作多按手机壁纸尺寸，让用户可以直接下载保存，设置为壁纸等。做好运营中的点滴细节，多为用户考虑，让观众感受到诚意，在无形中拉近了故宫文化和观众之间的距离。

据 2016 年底统计，故宫的新浪微博粉丝 215 万，腾讯微博粉丝 301 万，人民网微博粉丝 45 万，微故宫粉丝 26 万。2015 年、2016 年故宫博物院官方微博在《人民日报》、新浪微博和新浪网主办的"政务 V 影响力峰会"中获得"全国十大政务机构微博"的称号。

2. 用电商平台开拓文创产品营销渠道

故宫博物院针对国家出台的鼓励博物馆文创产业发展和"互联网 + 中华文明"的政策，利用互联网络销售平台，拓展推广文创产品的渠道，相继发展了"故宫淘宝店"、"故宫天猫旗舰店"、"故宫微信微店"及"故宫商城"等，不仅吸引了众多网上的购买者，更培育了一批铁杆的故宫粉丝，实现了社会效益和经济效益的双赢局面。

故宫文创主要销售故宫周边的用品和礼品，同时提供商品系列介绍，在专题界面讲述每个系列商品的仿制工艺和历史来源。故宫出版主要销售故宫出版社和紫禁城出版社出版的书籍，故宫票务则以销售故宫门票为主。这三家店铺互相嵌入，每家店铺中都有另外两家的入口，形成一个相互衔接和高效的销售体系，仅在 2016 年，故宫文创产品就达 8700 多种，总营业额超过 10 亿元。

三　持续推动博物馆的科技运用

（一）高度重视数字故宫建设

故宫博物院的历任领导都非常重视信息化建设，认为数字技术是可以深刻表达和传播故宫文化的工具和手段。故宫于 1998 年就组建了资料信息中心，专司推进故宫博物院的信息化工作，至今近 20 年。目前该部门已经发展成为拥有 8 个科组 80 余人的庞大专业信息化技术部门。日常工作涵盖了信息技术设备运行管理和维护、各类信息系统建设和维护、影像数据采集和研究、视频数据加工制作和利用、数字加工、线上文化的数字展示与研究、线下数字展示与研究、应用技术研究八大门类众多业务主线。

故宫博物院在信息化发展规划中指出，故宫信息化建设的出发点和最终目标是促进文博事业的发展。故宫博物院本着坚持"以资源为核心，以需求为向导，以应用促发展"的建设理念，通过加强信息化工作与各项专业工作的紧密结合，提升故宫博物院文物保护、文化传播和管理工作的信息化水平。未来 5~8 年故宫博物院信息化建设的总体目标是"充分利用现代信息技术，以文物信息资源开发利用为核心，以文物信息基础设施和公用信息服务平台建设为基础，以信息化重点项目建设促进信息化应用，通过狠抓应用和服务，发挥信息化建设的效益，全面实现文物保护、抢救、利用和管理工作信息化，促使故宫博物院早日跻身于世界一流现代化博物馆之列，促进故宫博物院各项工作的可持续发展"。

（二）有战略高度但务实的技术选型与运用

信息技术的发展日新月异，新技术的选型以及运用，即便是对拥有专业化、规模化技术团队的故宫而言，都不是一件轻松容易的事情。博物馆面对眼花缭乱的新技术以及商业宣传时，易产生畏难情绪甚至技术恐惧。这种现象在某种程度上阻碍了博物馆获得充分利用新技术产生的发展红利。许多博物馆的信息化水平停留在上一代技术应用的阶段，硬件设备、软件系统、人机界面等老化、过时、时代感不强，与平行服务行业的信息化水平相比差距显著。

故宫在进行技术选型时，首先站在故宫发展战略和使命高度上，不仅积极了解新技术的发展和应用情况，还能与研究机构、技术公司等共同开展研发工作，探索新技术在故宫中应用的可行性，突破难点，引领行业的新技术应用水平。近年来，故宫先后采用了文物影像资源的数字化技术、虚拟现实技术、SOLOMO（Social，Location，Mobile）技术等，较好地将其应用于故宫的管理与服务工作中。这一做法并不是对于新技术的盲从，而是基于这些新技术应用的成效是否与故宫的发展战略相契合，是否能够为故宫的公众呈现带来新的内容，是否能为观众带来新的故宫体验等基本的务实原则。

故宫在技术应用以及新旧系统如何融合、互补和发展方面也具有清晰的思路。以传播渠道为例，20 世纪 90 年代，随着互联网的初步普及，故宫开始建设面向桌面端的网站。目前网站已经建设成为一个信息全面的综合性对客服务渠道。然而，信息技术发展至今天，移动端迅速抢占传统桌面端，且对于观众而言，具有较桌面端更便捷的功能，如及时服务、移动服务、位置服务等。那么，故宫如何处理发展并建设了几十年的桌面端网站，又如何抓住并满足观众的移动端应用需求呢？故宫的做法是，针对传统桌面端、移动端、不同社交媒体的特征以及这些渠道用户的不同偏好，在展现与服务的内容、文化特点上进行区分定位，使不同传播渠道能够充分利用自身技术与传播特点，展现适合该渠道展现与传播的内容。例如，故宫将桌面端网站定位为综合性服务网站，涵盖了故宫信息服务、订票服务、文化传播等全方位的内容；将移动端的手机 App 定位为故宫精品文化的展示，这一定位使故宫目前出品的 App能够深度挖掘传统艺术的丰富内涵与表现力，融合虚拟现实以及动画技术，以虚实结合、人机互动的方式展现故宫藏品画为主；将移动端的社交媒体，如微故宫公众号定位为满足观众实际需求的服务渠道，提供参观服务信息、全景故宫虚拟导览以及线路导航等服务。这种针对不同用户群，在技术运用中清晰区分定位的思路，给业界同行提供了一种在目前技术浪潮冲击背景下思考技术应用的思路。

（三）数字故宫建设的进一步思考

拥有近 600 年历史的故宫作为世界最大的文化遗产之一，文物和古建筑的监测和保护问题在自然环境和人为环境日益复杂的今天尤为重要。2010 年启动的故宫世界文化遗产监测平台项目，已经开始了对气象、环境、午门城台沉降信息、城墙信息、动植物信息、观众流量信息等的监测，并将其纳入可移动文物管理数据库、安防技防数据库，做到主要建筑和关键文物的被动感知和信息关联。为了能够使系统做到精确感知、主动预测和干预前置，还需要应用激光等各类高精度传感器、快速物联网和预警技术，通过构建精细网格化的各类传感及多功能物联网系统，实现精确到点的各类异常和应急情况的及时发现甚至预测和预先处置。

随着数字故宫体系的日趋完善和快速演进，故宫社区的交流日益活跃，系统中的数据以及系统外部互联网用户生成内容的快速增加，大量"故宫数据"成为故宫的重要"资产"，对其充分利用并再服务于故宫也将成为数字故宫建设中的重要内容。在大数据技术不断成熟的背景下，当数据量达到一定规模后，可以建设故宫大数据平台，研发故宫大数据应用，提供文物保护、抢救、利用和管理的决策支持，促进故宫文化更广泛有效的传播。

第 四 篇

社群关系优化

志愿服务

在被称为故宫"看门人"的单霁翔院长看来，故宫最具吸引力的世界级文化资源，除了雄伟的宫殿建筑、丰富的馆藏文物，还有世界博物馆中最庞大的观众群体，后者成为故宫拥有的第三项世界级文化资源。如此，故宫文化资源除了"物"的要素，还有了"人"的要素。服务于古建筑、文物藏品和观众的故宫人，同样是故宫重要的文化资源，他们创造了故宫的历史，也推动着故宫的事业发展。说到故宫人，包括了一个特殊的群体——故宫志愿者。

一　志愿者是博物馆形象的重要组成部分

众所周知，志愿者的志愿奉献行为常常被描述为"送人玫瑰，手有余香"。1985 年，第四十届联合国大会通过决议确立每年 12 月 5 日为"国际志愿者日"，用来宣传、表彰和倡导志愿者服务的重要作用与奉献精神。当今社会，志愿者服务已经是现代文明社会的标志，也是社会进步的一个表现，而博物馆志愿者服务是其中一支重要的力量。在我国，志愿者精神和志愿者服务理念自 2008 年"汶川大地震"和"北京奥运会后"在全社会范围内得到了很大提升。志愿者角色开始深入人心，并在社会生活领域担当着日益重要的角色。

志愿者是不计报酬，利用自己的时间、精力、技能等资源，自愿为社会和他人提供服务的个人。志愿者提供的志愿服务行为具有不追求经济回报、出于自愿性、增进社会公益、造福于他人或社会的等特征。从组织化角度看，志愿服务可被分为正式志愿服务和非正式志愿服务，正式志愿服务即"有组织的志愿服务"（organized volunteering），是志愿者通过各种各样的组织参与志愿服务，包括为各种各样的组织提供志愿服务，这些组织多是非营利性组织。与非正式志愿服务相比，这种有组织的正式志愿服务有更明确的服务范围、计划、目标和规范流程，占据现代社会志愿服务的主流。

　　博物馆多为非营利组织，承担着文化保护、传播、交流及公共教育等职能。博物馆志愿者在国际博物馆界也称为"博物馆之友"，一般具有较高个人素养、热心社会公益事业，对文化活动表现出极大的关注。他们或从事博物馆志愿工作，或贡献自己的专业知识，积极、主动支持博物馆的发展，这种参与给博物馆增添了新的活力。同时，博物馆志愿者服务也是博物馆实施开门办馆、完善服务体系、以社会力量服务社会公众、提升公众参与意识、提高博物馆社会影响力的重要途径。

　　现代博物馆的特点之一，是博物馆拥有自己的志愿者。很多发达国家和地区的博物馆志愿者工作已开展多年，并卓有成效。早在 20 世纪90 年代初，美国 5000 多座博物馆中，就有 3000 多座博物馆引进志愿者制度。如今，在美国的博物馆领域，活跃着数十万名志愿者服务人员，美国一些博物馆内的志愿者约为正式员工的 3 倍。国际上具有重要影响的博物馆都有着力量强大的教育部门，这些教育部门除了拥有较高学历的专职人员，同时还拥有数量可观的志愿者团队。在日本，博物馆与志愿者之间关系表现在双方的互惠互赢，博物馆根据志愿者的个人意愿安排工作内容。我国港台地区博物馆探索与实践工作相对较早，如今志愿者服务已经有系统、有组织、有规章的稳步开展。

　　以世界顶级博物馆为例，大英博物馆已形成完整、公开的志愿者政策，通过常设的国际培训项目每年从全世界范围招募、培训志愿者，加强大英博物馆的海外联系。此外，大英博物馆还承担起引领作用，通过和信托机构联合设立奖项，用以奖励每年在英国博物馆领域中贡献突出的志愿者或志愿者团队。美国大都会博物馆的志愿者组织成立于 1967年，早期有 12 个志愿者在大堂咨询台提供志愿服务，经过多年的发展，大都会博物馆志愿者组织已经壮大到 1200 多名人士，服务于全馆各个角落。

我国博物馆志愿者工作起步较晚，基础较薄弱，队伍较新，地区间博物馆志愿者工作的开展还不平衡。但近年来，博物馆志愿者工作发展较快。其中故宫在全国博物馆领域，较早进行了志愿者工作方面的探索与实践，并已取得积极的成果和社会效应。

故宫志愿者团队是全国博物馆志愿者团队中管理最规范、人员最稳定、流动性最低、结构最合理的志愿者团队之一，他们的工作得到了故宫员工的认可和广大观众的好评。故宫志愿者对故宫文化遗产充满热爱之情，在公众服务中倾注了真挚的情感，全身心投入志愿服务工作，为故宫公共服务事业奉献了力量。

二 让志愿者服务无所不在

（一）故宫的志愿者状况

故宫现有在职员工 1400 余人，另有 200 人左右的稳定的志愿者队伍，服务于故宫，成为重要的编外力量。志愿者目前在岗服务的年龄最大 75 岁，最小 22 岁。志愿者身份多样，有在校学生、国家公务员、全职妈妈、退休工程师、艺术家、教师等身份，各有专业特长。

故宫于 2004 年首次向社会公开招募讲解志愿者，成功招募了将近300 名。至 2017 年共进行过 6 次面向社会公开的志愿者招募活动，除了2004 年第一次招募，以后每次招募人数控制在 40~60 人，前后已有总计558名志愿者提供过志愿服务。2017年3月故宫面向社会进行了第六次志愿者公开招募，短短一周时间，收到有效简历1500余份，充分反映出公众参与故宫志愿服务的热情。

截至2015年6月，故宫志愿者团队已经累计为社会公众提供112433小时的服务，服务公众人数次达529433人次。2016年，共有178名故宫志愿者为观众提供了包括专馆及特展讲解、主题日讲解咨询、深入社区和学校的故宫文化宣讲以及教育活动等各项服务共10975小时，50800人次观众从中受益。并且，故宫志愿者队伍所表现出来的专业化、稳定性以及定时定岗的志愿服务方式使志愿者更像是故宫名副其实的"上班族"。从2005年至今，故宫志愿者服务已经从讲解服务拓宽到更多领域。可从服务次数、服务时长和服务观众人次方面看出志愿者对故宫事业发展的贡献（见图17-1）。

图 17-1 故宫志愿者服务情况统计

说明：根据《故宫博物院年鉴》和工作总结整理。

（二）故宫志愿者：人工讲解服务的主力军

故宫讲解服务分人工讲解和电子化讲解，其中人工讲解又分为专职讲解员、兼职讲解员和志愿者讲解三大部分。目前，故宫专职讲解员有十几名，数量最少，是正式在编职工，主要承担国宾接待任务。兼职讲解员则是跟公司合作，由其负责选拔，主要承担故宫线路讲解的任务，目前有 50 人左右。志愿者讲解员数量最多，目前服务人数 166 人。专馆、展览的日常讲解，基本上由志愿者提供服务。

1. 专题展馆讲解

2004 年底，故宫首次招募志愿者，岗位就明确为专馆讲解志愿者，招募目的是通过专馆的讲解服务帮助观众更好地欣赏展品和展览。最终约 300 人通过培训考核，成为故宫的首批志愿者。每天有 20 多人在珍宝馆、钟表馆、戏曲馆等专馆内讲解。经过这些年的发展，志愿者专馆讲解的区域已从最早的珍宝馆、钟表馆、戏曲馆，覆盖到陶瓷馆、书画馆、石鼓馆、青铜器馆、雕塑馆等在内的近 10 个专馆。

随着专馆逐步开放，故宫也曾公开招募，以特定专馆的讲解服务为招募目标。随着志愿者专馆讲解服务的深入，自 2009 年起志愿者参与到专馆讲稿编写工作中，为此成立了专馆讲稿编写志愿者工作团队，各专馆由专人负责，在志愿者中征集稿件，制定编稿原则等，为今后志愿者的规范讲解和专馆培训工作做准备。这样，志愿者工作在专馆讲解环节前移，也体现出故宫志愿者在专馆讲解中提升了自己的参与度和专业性。

2. 临展、特展讲解

临展、特展的现场讲解服务主要由故宫志愿者提供。据统计，故宫的常设展览从 1949 年至今有 300 个左右，而临时展览则有 400 个左右，展出文物数量接近 10 万件。近年来，故宫每年都会推出数个临展，其中，一些特展在公众中引起了热烈的反响，获得很大成功。临时展览多，频率高对志愿者讲解服务构成挑战。比如临展展期就两个月，而这方面的知识，志愿者可能以前没有接触到，这就要求志愿者在短期内突击学习。这点不同于专馆的长期讲解。

为了更好地服务于临展、特展讲解，故宫一般从现有的故宫志愿者中招募特展讲解志愿者。例如，2011 年"兰亭特展"举办得非常成功，其观众数量达 20 余万人，而展期却只有不足三个月的时间。故宫志愿者通过自愿报名、严格培训、考核选拔出 30 名兰亭特展讲解志愿者。这次特展，依靠志愿者讲解做到了在整个展期内，分上午、下午实现固定时间和固定场次的讲解服务，赢得了观众的极高评价。再如，2015 年 9 月故宫为建院 90 周年推出的"石渠宝笈特展"，观展盛况空前。志愿者提前两个月从故宫志愿者中招募产生，进行专业培训，除了提前印发展览大纲外，更组织志愿者专场参观，邀请展览的策展专家进行专题讲座，介绍展览内容和策展思路。经过两个月的准备，36 名报名者中有 33 名通过讲解考核，进入现场进行志愿讲解服务。

3. 讲解延伸和提升

讲解服务依托于展览，为了吸引更多观众看展，志愿者参与到展览推广与宣传活动中。例如在 2013 年"洁白恬静——定窑瓷器特展"推广活动中，志愿者设计了以定窑瓷器为主题的，分别针对儿童和成人的宣讲活动。

志愿者把讲解内容开发成课程，进社区、进课堂，将在故宫展厅内的讲解内容带到社区民众中间，突破了展厅展览的空间限制，扩大了服务范围。另外，有多年讲解服务经验的优秀志愿者对新志愿者通过示范讲解的形式进行专馆讲解培训，利用新技术手段提升讲解服务。如利用 iPad，把自己搜集来的高清图片进行直观讲解，利用自身讲解经验，参与电子化设备导览词解说词录入的完善工作，等等。

故宫志愿者以故宫专馆讲解起步，其志愿服务的基础仍然立足于讲解，在此基础上，挖掘和实现志愿者的"一专多能"作用。

（三）故宫志愿者：公众教育服务的生力军

故宫是世界文化遗产，不仅需要为观众游览提供服务，更需要为到访观众和社会公众传播其文化，实现其教育功能。一方面故宫将公众请进来，在博物院院内开展各类兼具参与性、主题性、趣味性的体验类和学习类活动。另一方面故宫积极"走出去"，进社区、进课堂、进军营传播，弘扬故宫文化、故宫知识。

1. 公众教育活动"请进来"中的志愿者参与

志愿者参与到故宫组织实施的"故宫知识课堂""动手教育"等品牌教育活动。2006 年 2 月，在学生寒假期间，故宫策划实施了针对中小学生及其家长的"故宫知识课堂"主题教育活动，向学生及家长讲述故宫的发展历程以及宫殿建筑，组织参观钟表馆、珍宝馆，进行院藏钟表的开动演示，努力使故宫成为他们的"第二课堂"。迄今，"故宫知识课堂"已连续开展 11 届，成为故宫的品牌教育活动。近年来，每届都设计多种主题活动。例如，2015 年第十届针对西部地区贫困家庭的学生组织举办"孩子，圆你故宫梦"活动，暑假期间开展面对青少年"科学·艺术"暑期社会实践活动、"我们在故宫相遇"亲子艺术活动。孩子们可以根据兴趣参与朝珠 DIY、手绘龙袍、绘瓷盘、布艺堆绣、包粽子、拓印碑帖等动手活动，在充满创意和趣味的活动中，体验中华传统文化，志愿者们在服务参与中体验文化传播和教育的价值。

2012 年故宫结合展览和特定节日推出了各类动手教育活动，后来形成又一个故宫教育品牌。活动开展伊始，就有故宫志愿者的参与。例如 2012 年 4 月 24 日，来自北京东城区新鲜胡同小学的 30 余名学生，在故宫志愿者的带领下参加了"寻找故宫陶瓷中的龙"的主题活动。

在上述公众教育活动中，故宫志愿者不仅作为活动助手参与到活动的实施环节，还成为活动开发设计环节的参与者参与其中。2008 年，故宫在志愿者中开展了教育活动创意比赛，很多志愿者以故宫文化资源为基础，从观众的需求考虑，提出了很多有特色、可操作的教育创意。提供创意的志愿者还多次担任课程主讲教师，参与各类主题教育项目的组织与实施。故宫的公众教育活动非常重视青少年群体，近年来故宫还组织亲子教育活动，选择在闭馆期间，由故宫志愿者为亲子家庭进行专馆讲解。

随着故宫公众教育活动的全面展开，志愿者也越来越多地参与活动保障、课程开发等环节。为了使更多来到故宫的观众进入"故宫知识课堂"，目前已经将太和门广场西侧开辟为学生和志愿者活动的常态化场地，建立故宫观众教育中心，实现定时常态化的开放利用。

另外，近年来，故宫志愿者参加了国际博物馆日、中国文化遗产日等大型主题日的主题宣讲活动。例如在 2015 年"5·18"国际博物馆日，志愿者们向观众发放刻有故宫 Logo 和"无烟故宫"宣传语的彩色手环，告知观众不要把打火机等火源带进紫禁城，劝阻个别观众在参观过程中的不文明行为。

2. 公众教育活动"走出去"中的志愿者参与

近年来，故宫文化向外传播，公众教育"走出去"的实践也已经比较丰富。从 2006 年开始，故宫开始组织志愿者开展"共享故宫文化，恢弘紫禁荣光——紫禁城文化进社区暨故宫志愿讲堂"活动。让志愿服务走出故宫，走进公众，传播文物知识。北京市博物馆协会志愿者委员会在 2012 年初号召北京地区博物馆开展"魅力北京，百场讲述"活动。故宫推荐参加该活动的十余名志愿者获得一致好评。由此诞生"故宫文化"宣讲团，把在故宫展厅内的宣讲内容带到社区民众中间。由志愿者准备一个小题目，短的 20 多分钟，长的有 40 分钟或者一个小时，根据对方需求进行故宫文化的宣讲。宣讲团自 2012 年 5 月 18 日亮相以来，多次进入社区、学校、军队进行宣讲，目前已经形成 20 多个宣讲主题，累计开展活动超过百场。

故宫志愿者进社区。例如，2013 年志愿宣讲团为北京市东城区东华门街道韶九社区的 60 余名居民送去《走进故宫陶瓷馆》、《毗卢帽垂花门》和《紫禁城里看屏风》三个充满文化气息的文化宣讲专题。

故宫志愿者进军营。2012 年八一建军节前夕，一批故宫志愿者来到解放军总政治部黄寺大院警卫营和解放军某部队开展文化宣讲活动。志愿者分别从故宫建筑、工艺、金石和家具等方面，向战士们讲述丰富、生动的故宫文化。

故宫志愿者进课堂。2012 年 9 ~ 12 月，故宫志愿者承担了北京市第十五中学高一年级共 11 个班每月最后一节历史课的讲课任务，授课内容均是经过精心准备的"故宫文化"故事。目前，更多的志愿者参与到故宫文化"进课堂"活动中，例如 2016 年 10 月 14 日，在面向北京西城区三里河第三小学开展的"甲胄八旗"教育课程中，一次就有 8 名故宫志愿者担任助教，承担志愿服务工作。

故宫目前承担公众教育的专职人员有限，教育活动日益增多，志愿者将是重要的人力资源补充，并且志愿者的招募立足于讲解服务，标准比较高，经过经验的积累，有能力延伸到公众教育领域，承担更多公众教育项目的研发和实施。志愿者成为故宫开展公共教育活动生力军的未来可期。

（四）志愿者政策框架：规范化流程

故宫自 2004 年底在社会公开招募志愿者以来，多年来稳步发展，以 2012 年颁布《故宫志愿者管理办法》（试行）为标志，初步形成了公开招募、培训考核、管理、激励等一套流程、规范及志愿者政策框架。

1. 公开招募

2004 年底，故宫首次向社会发布志愿者招募信息，约 300 人通过培训考核，最终成为故宫的首批志愿者。在首批招募的志愿者中，目前仍有 24 位在岗服务。从 2004 年至今，除了 2008 年有过一次由院里员工推荐的非公开招募外，根据需求故宫不定期地进行过 6 次公开招募（见表 17 - 1）。累计下来，每年固定的服务人数约 200 名，与全国同行博物馆相比，志愿者稳定性高。近年来，随着志愿者越来越多介入临展、特展服务和公众教育服务，近几次招募在政策上除了时间因素外，开始更多考虑年龄因素，希望申请者有相关专业背景或者是文博爱好者。

表 17 - 1　2004~2017 年故宫面向社会公开招募志愿者情况

年份	报名人数	有效简历	最终上岗人数（人）	招募服务的内容
2004	1500 余	1500 余	300	讲解和志愿服务
2007	600	100	51	讲解和志愿服务
2010	72	72	37	书画馆讲解
2013	400	300 余	60	珍宝馆、钟表馆讲解
2016	400 余	360	60	雕塑馆讲解
2017	1500 余	1500	50	讲解、公众教育及其他

　　招募环节包括公开招聘条件、申请者报名、资料初筛、考试面试等。其中，申请者须具备以下条件：品行端正，身心健康，表达流利，热心公益事业，有志传播中国传统文化，具备相关历史文化基础知识，愿为博物馆教育义务贡献时间和精力。通过身份审核和业务考核的申请者，需统一编号登记注册，发放故宫出入证（简称"出入证"）、故宫志愿者讲解服务证（简称"服务证"）与《故宫志愿者服务手册》（简称《服务手册》），获得故宫志愿者服务资格。

　　为配合 2008 年北京奥运会召开，2007 年底，故宫外籍志愿者招募启动，向社会发布招募公告，收到报名简历 40 余份，先后有 26 名外籍人员前来参加面试，成功招募 20 人成为首批外籍志愿者；2008 年 6 月，经过系统培训的外籍志愿者正式上岗，开始为观众提供咨询服务。

　　2. 培训与考核

　　（1）岗前培训与考核

　　岗前培训主要分为三部分。首先是故宫规章制度培训。由故宫宣传教育部门的工作人员开展。故宫不仅是博物馆还是世界文化遗产、国家重点文物保护单位，同时也是 AAAAA 级旅游景区，地位特殊，情况复杂，其方方面面的规章制度非常多。培训时，相关的规章制度首先要掌握，比如严格的进门制度包括进门时间、佩戴胸卡等内容，再如馆内交通工具的使用如自行车骑行等方面的要求。另外，志愿者主要服务内容是讲解，因此还需掌握讲解服务相关规定，如在《故宫讲解服务管理办法》中对讲解人员有非常细致的规范，包括讲解着装、礼仪、化妆、饰品佩戴等要求。其次是专家讲座培训，由故宫各部门的专家、研究人员提供。专家围绕专馆培训讲授历史、文物、建筑方面的专业知识和理论。最后是实地展馆讲解培训，由故宫专职讲解人员、相关工作人员和资深志愿者给予展馆示范讲解，志愿者通过实地参观、展厅实习完成岗前培训环节。培训后由宣传教育部门组织人员统一考核，考核合格者方可成为故宫志愿者。

（2）年度培训与考核

年度培训以讲座、参观、考察、沙龙等动态培训形式进行，这方面，故宫自身有可供利用的丰富的培训资源。志愿者注册服务每满一年（按自然年计）由宣传教育部对其统一进行年度工作考核，考核年度服务工时和总体服务表现。服务工时需满足基本要求即全年不少于 36 周、每周一次、每次 2 小时的服务时长。服务期间有损故宫志愿者形象的，也将不再获得下一年度的志愿服务资格。主要考核依据：一是时间，二是讲解水平。近几年，随着志愿者服务水平提高，讲解水平增强，质量考核常通过不定期去展馆中随机跟团考察完成，志愿者自己也更喜欢这种展厅实地讲解的考核方式。

3. 管理

故宫宣传教育部门负责志愿者管理，包括注册登记、证件管理、日常服务管理等。

（1）两证一册

志愿者进行志愿服务时，须携带"两证一册"，即故宫出入证、服务证和《服务手册》，并正确佩戴和使用以上证件。志愿者"两证一册"专人专用，不得转借、涂改。出入证是确保志愿者正常出入故宫的身份凭证，由保卫处统一制作。按规定须每年更换。服务证是志愿者在故宫进行志愿服务的身份凭证，服务时必须佩戴，且每次志愿服务结束后，均须交回宣传教育部门统一保管。服务证不可代替出入证进出故宫及院内各专馆。《服务手册》用于记录志愿者在故宫的志愿服务情况，志愿者凭服务手册的记录在"志愿北京"平台进行注册和登记记录志愿服务数据。

（2）定时定岗、公示讲解

故宫志愿者服务从一开始就提倡定时定岗服务，为了保障定时定岗服务的落实，自2014年3月开始故宫在钟表馆推行"志愿讲解公示服务制度"。展馆门前竖立了醒目的公示牌，对讲解服务的内容、时间和场次加以介绍，使人一目了然。公示即承诺，公示即宣传，公示即要求。这样一来，讲解公示会让观众产生正式、专业的感觉，为观众带来了便利，也为志愿者服务带来了更多的认同。

（3）制定、发布《故宫志愿者管理办法》

2012年，为加强故宫志愿者队伍建设，促进志愿者管理规范化、制度化，推动志愿服务事业持续、健康发展，故宫制定颁布了《故宫志愿者管理办法》，明确了故宫志愿者的管理原则、方式，故宫志愿者的招募与注册、培训与考核以及故宫志愿者的权利与义务等。

（4）专人专岗管理

2017年4月，负责志愿者管理的故宫宣传教育部内设新的科组"志愿者管理组"。在此之前，志愿者管理业务并入"公众教育组"，这次故宫内部机构的调整，设置出专门的机构、专人专岗专职负责志愿者工作，为故宫志愿者管理工作进一步优化提供了良好的组织保障条件。

4. 激励

故宫志愿者对观众提供免费服务。激励以精神奖励为主，表达对志愿者服务的尊重和认同，培养故宫志愿者团队的归属感和荣誉感。

（1）荣誉榜

鼓励志愿者在故宫长期从事志愿服务，不断积累故宫文化知识。在故宫服务达到一定年限且累积有效服务时数达到1000小时者，故宫将设立志愿服务荣誉榜，对长期进行故宫志愿服务的行为予以宣传推介。

（2）评优、宣传

以服务时间为主要依据，以参考其他反映志愿服务质量为重要条件，不定期地开展志愿者评优活动，设置"定时定岗全勤奖""志愿服务优秀奖""优秀小组长奖"等，向其颁发荣誉证书并给予适当奖励。结合北京市及全国博物馆志愿者评优活动，根据志愿者在故宫服务期间的表现，积极其推荐参加全国及北京市优秀志愿者评选。目前，已经有数位故宫志愿者获得"全国博物馆十佳志愿者之星""优秀文化志愿者""志愿文化基层年优秀志愿服务奖"等荣誉奖项。

（3）学习和自我提升机会

向志愿者适当提供故宫的院内资源和院外博物馆资源，以供其学习、自我提升，是对志愿者的一种培训方式，也是一种有效的激励方式。以下几种方式是受到志愿者欢迎的有效激励。

院内参观。免费参观故宫向社会开放的所有专项展览、临时性展览，参加公众推广活动，在宣传教育部统一安排下，参观故宫非开放区。

院内业务学习。免费提供的业务书籍及学习资料，及时获悉院内相关展览及专题讲座的信息资料，参加故宫组织的业务培训，享受与故宫专家面对面交流的机会。

培训激励最受故宫志愿者欢迎，这和故宫志愿者的志愿服务动机密切相关，大家都热爱文化，对知识的培训都是渴望的，去合作博物馆免票参观、看展、交流，去京内外文博单位考察、座谈，约平常约不到的专家做讲解、讲座等，都是对志愿者的一种激励。

（4）少许物质激励

购书优惠，凭当年注册的志愿者证件，在故宫宣传教育部报名购买故宫出版社书籍，享受购书优惠与便利。志愿服务每满一年，志愿者将获得故宫优待券及故宫文创产品等奖品。

（五）志愿者自组织建设——故宫志愿者委员会

志愿者队伍发展到 2008 年时，已有 180 人，其中中文志愿者 154

人、英文志愿者 13 人、外籍志愿者 13 人。考虑到仅依靠故宫宣传教育部门的力量来管理比较困难，故宫成立了"故宫志愿者自我管理与服务委员会"，由志愿者自主推荐并投票产生委员会第一届委员，负责开展与志愿者学习培训直接相关的各项工作。委员会由 7 人组成，设主任委员 1 名，秘书委员 1 名，委员 5 名。主任委员一年选举换一次，委员会主要职责是全面落实《故宫志愿者服务章程》，在宣传教育部的指导下组织对志愿者的业务培训，组织志愿者的观摩、交流活动，编纂有志愿者服务的专馆展品和相关文物讲解文稿，协助宣传教育部做好故宫志愿者的日常管理工作等。

后来委员会更名为"故宫志愿者委员会"，三年为一届委员会任期，任期届满通过选举换届，委员会成员 7 人，各有分工、各负其责。例如，2014 年 1 月，根据故宫志愿者公投的结果，新选举产生的 2014 ~2016 年故宫志愿者委员会 7 名成员召开会议，确定主任委员，并明确其他 6 名委员的工作分工。文字水平高的，负责志愿者专刊工作；组织能力比较强的，负责组织志愿者活动；网络水平高的，负责"志愿北京"平台上的信息更新和志愿者信息发布工作。志愿者委员会每一个季度开一次例会。志愿者委员会承担的日常工作包括参与新志愿者招募的面试与考核、参与组织志愿者的讲解工作和培训工作、组织志愿者参观考察交流、为志愿者牵头主办专家讲座、组织志愿者沙龙活动、传达管理部门要求、反映志愿者意见等工作。委员会成员的工作也是义务服务，担当着志愿者的志愿服务工作。

"故宫志愿者委员会"是故宫全体志愿者民主协商、选举产生的志愿者自我管理与服务组织，是志愿者自己的组织。它在故宫宣传教育部的监督、指导下开展工作。其主要职能是为协助宣传教育部参与志愿者队伍的日常管理，配合组织志愿者的业务培训，开展志愿者自我学习与交流活动，等等。它和故宫宣传教育部门一起来做管理志愿者的工作，把宣教管理部门的要求转达下去，并且反馈志愿者的需求，实际起到志愿者和故宫管理部门的桥梁作用。

（六）其他志愿服务

1. 咨询服务

故宫志愿者在展馆讲解过程中经常兼有咨询服务的功能。因故宫环境比较特殊，很多观众来院参观对服务设施的设置，包括哪里能喝水、哪里能去卫生间这些小问题可能都会咨询。故宫的展馆和展览比较多，一年有几十个展览，如果观众来了只想看一个展览，就会有路线指导的需求。还有一些观众，可能第一次来故宫，时间有限，怎么规划安排故宫的游览，有咨询的要求。因此志愿者提供的是全面的咨询服务。这是和志愿者讲解交织在一起的常态的咨询服务。

志愿者在讲解服务过程中，根据实际情况，兼任观众疏导和咨询工作。例如，在2015年的"石渠宝笈特展"期间，由于在第一期展览中展厅内客流密集，疏导压力较大，志愿者在展厅外为排队候展观众进行流动讲解、分发展览宣传资料、提供咨询服务。

另一种情况是，在特定时间特定区域，随着故宫观众流量的增多，咨询和导引的工作压力增大，需要志愿者参与其中。此外，咨询服务也会在主题日活动展开，比如说"3·15"学雷锋日，"5·18"的国际博物馆日，6月第二个周六的世界文化遗产日，故宫在多处搭建咨询台，由志愿者提供专门的咨询服务。平时，在故宫太和门咨询点，志愿者会不定期参与咨询服务。

2. 为志愿者提供志愿服务

故宫志愿者在故宫不仅提供志愿服务，同时也收获了认同感和归属感。志愿者们在故宫奉献着，也同时收获着：收获传播文化、传递知识的乐趣，收获着与观众与同伴交流分享的体验，也收获着自觉保护故宫文物、为故宫事业发展建言献策的故宫人情怀。志愿者们有了自觉的意识去劝导观众爱护文物，2016年媒体上曾报道过的"故宫铜缸刻字秀恩爱"事件，即通过故宫志愿者发到微博上，引起公众注意和讨论。

志愿者们参与到故宫保护总体规划咨询中，在故宫博物院建院 90 周年出版《"故宫人"全家福》之际，志愿者们的照片被编入全家福，这些都表明志愿者也是"故宫人"的一部分。在未来故宫的事业中，我们可以展望故宫志愿服务事业也将同步发展。

除了社会公开招募的讲解志愿者外，故宫还有一类临时短期的学生志愿者。这些志愿者以学校和故宫达成的意向为基础，以参与体验为主，从事短期志愿服务。鉴于故宫面积较大、人员较多，对这部分临时志愿者，往往由故宫志愿者带队协助服务。例如，经故宫与北京国际职业教育学校协商，该校于 2014 年 5 月 2 日为故宫提供 200 名学生志愿者开展倡导观众文明参观活动。服务期间，全体学生分为 15 组，每组由 1~2 名故宫志愿者带队，分散到故宫的所有开放线路开展活动。参与当日活动的故宫志愿者共 34 人。

故宫志愿者还参与每一次新志愿者的招募、培训和各种考核。例如，对外籍志愿者工作的开展，包括联络、面试和培训的所有过程，都有志愿者参与或主要承担。这是一种以老带新、自我服务的方式。

3. 分散性的辅助服务

例如，志愿者在 2011 年"兰亭特展"期间参与观众问卷调查工作。再如，故宫这几年举办了"御窑瓷器展"，为配合展览，引进了一个高科技的 VR 系统，观众戴上眼镜可以身临其境感受窑室里当时的场景。志愿者参与了在 VR 室进行机械管理和服务的工作环节，这也是故宫志愿者服务的新内容。

三　让故宫志愿服务走在时代前列

目前故宫志愿者服务内容仍然多集中在宣传教育特别是讲解方面，有着向公众教育方面转变的趋势。在一些国家，博物馆志愿者的工作范围十分广泛，其工作岗位大多与正式员工完全一样——除了没有报酬。今后除了围绕博物馆的职能和日常工作开展志愿服务，故宫考虑在观众活动支持、讲座、展览策划、人员联络组织、新闻宣传、残障人士服务、观众组织、观众调查、网页制作、外文翻译、专题培训和工作监督等方面，让志愿者有更广阔的用武之地。这需要观念上有转变，落实上有保障。

（一）拓展延伸志愿服务领域，全面提升志愿者功能

1. 观念方面

（1）博物馆人力资源的补充

志愿者不仅是难得的人力资源，更是重要的智力资源。志愿者的人力资源，可以适当弥补博物馆员工的不足。志愿者的智力资源，使博物馆的各项工作开展得更为出色，更有效益。

（2）公众参与公共事业的途径

志愿者参与博物馆志愿服务，不仅传播文化、教育他人，也是自己接受教育、自我发展的途径，同时，也是社会公众参与公益的渠道。例如，在美国，社会公众普遍认为，到博物馆开展志愿服务，是对博物馆进行捐助的有效做法。

2. 落实方面

（1）对志愿者分类招募，可按服务类别分，也可按服务时间分，长期、中期、短期志愿者。

（2）建立志愿者登记报名信息库，考虑进行动态登记，建立候补志愿者库。

（3）对志愿者的培训和学习给予更多投入。

（4）管理专业化。设有专门的志愿者办公室，发挥其更多作用，包括搭建志愿者任务分配的数字化平台，在定时定岗服务外，补充预约服务方式等。加强管理部门的平台功能和服务功能，加强对志愿者工作

和志愿者数据的归纳、提升和研究。

（二）进一步完善志愿者政策，建立规范齐全的志愿者制度

可借鉴很多国家大博物馆的做法，设志愿者办公室，专门负责招募训练志愿者服务人员。招募分长期招募，也保留不定期规模化招募。切实发挥志愿者委员会的自组织作用，志愿者日常管理由委员会自行承担，发挥其管理职能、桥梁作用和其他组织功能（包括志愿者权利保障和服务功能），健全志愿者组织的自行管理机制。

与世界四大博物馆相比，故宫在建设世界级博物馆的发展中，其志愿者政策也将会更开放、更包容、更有国际化色彩。如发展外籍志愿者、英文志愿者及其他语种志愿者。

（三）形成更有影响力的故宫志愿者品牌形象

事实上，故宫在全国博物馆领域，其志愿者队伍已逐渐达到多样化和正规化水平，影响力与独特贡献日益凸显，与国内同行博物馆志愿者队伍相比，其稳定性、专业化程度都已经达到引领位置，引起社会的广泛关注。在未来发展中，故宫可考虑依托项目进行管理，形成更好的持续性，使"故宫志愿者"不仅成为故宫的一张名片，也成为志愿者服务的品牌。

形象塑造

　　故宫从它数百年前建成的一刻开始，即成为东方大国至高政治权力的象征，威严、崇高、神秘成为它的固有形象。故宫博物院成立之后，普通民众虽然得以走进这片宫殿建筑领略观赏其恢弘壮美，但它依然在人们心目保持着高大庄严、博大精深的文化形象。然而作为开放参观的大型博物馆，故宫难免遇到各种偶然与必然事件，并不能天然"免疫"负面新闻，一旦有任何事件发生在故宫，都会引发全社会莫大的关注，这种关注甚至会把负面影响放大，导致故宫的形象被矮化或被丑曲。因此，如何维护好故宫的公众形象，在保障自身不出问题、少出问题的同时，如何应对相关事件，增进与社会沟通，同时强化既有正面形象，创造新型故宫形象，故宫人在近几年付出了巨大努力，也取得了显著成效。

一　重塑形象从沟通开始

　　由于文化遗产保护与管理工作的特殊性，故宫长期以来处于公众的高度聚焦中，但故宫以往与公众的交互以单向的信息发布为主，缺乏及时充分的互动与沟通。从 2012 年起，故宫意识到主动公开信息、及时与媒体沟通交流的重要性，因此，故宫敞开大门，欢迎来自各方的关注，对有关问题予以及时回应。这对于恢复和提升故宫形象、赢得海内外的信任与尊重具有重要意义。

（一）主动加强与公众的沟通与互动

2011年故宫陷入了"十重门"事件，这些洞开的"宫门"使故宫处于公众质疑的风口浪尖，故宫的公信力与公众形象遭遇了前所未有的打击。2012年2月，单霁翔院长上任一个多月，主动在媒体面前亮相，公开回应公众和媒体的疑虑、批评和建议，表示未来故宫对外要更加开放，对内将采取措施，关闭漏洞之门。这是故宫在修复受损声誉做出加倍努力的第一步——加强信息公开，加强媒体沟通。

故宫通过举办新闻发布会、媒体专场和座谈会等方式，邀请数十家媒体记者前来，通过举行发布会、发布新闻通稿、带领记者实地采访拍摄、专家介绍背后故事等多种方式相结合，主动地披露和开放日常管理的运行机制和工作程序，充分公开工作和措施的进展、结果及尚存在的问题，清晰地介绍故宫未来改革和新举措的初衷、做法和进程安排等。

与此同时，接受深度专题性采访，通过媒体进行广泛宣传，为故宫赢得了良好声誉及广泛关注，也使一系列创新举措得到社会公众的信任与支持。

除此之外，故宫广开言路，就一些难题问计于民，问需于民。例如，在2014年召开的一次"平安故宫"工程月度新闻发布会上，故宫公开问计于民，希望征求全社会的意见。第一是在没有执法权的情况下，如何治理"黑"导游等危及院内观众的安全隐患；第二是如何治理周边环境隐患；第三，如何解决观众数量不断攀升带来的安全隐患。

（二）提前公布改革的重要信息

近年来，快速增长的巨量客流增加了故宫安全消防的工作压力。与其他世界著名博物馆有所不同的是，故宫面临的问题不是观众不足，而是超饱和需求。为了维护观众的利益和尊严，故宫采取了一系列的改革措施，从而提升观众参观满意度和舒适度。

从 2015 年故宫开始采取强制限流措施。为了让更多的公众了解到这一限流措施，故宫做了大量的宣传工作。通过媒体、官方网站及微博、微信等渠道加大限流措施的宣传力度，鼓励观众网上预约购票、有计划地安排出行。例如，北京《法制晚报》在 2015 年 5 月 17 日第一版刊出了《故宫实名售票——6 月 13 日起试行 每日限流 8 万》的文章，对华北地区全部旅行社及北京市内导游发送限流通知，提示并引导旅行社团队通过网上预约购买故宫门票。运用大数据管理策略，判定故宫的潜在观众，以推送信息或短信等方式告知其故宫限流相关信息。

2017 年 5 月 5 日，故宫宣布将取消现场售票，全面实行网上购票。经过两个月的准备，在 7 月至 10 月试行全面网络售票，10 月下旬择机正式实施，同时取消现场窗口售票。这种票务改革是由简单粗放到精细化管理的根本转变，让观众更体面、更有尊严地参观故宫。尽管这种改革在初始宣传阶段会受到社会各方的回应甚至质疑，但这些大量、及时并顺应故宫特殊情况的改革与宣传为故宫赢得了社会的广泛认可，维护了观众的利益，树立了负责任管理方的形象。

（三）积极应对并做好危机公关

通过媒体、公众和专家的多方报道与献策，近年来，故宫不断做到信息透明与公开，同时加强舆情监测，做好危机公关，树立"勇于担当，大胆回应，快速处理，以此为戒"的危机处理模式与公众正面形象，最大限度地获得公众的理解与支持。

1. 勇于担当，明确整改措施

2016 年 3 月，一位网友发布"夜游故宫"视频，造成了恶劣影响。故宫及时核实并向公众通报了事件的真实情况，表示此事件故宫需要强化安全意识，并明确公布了此后的具体整改措施。例如，加强员工培训与教育，完善管理机制和完善规章制度等。这一勇于担当，明确责任，加强整改的危机处理方式，使信息透明，获得公众的理解。

2. 大胆回应，明确表明立场

2015 年 5 月 17 日上午 10 时，名为"WANIMAL"的网民在新浪微博上发布了几组在故宫内拍摄的不雅照片。

故宫对此公开回应明确巡查的具体做法，以及对类似事件的处理方法的同时，通过援引《旅游法》及《治安处罚法》等，明确了该事件中"在公共场所故意裸露身体"的行为的性质及处罚规定。号召公众尊敬故宫这一特殊的文化遗产，自觉抑制对艺术的亵渎和玷污，维护故宫应有的文化氛围，保护好祖先留给我们的故宫，维护文化遗产的尊严。

3. 快速处理，倡导文明参观

2013 年 2 月 22 日，《北京晨报》刊出文章《"梁齐齐　故宫喊你回家剁手！"》一文，报道了故宫工作人员颜先生巡视时发现太和门附近的一口大铜缸被人偷偷刻上了一行字的事件（图 18 - 1）。

图 18 - 1　2013 年"梁齐齐　故宫喊你回家剁手"相关报道

面对公众对"梁齐齐"的谴责，故宫表示该字迹已被工作人员清理，未对铁缸本身造成损伤，让公众及时了解到故宫对此类文物被损事件的处理情况。与此同时，故宫对观众随意刻写"某某到此一游"的现象进行了明确的回应，认为是一种不文明现象，严重破坏了遗产保护和景观风貌，是一种缺乏社会公德的恶劣行为。倡导文化旅游，守护祖先留给我们的文化财富。

4. 以此为戒，制止虚假信息

2017年5月3日，凤凰网报道了题为《花椒女主播夜潜故宫午夜直播堪比灵异大片》的新闻。故宫针对此事件引起的人们对安防保障措施的质疑以及对故宫声誉带来的负面影响，进行了积极的调查与回应。

故宫通过调阅视频监控排除了"夜游故宫"直播的可能性，严肃指出这一虚假信息不仅严重损害了故宫形象，并极有可能被他人效仿，给文化遗产的安全保卫工作带来隐患。同时，对这一行为进行了郑重的批评与制止，希望以此为戒，建议广大网民和社会公众远离网络谣言，维护网络健康环境，共同爱护我们的世界文化遗产和博物馆文化环境。

（四）多渠道主动掌控舆论导向

为了能够最大限度地掌控舆论的导向，故宫采用了书面答复作为回应媒体诉求的重要方式之一，这一方式有助于主动掌控媒体报道的指向性和内容的可控性。书面答复内容涉及中国世界遗产保护与发展专题调研采访、"一带一路"、"工匠精神"和文化"走出去"等数十项关乎国家文化事业及博物馆事业发展的宏观问题。

对记者采访后拟刊发的报道进行审核把关，涉及采访对象的内容由受访专家、相关领导审核无误后返给记者刊发，及时掌控媒体报道趋势与倾向，尽量避免引起公众的误读与误解，树立故宫良好的公众形象。

与此同时，故宫充分利用媒体与公众聚焦的国际展会与论坛，集中展示故宫的创新发展与文化传承。2017年3月22～26日，故宫携"故宫·博鳌—故宫馆藏书画复制精粹展"及故宫特色教育互动活动，亮相博鳌亚洲论坛2017年年会。单霁翔院长代表故宫在论坛上精彩发声，畅谈"工匠精神"的传承与文化创意产业在博物馆中的发展。2016年9月16日，故宫展区亮相成都举办的"第七届博物馆及相关产品与技术博览会"，故宫此次不仅带来设计精美的、展现历史的文化创意产品，还展出了故宫宣传教育部的教育产品。

二 塑造积极正面的文化故宫形象

（一）积极构建公益型博物馆的形象

在国内各大景区门票价格"涨声不断"的情况下，2017 年 6 月，单霁翔院长在接受媒体采访时表示故宫从未想过要涨价。相反，在条件成熟时可以考虑免费开放。这一表态又一次树立了故宫负责任和公益性组织的良好形象，让普通观众游得起，享受到更多更好的文化权益。

近年来，为了满足不同公众的游览需求，故宫采取了一系列便民惠民的门票优惠政策。例如，体现对特殊群体关爱的主题免费开放日，每月针对一个群体进行免费开放，比如教师、医护人员、志愿者、现役军人、公安民警、大专院校学生等群体，体现对故宫文化爱好者惠民的年票制度，使喜爱古代宫殿建筑、宫廷历史文化、历代文物藏品、专题展览陈列的观众在一年中能实现多次参观的可能。

（二）塑造中华文化传播者的形象

为了宣传故宫的文化，让公众读懂厚重的故宫，增加民族文化自信心与自豪感，故宫通过线下宣传教育活动和线上新媒体传播，全方位塑造文化传承者与传播者的社会形象。

1. 线下宣传教育活动

第一，故宫讲坛。

2012 年 9 月 8 日，故宫面向社会公众推出了品牌公益性系列讲座活动——"故宫讲坛"，以全新方式展现故宫文化的多面性和多层次性。"故宫讲坛"作为面向公众进行社会教育与文化宣传的重要平台，先后邀请了数十位专业领域卓有建树的专家学者走上讲台，走出红墙，走向社区，充分发挥博物馆文明对话与文化传播的职能，正在以最故宫、最学术、最亲民的方式，让公众领略历史和传统文化的魅力，感受博物馆这一公益性组织的社会责任与担当。

2017年2月12日，"故宫讲坛"第一百讲特别活动在故宫报告厅举办。单霁翔院长与50多万名现场和网络的听众共同回顾了故宫讲坛走过的历程，单霁翔院长还作了《故宫的表情》主题讲座（见图18-2）。

图18-2 单霁翔院长在故宫讲坛第一百讲上的讲座

第二，故宫知识课堂。

2017年1月18~22日，500多个家庭参加了故宫宣传教育部组织的主题活动：岁逢丁酉话金鸡（见图18-3）。这是故宫面向青少年宣传故宫文化的著名文化品牌（故宫知识课堂）。十二年的深耕，"故宫知识课堂"已经成为故宫面向青少年的品牌教育项目。

第三，故宫大讲堂。

2013年7月5日，故宫与秦皇岛签订了合作协议：共同主办系列公益讲座——故宫大讲堂。这是故宫走出红墙的又一次创举——走出京城。故宫与秦皇岛通过"故宫大讲堂"传播故宫文化，普及中国传统文化，树立故宫良好社会形象，丰富民众的文化生活，共同促进秦皇岛市文化事业的发展。

图 18 – 3 "岁逢丁酉话金鸡 第十二届故宫知识
课堂"主题活动

第四，故宫趣味课堂。

2016 年春季学年开始，故宫宣传教育活动走进了北京市第三十一
中学，以故宫趣味课堂为名的系列主题课程已经成功上线并多次执行
（见图 18 – 4）。这种与中小学课堂教学密切结合的趣味主题活动因内容
丰富、形式有趣而广受好评。

图 18 – 4 故宫趣味课堂走进北京三十一中学

2. 线上新媒体宣传教育

为了适应新媒体的发展，搭建故宫与公众联系的纽带和桥梁，精准

了解观众的需求之后，故宫推出了"故宫宣教"微信公众号，这一公众号主要用于发布故宫宣传教育活动，这对新媒体时代塑造文化传播与传承的公益形象具有重要的意义。

"故宫宣教"微信公众号主要包括三方面的内容。

第一，开放信息。主要向公众告知参观信息（如淡旺季开放时间及票务政策等），展讯（如各种展览的具体内容和背景等），志愿者（志愿者的招募、培训等消息）。

第二，教育培训。主要是教育活动（活动资讯、活动报名和纪实等）、国际培训（主要是国际博协的培训中心培训招生与培训纪实等）。

第三，故宫知识。主要是对故宫的建筑（如天子之城的正门——午门）、服饰（如珠围翠绕，锦衣华服——清代皇后礼服赏）和文物（青铜器的花样命名）等进行知识传播。

（三）打造智能化和人性化服务的形象

近年来，利用互联网和移动新媒体等渠道，故宫研发数字化产品，将"故宫藏美"以更加便捷、更加亲民的方式推向公众。此外，相继开通的故宫官方微博、微信公众账号、手机导览应用等多种现代、时尚、便捷的交流方式，使故宫在更好地服务大众的同时，也树立了智能化和人性化服务的形象。

2012 年开始尝试的基于移动设备的观众服务及藏品介绍应用程序，提供包括博物馆交通、开放与服务信息、院藏精品介绍、明清历史知识等内容，为来故宫参观的观众提供服务，同时也让无法亲自来的观众通过自己的手机全面地、便捷地了解更多故宫历史文化。

2014 年 1 月 1 日上线的公众号"微故宫"，使用具有故宫特色的微语言，组织微话题，推出微展览，为观众参观欣赏古代建筑、文物藏品、特色展览等提供全面、立体、便捷的宣传服务。2017 年故宫"全景故宫"升级版在"微故宫"亮相（见图 18 - 5），在这一虚拟故宫中，用户足不出户即可游览故宫，点击任意区域，即可游览详细图景。

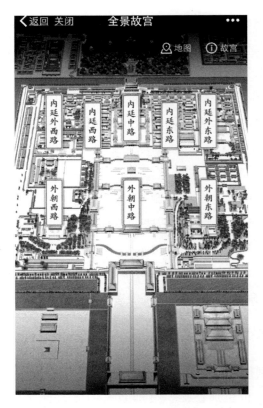

图 18 – 5　2017 年故宫"全景故宫"升级版亮相"微故宫"

从 2016 年开始，故宫希望用 3 年的时间，实现"数字故宫社区"，通过故宫网站、故宫微信、故宫系列 App 制作，以及故宫数字博物馆、故宫数字在线教育等手段，再加上故宫数字出版物、故宫文化创意产品网上销售等，共同组成"数字故宫社区"。以故宫网站为例，2016 年，故宫网站实现了三项提升，即提升了英文网站、上线了青少年网站和创办了网上博物馆。这三项提升让故宫走近了世界，也让世界了解了故宫。活泼的青少年网站使孩子们愿意走进故宫，而网上博物馆，使没有机会到故宫的人们可以随时在网上欣赏到故宫的精美展览。

这些努力逐步让故宫既走进了人们的眼里，也走进了人们的心里，树立并传播了智能化和人性化服务的形象。正是因为这些变化，故宫在由《互联网周刊》、eNet 研究院发布的 2016 "互联网 + 博物馆" TOP100

排行榜中位居榜首，成为科技学术改变博物馆的典范。

（四）树立全新的温情和软萌的形象

2014 年农历冬至，故宫在其新浪官方微博上发布的一张冬至在窗台上蜷成一团儿打盹的胖猫咪照片，一小时即有百条转发，这只蜷成一团打盹儿的猫咪"红极一时"。而这样一张照片，呈现出故宫高雅、严肃的文博机构温情的另一面。

随着互联网和新媒体的普及，故宫走出深宫红墙，将优秀传统文化与广大公众需求、时尚趣味相结合，以文创产品为载体宣传并传播故宫文化，一改古板而高高在上的形象，以"萌萌哒"的新感觉玩起了线上销售，树立了全新的社会形象。2016 年，故宫猫——"大内咪探"现身"北京礼物"新品发布会，一时之间成为网红，成为新故宫的"最萌员工"，成为故宫的一个新符号。在故宫的天猫店，以故宫猫为创作原型的产品，从橡皮到抱枕，可谓创意无限（见图 18－6）。

图 18－6 故宫猫文创产品

截止到 2016 年底，故宫文创产品已达 8700 多种，故宫将宫廷元素与现代商品相结合，文创产品和开发手机 App 等一系列的举措一改以往"高冷"的形象，以"萌萌哒"的新感觉走向大众，略显萌态的方式，结合移动互联网手段，赢得公众高度的关注与喝彩，故宫似乎正在逆生长，给公众呈现年轻而时尚的形象，有力地促进了故宫的宣传和文化的交流。

（五）全方位呈现"故宫人"的形象

历经百年风雨的紫禁城能够走向今天的辉煌，是与一代又一代故宫人的坚持与守护分不开的。展示故宫人的形象对塑造故宫良好的形象具有重要的意义。

2015 年成立的故宫青年戏剧社团——"海棠社"，以 1933～1948 年间故宫古物南迁、西迁、迁台过程中故宫人守护国宝的真实故事为主线，自编自演了话剧《海棠依旧》，表现了老一辈故宫人守护国宝珍品的情怀。2016 年，一部与故宫文物有关的纪录片成为视频网站的"网红"。这部名为《我在故宫修文物》的纪录片将镜头对准那些故宫文物修复师。片中匠人温暖而谦逊，执着而内敛，他们身上那种"工匠精神"满足了人们对大国工匠形象的全部期许。就是这样一部平实而有趣的纪录片，意外地受到了年轻人的热捧，这些乐于发弹幕的"90后"，关掉弹幕，安安静静地看片子。这些文艺作品使公众对故宫人有了全面而深入的了解，让人们深刻地体会到什么是"择一业、终一生"，是谁在守护着故宫，故宫又因何在传承。

活泼多样的表现形式向社会公众展现故宫人的风采，使人们能够了解历代故宫人为故宫的传承与发展做出的努力。

被媒体称为故宫"掌门人"，而自称为故宫"看门人"的单霁翔院长与这些守护故宫和在故宫修文物的匠人一样，对故宫拥有深厚而特殊的情感。他走遍紫禁城九千余间房间，希望把壮美的紫禁城完整地交给下一个 600 年。单霁翔院长关注故宫的每一个角落，每一件小事。扩大开放空间、解读故宫精神、"叫停"故宫修缮、提案呵护文化遗产和推

荐"萌萌哒"文创产品等，展现了故宫人开放、严谨、追求完美而又
充满温情的形象。

三　擦亮故宫形象的金字招牌

（一）把树立形象贯穿工作始终

1. 积极主动多渠道的构建正面形象

作为公益性的文博机构，历史文化知识普及、文化宣传教育和中华
文明传承是故宫的重要职责。故宫在深刻反思"十重门"事件后，深
刻地认识到形象重塑关键是对故宫的准确定位，应该由旅游景区的定位
向文博机构的定位进行转换，强化文化故宫的形象。

近年来，故宫主动接受社会公众的批评与建议，主动与媒体进行正
面沟通，回应各种质疑，做好危机公关。同时，以宣传教育活动为带
动，通过品牌教育活动、官方网站以及微信公众号等，构建文化传播与
遗产保护的公益形象。

2. 紧扣文化保护者与传承者身份，树立公益性组织的良好形象

故宫积极主动地转变思路、适应形势，通过自身的努力，在宣传推
广中注重故宫的文化特色，无论是教育项目、教育产品，还是文创产
品，都能紧扣故宫的文化特色，以塑造并推广故宫正面和积极的社会形
象为导向。

故宫宣传教育主要由宣传教育部承担，宣传教育部结合故宫文化的
特色与精华，向青少年、国内公众和海外公众等推出了不同的教育活动
项目。教育活动的内容包括专家讲授、体验活动互动、主题参观、主题
日活动和主题展览等，将知识与趣味很好地结合，使更多的人群都能在
系列教育活动中找到适合自己的活动主题和内容。

教育活动的场所涉及故宫院内、北京市中小学校、北京市大型社

区、企事业单位、军队、国内其他博物馆、秦皇岛市、海外文化中心等，使故宫文化"走出红墙""走出京城""走出国门""走向世界"，真正实现了以故宫宣传项目与活动为核心载体的文化形象推广。

3. 以单霁翔院长为代表的故宫人，成为故宫的宣传员和形象"代言人"

2012 年 1 月 10 日故宫迎来了第六任院长：单霁翔。此时的故宫，正面临所谓的"十重门"的负面社会形象的危机边缘。此后的 5 年多，单霁翔院长以务实、能干、开放和幽默的形象，成为当仁不让的故宫"代言人"与新闻"发言人"，带领着故宫人，破解这一道道门，为故宫赢得了社会的理解和尊重，树立了故宫正面而积极的新形象。

单霁翔院长在其上任后的第一次记者见面会上，明确回应故宫不建会所，防火防盗不防记者，表达了故宫更加开放的姿态与对外形象。从扩大开放面积到加强对外合作，从故宫国宝与修复师亮相北京春晚到出席博鳌亚洲论坛，从正面回应故宫"有宫无宝"到主动"叫停"故宫百年修缮，这些以观众为本、积极宣传故宫文化、及时回复公众质疑、拓宽宣传渠道和展示为故宫历史负责任的做法与态度，使故宫人和故宫的形象得到了前所未有的认可，获得了媒体与公众的支持与正面评价。

（二）丰富形象提升的举措

1. 加强对海外公众的形象推广

故宫现有的海外宣传以故宫官网的英文版、国际博协培训项目、不定期的海外博物馆交流活动和海外文化中心的活动为主，还没有形成如国内教育培训项目以及数字故宫社区这样相对完善与完整的推广内容与平台，对海外宣传还有些零散与不定期。

未来可以通过开通多语种官网平台，让更多的海外公众通过网络了解故宫文化；与海外重要媒体建立定期采访与新闻发布会的形式，向海外公众公布重要的活动与展览；通过海外文化中心的定期展览，如紫禁城图片展定期展览，让海外公众体会到故宫之美和故宫的博大精深。

2. 明确在不同群体中的形象定位

故宫现有的文化传播以面向青少年的宣传教育活动为主，使故宫的中华文化保护者与传承者的形象得以向青少年群体进行传播与推广，受益群体以 5～18 岁为主。

随着中国文化的深入人心与"走出去"战略的实施，更多的成年人希望能够有更多的平台与项目接触到故宫文化，这是未来需要故宫区分不同市场的形象定位、细分形象推广的目标人群、拓展成年人教育活动的努力方向与工作重点。

此外，如何让不同生命周期阶段的家庭在故宫中找到适合自己家庭的宣传活动，如何能够使参加过故宫宣传教育活动的公众获得长久的精神收益，如何通过故宫宣传教育产品推广文化传播者的公益形象，这些是故宫需要不断思考与提升的方向所在。

3. 加强舆情监测并提升危机公关的能力

2011 年故宫遭遇所谓的"十重门"事件，这些事件对故宫的声誉和形象造成了不良影响。由于故宫在中国乃至世界独特的地位，其每一个事件都会引起广泛的关注。故宫博物院聘请了专业公司进行有目的的舆情监控，定期对一些热点问题进行回应，通过多渠道做出正确舆论引导；同时还需要把危机公关上升到战略的高度，当出现不利于故宫形象的危机事件时，高度重视，从战略角度出发给予谨慎对待。

専题十九

社会责任

社会责任，是指个人或社会组织在社会中应该承担的责任。具体指个人或是社会组织的运营和活动要有利于社会。最初用于指企业的社会责任，要求企业必须超越把利润作为唯一目标的传统理念，强调要在生产过程中对人的价值的关注，强调对环境、对消费者、对社会的贡献。而非营利组织的社会责任问题因为与其组织目标高度契合，一般并没有特别引起关注。然而，社会的不断发展对非营利组织也提出了更高的要求，有学者对非营利组织的社会责任进行了界定，指出非营利组织的社会责任是一系列不可或缺的要素组成的非营利部门和职员履行职责的过程。根据其履行职责的程度，又进一步区分为低层次社会责任和高层次社会责任。低层次社会责任是指遵守最基本的法律制度和财务制度的行为，具有被动性，而高层次社会职责则是有效使用组织资源以实现所追求目标。

一　服务社会是故宫义不容辞的责任

博物馆既是征集、典藏、陈列和研究代表自然和人类文化遗产的重要场所，也是为公众提供知识教育和艺术欣赏等的社会公共机构。故宫，作为国家级综合性博物馆，一直肩负着保护、管理和研究举世闻名的世界文化遗产的重担。伴随着社会的发展进步，故宫的社会责任也开始受到关注。2017年1月，中共中央办公厅、国务院办公厅印发了《关于实施中华优秀传统文化传承发展工程的意见》，明确了我国传统文化的重要地位，对如何继承和发扬传统文化提出了指导意见，强调了博物馆的重要作用，尤其是博物馆珍贵文物的保护以及社会宣传教育功能。单霁翔在任故宫博物院院长后，连续发表《博物馆的社会责任和社会发展》《博物馆的社会责任与城市文化》《博物馆的社会责任与社会教育》等文章，对博物馆的社会责任进行了深度探讨。

博物馆的社会责任简单而言是"为社会及其发展服务"，而社会的不断发展，必然也要求博物馆的社会服务与时俱进。在我国，故宫应该承担起怎么样的社会责任，社会责任的主要方面又是什么，故宫近些年是如何履行其社会责任的，故宫近几年不断在拓展其认识与实践。

二 全方位、创造性主动履行社会责任

（一）让故宫文物获得最佳保护

故宫作为文化身份多重的世界文化遗产和世界著名的综合博物馆，文物保护是其最重要的使命和责任。首先，启动百年大修工程，对经历了600年风雨的古建筑群和数量巨大的文物藏品进行着最为严格和悉心的呵护，保护故宫的历史真实性和完整性。其次，摸清文物"家底"，从2004年开始持续十年对大规模藏品进行清理工作，让故宫的馆藏文物数量从100万件增加到186万余件（套），网络公布了《故宫藏品总目》，每一件实物和目录准确对应，第一次向国家、向社会交上一份翔实、准确的文物账目。再次，利用信息化对文物进行规范化、可视化、信息化、开放性管理，逐步建设"故宫文物建筑网格化管理信息系统"，推动故宫文物建筑管理水平的提高。最后，通过刚性限流措施，降低巨大客流对文物的损伤风险。

（二）以低门票价格制度普惠民众

故宫作为公共文化机构，始终坚持公益性原则，以传播传统文化为己任。为了让更多地观众可以走进故宫，故宫坚持门票数十年不涨价，而且不断采取扩大开放、门票优惠等各种措施，让观众享受到更多更好的文化权益。作为世界文化遗产、国家第一批 AAAAA 级景区，故宫门票价格依然保持在 20 多年前制定的旺季 60 元、淡季 40 元的低门票水准上。这期间，我国人均 GDP 增长 3 倍多，物价水平也上涨了 1/3。与各地动辄数百元的遗产型景区价格相比，故宫门票价格的低门槛充分体现出坚守准公共产品的定价规则、公益优先、践行社会责任的风范。

表 19 - 1　中国 5 个世界遗产门票与城乡居民月收入之比

门票（元）	门票占农村居民月收入之比（％）	门票占城镇居民月收入之比（％）	门票占城镇居民月收入中位数之比（％）
故宫 60	11.6	3.3	3.8
曲阜三孔 150	29.1	8.3	9.4
九寨沟 220	42.6	12.1	13.8
黄山 230	44.6	12.7	14.4
张家界 245	44.8	13.5	15.4

如表 19 - 1 所示，不论是门票价格，还是门票价格占城乡居民的月收入比例，故宫都是 AAAAA 级景区中最低的。据不完全统计，全国 153 家 AAAAA 级景区门票的均价为 109 元，高于平均价格的有 69 家，低于平均价格的有 84 家。在所有 AAAAA 级景区中，门票价格在 100～200 元之间的过半数（共有 81 家，占 52.9％），其次为 50～99 元之间（共 39 家，占 25.5％），门票价格在 20～49 元之间和在 200 元以上的分别为 12 家和 11 家，各占 7.8％和 7.2％，价格在 1～19 元之间的有 2 家，占 1.3％，另有 8 家 AAAAA 级景区实行免票政策。AAAAA 级景区门票平均价格，西部地区最高、东部最低，西藏最高，北京最低。北京

景区价格的普遍偏低，与故宫的示范作用分不开。

除了收费参观，故宫还提供大量免费参观的公益文化活动。2003年，故宫在国内博物馆领域率先通过预约方式向有组织的中小学生免费开放，并无偿提供讲解，至今已接待来自全国绝大部分省市的学生和教师，特别是一些偏远贫困山区和打工子弟学校的学生和教师。目前，故宫还进一步实施了针对有组织的中小学生（含各类职高、技校、中专院校学生等）团体和有组织的相关专业（如历史系、建筑系、美术系等为配合教学的相关专业）大学生团体的免票制度。有针对医务人员、志愿者、公安干警、公交司乘、教师和大专院校的学生和环卫工人等群体的淡季轮流免费参观制度。

虽然从博物馆角度看，目前故宫门票价格距离发达国家博物馆价格与当地城镇居民收入比例相比还有一定的距离（例如俄罗斯的克林姆林宫门票价格与当地城镇居民的月收入比为 0.3%，日本国立国家博物馆门票价格与当地城镇居民的月收入比例不到 0.2%），但是故宫毕竟不是纯粹的博物馆，而是文化遗产地。即使如此，单霁翔院长日前也表示，在未来条件成熟时，故宫将实现免费参观。到那时，人们就可以更加轻松便利地近距离感受祖先留给我们的文化瑰宝。

（三）与时俱进，为观众提供更优质的服务

作为一个接待量达到超饱和状态的景区或者博物馆而言，能够满足观众和观众的基本需求，不出现事故已经是不容易的事情。在这样的超饱和接待量情况下，故宫近几年还对自身的服务提出了更高要求，尽最大努力，为每一位到访的观众提供优质服务，让观众有尊严地参观。这无疑是其社会责任高层次体现。通过分流、限流措施，以及从增加售票窗口、安检窗口，到减少现场购票，实现网上预约门票，这些措施提高了观众参观的便利性，减少了时间和精力的浪费。在故宫参观过程中，为了缓解参观的疲劳，使观众累了不至于坐在石头上和屋檐下休息，故宫特意高级定制了 1400 把与故宫氛围协调的、高达 3500 元一把的实木

座椅，让观众终于可以有尊严地坐下来休息。养心殿由于可供参观的面积仅1000平方米，游人只能扒着窗口看看养心殿的大概。2016年，这座院落开启了百年来的首次大修，预计2020年观众可以入内参观，御膳房也将还原。

近年来，故宫从展陈方式到传播方式都在发生着变化，如文创产品开发，《胤禛美人图》《韩熙载夜宴图》等App上线等，都让故宫展现出古老文化的鲜活魅力。为了让青少年也能轻松感受故宫魅力，故宫官网还专门开设"青少网"专项，只要点击进入，就可以轻松查阅到有关故宫游览相关事宜，最有趣的是"紫禁学堂"和"故宫大冒险"，用青少年喜欢的讲故事和动画的方式，把"皇帝过把农民瘾""神秘的正大光明匾""屋脊上的神秘小兽"等故宫故事讲述出来，让故宫不再神秘高不可攀。通过多种形式的文化活动，人们改变了对故宫的刻板认识，加深了对故宫及其文化的了解，同时丰富了人们的文化生活，提高了民众的知识素养。

（四）推广社会教育，弘扬中华文化

现代博物馆不只是简单的文物标本收藏、展示的场所，而是人类文化理想的寄托，是人类历史文明的凝聚。博物馆的发展水平也逐渐成为衡量一个国家、一个民族、一个城市文明程度的标尺。社会的快速发展，也对博物馆提出更高的要求。长久以来，博物馆被单纯地视为文物和标本的收藏机构，往往只注重文物藏品的收集和保存，但对于现代博物馆而言，社会教育才是现代博物馆重要的社会责任，这已经成为未来博物馆的发展趋势。故宫依托其独特的文化资源，积极创新，把发挥社会教育职能作为其主要的社会责任，为社会不同群体构架深入了解中国文化以及世界文化的桥梁。

1. 设立专门职能部门，全面有效履行社会教育职能

（1）宣教中心公众教育组与故宫教育中心。故宫宣传教育部公众教

育组成立于 2006 年，主要承担故宫的公众教育工作，内容包括故宫志愿者的招募、培训与管理，展览及主题日教育活动的策划及执行，整合故宫的历史、文化、教育等资源，策划并执行各类公众教育活动等。2016 年，在故宫宣教事业不断发展和积累的基础上，成立了"故宫教育中心"。作为紫禁城内的教育课堂，其长年面向中小学及社会公众推出各类具有故宫特色、内容丰富、形式多样的专题教育项目。

（2）成立青少教育部，开展丰富多彩的教育活动。故宫非常关注青少年群体，专门成立青少教育部，线上开发运行青少网，设计开发形式多样，趣味极强的活动游戏和 App，增强青少年与故宫的文化互动。"故宫知识课堂"已经成为面向青少年的著名文化品牌。过去 10 年中，42 万名青少年朋友参加了故宫的公益教育活动。故宫还计划在太和门广场的两侧，特别是西侧整体区域，建立起一个常态化的面对青少年和志愿者的活动场地，不定期举办各类文化讲座、故宫知识课堂。目前，故宫藏品研发的"仰望太和殿，一起看斗拱""布艺堆绣，巧仿瓷瓶""朝珠 DIY""青白相间，妙笔生花""皇帝的新衣"活动，根据展览研发的"霓裳彩绘""击扫黑白，传拓万千""寻访石鼓""瓷片觅踪""合卺礼成"活动，根据明清宫廷历史和文化研发的"上元结彩，巧手生辉""宫中过端午，夏日'粽'动员"、"乾隆诗句我来集"活动等，将知识讲述、现场互动、动手制作相结合，深受青少年和家长的好评。

（3）故宫学院。为了充分利用故宫丰富的文化资源和专家资源，发挥社会教育和服务公众，深化社会教育的内涵，故宫于 2013 年 11 月 4 日正式成立故宫学院，这样一所业务培训和教育机构，旨在开展故宫内员工培训、国内博物馆界及相关业界培训、公众教育和国际培训。这是国内首家以博物馆办学的模式成立的"学院"。教学领域涉及文物修复与保护、古建筑保护、博物馆实务、宫廷历史文化、文物鉴定等方面，兼顾知识与技能、理论与实践。学院的师资以故宫研究人员和具有资深实践经验的专家学者为基础，并广泛吸纳国内外教育力量。

（4）故宫研究院。故宫于 2013 年 10 月成立了专业的研究机构——

故宫研究院。研究院的成立进一步深化和拓宽社会教育的内容和形式，这是故宫在学术研究领域的一项重要举措，同时也为社会教育提供更为广阔的平台与支持，使故宫的社会教育满足社会不同群体的各个层次文化需求。截止 2017 年，研究院下设一个研究室，20 个研究所，涵盖古陶瓷、古书画、古建筑、明清宫廷史、故宫学等多个知识领域。

2. 搭建特色平台，助推社会教育

为了更好地履行社会教育职能，故宫不仅设立了专门职能部门，而且还搭建多种平台，创设多种渠道，更好地推进社会教育的发展。

故宫自 2012 年 9 月开办"故宫讲坛"，将故宫文化传递到公众身边，以全新方式展现故宫文化的多面性和多层次性。2013 年 11 月，"故宫讲坛"移至位于东华门外的北京国际职业教育学校总部的故宫学院，每月举办两期精彩讲座，让故宫文化走到越来越多普通观众的身边。在近 5 年中，"故宫讲坛"已累计举办讲座 106 场，有 73 名专家学者登上了"故宫讲坛"的讲台，其中包括 10 名故宫现任及历任领导，有年逾八旬的老专家，有年富力强的中青年学者，还有后起之秀的"80 后"业务骨干。讲坛内容也极为丰富，紧密围绕故宫文化，涉及古代建筑、文物研究与鉴赏、明清历史、文物科技保护、非物质文化遗产保护等诸多领域，惠及公众逾万人次，在社会上取得了良好的反响。

为了让故宫的社会教育更加贴近民众生活，故宫 2007 年开始尝试"故宫社会教育进社区"活动。例如在"兰亭特展"期间，策划开展"故宫兰亭文化进社区"活动。不仅进社区，故宫还抓住国际博物馆日、文化遗产日等时机，走进大中小学，开展社会教育活动。例如 2010 年国际博物馆日的活动主题是"博物馆致力于社会和谐"，要求博物馆增强社会服务意识和使命感，贴近实际、贴近生活、贴近群众，更好地服务于和谐社会的构建和发展。因此，故宫"紫禁城图片展"巡展分别在中国政法大学、中国石油大学和北京化工大学的校园中进行，并同时举办了讲座，让更多的学生有机会了解故宫，感受中华民族历史文化的风貌，并通过这样的交流，进一步落实博物馆的社会教育责任。

3. 利用新传媒，发展远程社会教育

21 世纪是信息交流的时代，博物馆履行社会责任与社会教育的方式也相应发生了历史性变革，博物馆与社会公众的信息交流已经不再是单向直线式近距离传播，而是多级互动无距离障碍传播。如果说故宫内各种教育活动的展开、故宫各种走进社区和大中小学校等活动更多惠及的是北京民众，那么故宫对各种互联网等新媒体的充分利用，将进一步发展其远程社会教育。近几年，故宫通过更新网站，保证网页新鲜时尚，还开通了社交媒体微信官方公众服务号"微故宫"和三大微博运营平台的微博账号。根据《人民日报》、微博、新浪网联合发布的政务微博影响力总榜排名结果，故宫官方微博连续两年荣获"全国十大中央机构微博"奖，用户的活跃度和黏性较好，有广泛的传播力和社会影响力，对故宫优质资源的传播起到了积极的作用。目前，故宫还考虑在海外的社交平台，比如在 Facebook、Twitter 上开通账号等。

（五）拓展服务空间，助力中国文化外交

一个好的文物展览，可以顶得上很多外交官所做的工作。故宫作为中国文化遗产，是中国文化对外交往的一张响亮的名片。故宫在努力践行传统社会责任、发展国内社会教育的同时，也在通过境外展览、文化交流等方式，展现中国文化的软实力，提高中国文化的国际影响力，助力中国的文化外交。

1. 境外展览宣扬中国传统文化，展现中国软实力

文化遗产的交流展览是各国文化交流的重要手段。故宫的对外展览较早开始，最近十余年加大了频率，做大了规模。2005 年 11 月 9 日 ~2006 年 4 月 17 日，北京故宫与英国皇家艺术学院共同在英国举办了"盛世华章展"（China：The Three Emperors 1662 - 1795），英国皇家艺术学院为这个展览专门设计了网站，以最大限度地扩大受众，此次展览充分

体现了中国经济崛起后的综合实力。2011 年，故宫又在法国卢浮宫举办了"重扉轻启——明清宫廷生活文物展"。在卢浮宫这一西方最主流的古典文明的核心地带，第一次高水准、大规模展示中华文明遗产，展览集中体现了中国传统文化的博大精深和改革开放取得的伟大成就，提高了法国以及欧洲人们关注中国的热情，促进了两国政治和经济关系的进一步发展。

2012 年中日邦交正常化 40 周年庆祝活动中，故宫的赴日展览更是发挥了重要作用。"国宝观澜——故宫文物精华展"（日本名称叫"北京故宫二百选"）在日本东京国立博物馆盛大举行。首次赴国外展出的传世名画《清明上河图》成为万人瞩目焦点。该展受到了各方高度关注与支持，在日本取得了空前的轰动效应，参观人数达 258252 人。日本天皇夫妇、皇太子殿下、前首相森喜朗和福田康夫等政要分别参观了展览。有的观众为了看到展览，排队等了 5 个多小时。中日两国一衣带水，有着上千年友好交流的历史，也有过残酷的战争，文化展览有助于唤起人们对友好交流历史的回顾，增加两国人们的相互理解，对于化解两国家存在的各种政治问题、领土纷争，促使两国关系的健康发展很有意义。

2. 做"一带一路"建设的文化先行者

2015 年，中国的"一带一路"建设启动。历史上紫禁城作为明清两朝的皇宫是最早能感受到丝路舶来品的地方。那些通过陆海两条丝绸之路运送到中国、进入紫禁城的各色物品，有不少还收藏于故宫，成为当年中外交流的见证。目前，故宫除了与陆上丝路沿线国家的各大博物馆（如丝路末端的英国的大英博物馆、法国的卢浮宫、俄罗斯的艾尔米塔什博物馆）进行了学术交流、展览交换、文物保护、管理经验交流等，近年来还与海上丝路沿线的越南、印度、埃及、坦桑尼亚等国合作进行了文物考古与调查、文物修复与保护。通过合作，弄清了海上丝绸之路上最重要的中国商品——外销瓷器的销售路线，搞清了佛教造像艺术自印度通过海陆两条丝路逐渐东传的脉络，同时向丝路沿线各国介绍了中国的博物馆文化。在这些国家，故宫文物每到一处，往往会引起轰动，成为当地的文化时尚。这种深入而具体的交流方式，很好地向域外展示了中国传统优秀文化，加深了他们对中国文化的了解。

三　不断开辟服务社会的新局面

故宫是世界上文物藏品和文化资源最丰富的博物馆之一，它既是世界文化遗产，又是世界著名博物馆，两个文化身份集于一身，成为既值得骄傲又令人尊敬的文化典范。故宫重新审视自身的性质与功能，担当起文化传播的责任，成为面向社会、服务公众的文化教育机构和信息咨询机构。同时，还成为提供文化财富、精神食粮的地方，成为弘扬主流价值、人文精神、社会正义的场所。

总而言之，故宫之所以能够在传承历史文化、加强公共文化服务、提高公众科学文化素养等方面发挥着重要作用、获得良好的观众口碑和社会各界的肯定，成为履行社会责任的典范，主要在于他们能时刻牢记使命，将服务社会放到首位。他们没有因为观众众多而忽视服务，没有以抬高门票价格、增加经济收益为主要目标，而是采取了限流、低价门票措施应对旺盛的市场需求。他们没有因为怕麻烦而将文物束之高阁，而是不断整理、清理、修复，拿出来向社会公众展览。他们也没有坐等观众上门参观，而是主动把故宫的文化、知识送到社区和大中小学生群体中。他们更没有因为自身的"老成持重"文化身份而保持守旧、传统的信息传播方式，而是主动跟上时代潮流，利用信息化科技手段让故宫及故宫文化形象变得年轻起来，以更加生动形象的方式传播故宫文化，发挥其教育职能，深受年轻群体的喜爱。

从履行固有的社会职责，到与时俱进地开展社会教育，提升服务社会的高度，再到放眼世界，扩展社会服务的新维度，故宫不断开辟着履行社会职责的新维度、新高度。

社区协同

国际博协将 21 世纪第一个博物馆日主题确定为"博物馆与建设社区",意味着博物馆与社区间关系已成为 21 世纪博物馆发展的重要议题。作为博物馆大家庭的一分子,故宫在过去十几年中,努力践行为"社会与社会发展服务"的宗旨,利用自身资源优势,采用多种手段和措施,在社区共建与协同发展方面,做出了诸多积极、有效的探索。

一 不应忽视的外部环境建设

2014 年 7 月 14 日,有网友发布微博称,故宫一处在修建筑起火。经故宫核查确认,起火的并非故宫建筑,起火地点也不在故宫管辖区域内,而是在南筒子河西北角公共绿地上,由拾荒者捡拾的废品导致的起火。虽然其后故宫对"故宫建筑起火"的流言进行了澄清,但流言所造成的负面影响却很难完全去除。此类事件的发生,反映出故宫周边环境存在的问题,除了拾荒者等闲杂人员,还有不法商户、"黑车"、"黑"导游、非法小广告散发者等的存在,这种情况严重影响了故宫及周边社区的安全、整洁与规范。因此,加强周边环境综合治理不仅是故宫维持自身形象的需要,也是其维护与加强社区关系的一个重要方面。

博物馆社区是一个多角度概念,涉及不同的利益相关者。通过对故宫工作人员的访谈以及参照不同博物馆的工作实践，故宫社区可以从四个方面进行理解：一是故宫地理位置所在的相邻区域，包括故宫东、西、北门周边区域；二是故宫所在地北京市的范围；三是基于故宫为联系纽带所建立的具有共同兴趣的组织或团体，如志愿者社区等；四是基于年龄、家庭、职业等因素划分的老年人社区、亲子社区、军人社区等。我们的讨论将兼顾以上四个方面，围绕故宫与社区机构协同合作这一主题，对其近几年在周边环境治理以及社区共建方面所做的工作展开陈述。

二 机构协同促进治理与共建并行

作为社区大家庭的一名成员，故宫遵循"共驻、共建、资源共享"的社区建设工作原则，与社区内多家机构合作，积极参与社区建设，在安保共建、环境治理与维护、社区和谐发展方面，投入了大量的精力。

（一）深化机构合作，推动周边环境改善提升

1. 建立协同机制，共治门前乱象

故宫周边环境与秩序问题由来已久。曾经的东华门外是小商小贩的聚集之地，地摊到处可见，当时还有个停车场，"黑车"乱停乱放、争相拉客现象严重，整块区域缺乏规范，秩序混乱。经过故宫与东城区东华门办事处的多次协商，双方于 2015 年 6 月达成协议，确定由故宫接管原东城区管辖的从东华门外一直到十字路口，直线距离约为 200 米的广场区域。同时，形成东城区城管、东城区公安以及故宫保卫部门三家联合的管理机制，共同治理与维护东华门前区域的环境秩序。协议达成后，故宫在该区域设置护栏，安排人员 24 小时值守，主要负责车辆进出与停靠管理。所有车辆，如没有故宫发放的车证或交管局颁发的相关证件，一律不许进入；公安部门负责治安管理，包括查验证件，对违法

人员做出相应处罚管理；城管部门负责小商小贩的防控与管理。

此外，东华门外区域的管理还涉及区域内居民的车辆管理。从东华门红绿灯向里的小胡同内，生活着几十户居民。过去，这些居民的车辆没有固定的停车场所，只能随意停放在东华门外，影响了区域的整体环境面貌以及人流的顺畅通过。故宫保卫处经过与北京市警卫局协商，将警卫局位于故宫东城墙外河边的停车场与区域内居民共享。这不仅解决了社区内居民的停车问题，也为东华门外区域清理出畅通的空间。保卫处每年对社区住户的车辆资料进行审核并更换车证，以确保对居民车辆的有效管控。

2016 年，故宫又与西城区政府签约，采取同样的协同机制管理西华门门口外围路口到南、北长街交叉路口地带。通过协同治理，故宫周边及院内的地摊、小商小贩、"黑车"、三轮车、"黑"导游、非法小广告等清理工作取得了良好效果。仅 2016 年，就清理非法散发小广告人员 3000 余人次，清理"黑"导游 800 人次、无证游商 30 人，没收非法小广告 9000 余张，各类假证件 30 余个，故宫东华门、西华门门口区域环境秩序明显得到改善。

图 20 - 1　没收的"黑"导游证件

此外，作为协助单位，故宫保卫处还与天安门管委会和天安门城楼处一起，在春节、五一、十一和爱国主义教育等大型升旗活动中，疏导停放车辆 2000 余辆。多次配合驻院派出所工作，为他们抓捕"黑"导游行动提供了有力的视频证据。

2. 强化协同能力，加大防盗、防突、防火力度

故宫保卫处通过每年定期组织反恐和处理突发事件演练、安防系统联防联训防盗演练、军民联合消防和防盗演习，以及夜间警情处置专项演练，不断提升院内安保队伍以及与外部警力、社区居民之间的协同作战能力，为故宫及周边区域的安全保驾护航。例如，在节日烟花爆竹燃放期间，保卫处与驻院消防中队一起，对周边草坪进行湿化作业，杜绝因干燥引起火灾的可能。故宫还与其他社区机构如东城区相关部门合作，不断提升院内文物以及周边区域的防火管控。

图 20 - 2　对故宫周边草坪进行湿化作业

由于紧邻天安门核心区，上访与滋事人员不断，故宫积极号召一线员工，参与驻院派出所组织的以天安门地区安全形势、防爆叉使用、重点嫌疑人识别跟踪等为主要内容的处理突发事件能力培训，共有170余名管理人员和员工先后参与培训，随时准备协助天安门管理委员会和天安门城楼处的安全管理工作。

3. 保持社区同步，共建美好生活环境

针对故宫周边环境的改造提升，保卫处多次与东城区相关机构协商交流，在东城区发展规划的总体框架下，确定故宫周边景观的改造方案，范围包括从东华门大街到北河沿、南河沿的辐射地带。目前已开始

对东华门外广场两侧辅道进行改造及景观提升，已进行一史馆门前及十三排环境景观改造提升工程，对上驷院停车场进行了环境美化提升。同时，积极推进西华门外广场的回收管理及其环境整治，已完成端门两侧、午门两侧、神武门西侧等处的自行车棚改造，提升了自行车存放环境。

（二）加强良性互动，共促城市社区和谐发展

1. 加大便民惠民力度

为更好地实现博物馆的社会服务职能，故宫多年来不以经济收益为导向，坚持采取低票价政策，成人旺季门票 60 元，淡季 40 元。针对特定社区人群，故宫还实施了不同的票价优惠政策，如对离休干部（凭离休证）、6 周岁（含 6 周岁）以下或 1.2 米以下（含 1.2 米）儿童、残疾人（凭残疾人证件）等实行免票；每周二对全国大中小学学生团体免票（需提前预约）；大、中、小学学生（含港、澳、台学生凭学生证或学校介绍信，不含成人教育、研究生）、6 周岁（不含 6 周岁）至 18 周岁（含 18 周岁）未成年人票价为 20 元；对 60 岁及以上老人、持有本市社会保障金领取证的人员等实行半价；三八妇女节，妇女享受门票半价优惠；六一儿童节，14 周岁以下儿童（含 14 周岁）免费参观，随同家长一人享受半价优惠；八一建军节，现役军人凭有效证件免费参观；针对教师、医护人员、志愿者、现役军人、公安民警、大专院校学生、公共交通司乘人员、环卫工人等群体设置主题免费开放日等。

此外，针对残疾人群体，故宫投入大量资金，在中轴游览线上修建了残疾人通道，免费提供轮椅，无须预约；同时建立专门团队，有定点人员专门负责为残疾人士推送轮椅、处理游览过程中的意外事件，受到残疾人社区群体的广泛好评。

2. 量身定制"教育"产品

为满足社区公众多元化、多层次的需求，推动故宫教育功能最大化目标的实现，多年来，故宫人依托馆藏资源和自身特点，开发出一系列

专题讲座课程以及展览延伸和拓展教育活动。同时，根据社区公众提出的定制需求，随时开发新的课程产品。目前故宫的课程库中，既有反映故宫文化的课程，又有相关专业知识的课程，讲座的对象从中小学生，到高校硕博士；从志愿者团队，到瓷器鉴定等专业人才；从面向不同的社区群体个人的课程，到有针对性的机构培训，内容丰富，且随时根据需求进行增加与修改。例如，2012年9月开始举办的"故宫讲坛"，通过每月两场不同领域专家开办的讲座，向社会公众传递明清历史、古代建筑、文物研究与鉴赏等诸多领域的知识。截至2017年6月11日，已成功举办108讲，拥有了一批稳定的听众群，已经发展成为面向社区公众进行社会教育与文化传播的重要平台，成为公众深入了解故宫文化、感受中国传统文化魅力的重要渠道。

图 20-3 《故宫讲坛·明代斗彩瓷器的发展与鉴定》主讲人吕成龙

近年来，故宫每年开展有组织的公众教育活动达25000场，直接参与的观众约为20万人次，形成了以"故宫讲坛"为品牌的成人主题讲座，以"故宫知识课堂"为品牌的青少年假期活动项目。此外，故宫还常年与中小学合作开展选修课程、配合市教委体系下的社会大课堂开展综合社会实践活动等，均收到了良好的社会反响。

3. 为"特殊"节日设计"特殊"活动

为丰富社区生活，激发社区公众的参与性，故宫在国际博物馆日、文化遗产日以及中国的传统节日等特殊时间，配合展览主题设计出新颖有趣的主题活动与观众互动项目，宣传博物馆、文化遗产保护知识，促进社区交流。2016 年 5 月 18 日是我国第 11 个文化遗产日和第 40 个国际博物馆日，当日，故宫举办了一系列专题宣传教育活动，将知识讲座与互动问答、展览与动手制作相结合，寓教于乐，让社区公众在精彩的活动中感受故宫文化，将文化遗产与公众生活相融合。当日下午在慈宁宫门前，故宫与苏州市人民政府共同举办的昆曲《牡丹亭》"唱响"活动，将故宫壮美的古建筑群与细腻优雅的昆曲巧妙结合，在国际博物馆日这个特殊的日子，从台前到幕后，向观众全方位展示昆曲艺术，在故宫内营造出不一样的艺术氛围以及文化景观。据故宫宣传教育部公众教育组负责人介绍，针对国家博物馆日与中国文化遗产日举办的专题活动，得到当日参观者的热情支持，大家争先恐后参与互动，很多参与者提出期待以后能有更多这样的活动出现。

图 20 - 4　昆曲《牡丹亭·游园惊梦》演出现场

为了使博物馆社会教育更加贴近民众生活，故宫从 2007 年开始尝试"故宫教育进社区"活动，如故宫宣传教育部以"兰亭特展"和王羲之书法为基础，以"兰亭特展"义务讲解志愿者资源为依托，策划开展了"故宫兰亭文化进社区""兰亭文化与羲之书法临习课"等活动，一时间成为北京一些社区书法爱好者关注的焦点。特色活动进社

图 20 – 5 尝试细勾蛾眉，昆曲《牡丹亭·游园惊梦》观众参与活动现场

区，不仅丰富了展览宣传途径，也加深了故宫与社区公众的交流与联系，促进了故宫文化与社区文化的相互融合。

4. 赢得社区支持与反哺

故宫在过去几年中为社区发展做出了重要贡献，而今天故宫取得的成就同样离不开社区的支持与反哺。近年来，故宫的文化遗产保护事业获得了诸多机构和人士的慷慨捐资，如著名书画家和鉴藏家崔如琢捐赠1亿元人民币用于故宫各项事业的发展。社会各界的帮助不仅促进了故宫的文物保护研究、古建筑保护维修等工作，还帮助更多人士认识到文物保护和文化传承的重要性，让全社会共同参与到故宫世界文化遗产保护的事业中来，对中华优秀传统文化的传播具有重要的推动意义。

在文物保护方面，故宫也得到了博物馆社区、手工艺人社区的大力支持。例如 2013 年 6 月，故宫与北京市东城区政府启动了"平安故宫"工程院藏文物抢救性科技修复保护合作项目。通过在东城区国家级、市级非物质文化遗产代表性传承人，清宫造办处手工艺人的后代传人中进行选拔，经过故宫组织的安全培训，这些手工艺人很快参与到故宫文物修复保护工作中，对院藏木器家具、宫廷灯具、车马轿舆、中和韶乐、

图 20 - 6 建福榜：社会捐资博物馆文保事业

佩刀佩剑、盔头、缂丝挂屏等文物进行修复保护。

在宣传讲解等观众服务方面，志愿者社区在过去十几年中为故宫服务团队提供了强有力的支持。故宫志愿者团队最早形成于2004年，先后有530余名志愿者参与了故宫的各项服务工作。目前，故宫志愿者人数为166人，包括学生、在职工作人员、退休人员以及家庭全职人员等，年龄在22到75岁之间，主要负责展厅讲解、咨询服务、观众疏导、故宫进社区文化宣讲活动等。

在文化创意方面，故宫近几年来取得的显著成绩，同样离不开社区机构的支持与帮助。自2016年7月开始，故宫与腾讯公司建立长期合作关系。在合作首年举办的大赛中，向年轻人征集"表情设计"和"游戏创意"。大赛筛选出来的优秀表情在登录QQ表情平台后不到一个月，使用量就接近7000万。故宫副院长娄玮表示，故宫是传统文化的载体，凝聚着中国人的智慧与创意，将其中蕴涵的精神财富挖掘出来，传承下去，是故宫最重要的职责。故宫与腾讯的合作，充分体现了"互联网＋中华文明"的理念，也是社区对博物馆健康、良性发展的有效推动。

三 不断探索更有效的社区协同方式

（一）汇集多方之力，共保社区平安

作为社区的一分子，故宫在过去的发展中，主动融入社区建设，与多家部门、机构建立合作关系，以社区公众的需求为导向，在防火、防盗、防突发事件管理方面，积极推动资源共享与合作。在故宫与合作单位的共同努力下，临近区域的联防能力得到提升，成为保护社区安宁的有效生力军，赢得了社区公众的信任与好评，充分显示了博物馆作为社区成员的担当。

（二）加强机构合作，优化社区环境

通过协同机制的建立以及一系列整改措施的实施，故宫东华门前没有了小商小贩和"黑车黑导"，整体环境秩序明显得到改善，空间得到拓展，人员分流通畅性提高，东华门已经成为重要的紧急疏散通道。基于东华门外区域治理的显著成效，东城区政府将其列为试点，在全区范围内进行经验推广。西华门与神武门外区域的治理同样取得了良好效果。目前，故宫周边社区的整体环境得到有效改善，受到社区居民与观众的普遍好评。

（三）迎合公众需求，增强社区凝聚

基于观众多元化的需求与偏好，故宫在办展过程中追求展厅文化氛围的创造和展品文化意义的激活，通过多种现代技术与相关联的活动设置，帮助观众"看懂"与"读懂"故宫文化的专业元素，吸引了社区公众的广泛参与。例如，受到众多家长推崇的亲子活动，就是将故宫文化元素与动手项目结合，使孩子们在玩和动的过程中增长知识，激发学习兴趣。此外，故宫还通过走进机关、军营、校园、社区，将故宫文化带给社会公众，推动了博物馆资源的社会共享，促进了文化平权的发展，为经济建设和发展创造了和谐氛围。

（四）社区关系工作的进一步思考

1. 加强团队建设，推动社区工作专业化发展

虽然故宫在社区协同方面取得了诸多有效进展，但是，其机构设置中尚没有专门负责社区工作的机构。在条件成熟时，可以成立"社区服务"部门，负责与当地社区沟通，听取公众意见，了解公众需求。在工作职能上，可以将该部门人员分为两组：一组负责不同年龄段社区公众的活动拓展，包括针对儿童及家庭的拓展执行人、针对年长者的拓展执行人，以及针对青少年群体的拓展执行人等。另一组负责社区多样性活动计划与合作计划的规划安排。专业化团队的建立，能够促使故宫社区工作走向制度化和规范化，从而推动社区工作的稳定、有序发展。

2. 增设互动区域，满足公众参与需求

当今时代，观众的参与欲望十分强烈。他们不仅希望观看展览，更希望参与其中，进行自主体验。因此，在条件允许的情况下，可以举办开放式陈列展览，以满足观众走近文物、参与互动的愿望。当然，基于文物安全、观众安全等原因，如果无法进行开放式陈列，也可以制作一些复制品供参观者接触、观摩，或者采用高科技手段与设备，增加观众的深度体验感。此外，还可以考虑在主题陈列场馆旁边设立发现中心、故事中心、娱乐中心等附属区域，将其内容与展览主题相关联，为观众提供更多地参与互动项目与活动机会，为家长与孩子提供更多学习探索的空间。

3. 改进展览设施与手段，进一步惠及特殊人群

在力所能及的条件下，对场馆设施与展览手段进行改造提升，加大对特殊人群的关注程度。如针对 3～10 岁的儿童群体，在展厅的设施设计和布置中，可采用和谐温馨的色彩，使用不同颜色区分不同展区，采用亲切、有趣的语言进行安全提示，体验活动中儿童接触到的物品的选用，需要符合他们的身材和体能。同时，从安全角度出发，所有设施、器材都需要做防电、防撞、防扎、防磕等处理。针对盲人群体，可以在展品旁设置盲文介绍，使他们能与健康人群一样体验故宫文化的魅力。

故宫博物院简介

　　故宫博物院成立于 1925 年，是建立在明清两代皇宫（紫禁城）的基础上，兼容建筑、藏品与蕴含其中的丰富的宫廷历史文化为一体的中国最大的博物馆；也是世界上极少数同时具备艺术博物馆、建筑博物馆、历史博物馆、宫廷文化博物馆等特色，并且符合国际公认的"原址保护""原状陈列"基本原则的著名博物馆；1961 年被国务院公布为第一批全国重点文物保护单位，1987 年被联合国教科文组织列入《世界遗产名录》，2007 年被国家旅游局评为 AAAAA 级旅游景区，2008 年被国家文物局列为首批国家一级博物馆。

　　依照中国古代星象学说，紫微垣（即北极星）位于中天，乃天帝所居，天人对应，所以故宫又称紫禁城。明代第三位皇帝朱棣在夺取帝位后，决定迁都北京，开始营造这座宫殿，至明永乐十八年（1420）落成。此后，紫禁城历经明十四朝、清十朝 500 余年，共有 24 位皇帝在此生活居住并对全国实行统治，直到 1911 年，辛亥革命推翻了中国最后的封建王朝——清王朝。1924 年，冯玉祥发动"北京政变"，将革命后仍"暂居宫禁"的逊帝溥仪逐出宫禁。同时成立"清室善后委员会"，清点宫内文物，筹备故宫博物院。1925 年 10 月 10 日，故宫博物院正式成立并对外开放。

　　据"清室善后委员会"清点，当时清宫遗留文物有 117 万件，包括三代鼎彝、远古玉器、唐宋元明之法书名画、宋元陶瓷、珐琅、漆器、金银器、竹木牙角匏、金铜宗教造像以及大量的帝后妃嫔服饰、衣料和家具，等等。除此之外，还有大量图书典籍、文献档案。为此故宫博物院下设古物馆、图书馆、文献馆，分别组织人力继续对文物进行整理、陈列、出版。1931 年"九一八"事变后，为了使中华民族的珍贵文化遗产不致遭受战火毁灭或被日本帝国主义掠夺，故宫文物被迫避敌南迁。数十万件文物首先迁往南京，抗日战争全面爆发后，又分三路西迁四川，分别存于四川省的巴县、峨眉和乐山。此次故宫文物南迁历时十余年，行程数万里，艰苦卓绝，文物基本无损，创造了第二次世界大战中保护人类文化遗产的奇迹。中华人民共和国成立前夕，南迁文物中的小部分被运往台湾，此外还有 2211 箱仍封存于南京库房，委托南京博物院代为保管。

建院 90 多年来，尤其是中华人民共和国成立以来，故宫博物院在社会各界的支持和历届同仁的努力下，古建筑保护、文物管理、陈列展览、学术科研和观众服务等方面工作不断进步，树立了开放、创新、亲和的博物馆形象，赢得社会高度赞誉。新中国成立初期，故宫博物院制定了"着重保护、重点修缮、全面规划、逐步实施"的古建维修方针，大部分残破、渗漏、濒临倒塌的大小殿堂得到修复。20 世纪五六十年代，故宫博物院通过国家调拨、向社会征集和接受私人捐赠等方式，新入藏文物 24 万件。在陈列展览方面，在保存和复原前三殿（太和殿、中和殿、保和殿）、后三宫（乾清宫、交泰殿、坤宁宫）以及西六宫等处的原状陈列外，又增开了珍宝、钟表、书画、瓷器等专馆，同时还举办各种主题展览。2001 年故宫博物院网站（www.dpm.org.cn）开通。2002 年故宫博物院启动了以"完整保护，整体维修"为原则的百年来的大规模修缮——故宫整体维修保护项目，并将持续到 2020 年，以图使故宫恢复全盛时的辉煌壮丽景象。随着整体维修保护项目的推进，故宫的开放范围由 20 世纪初的 30%、2014 年的 52%、2015 年的 65%，已扩大至 2016 年的 76%，2020 年将实现开放区达 80% 的目标，在保护好文物的前提下，让全民更好地享用中华优秀传统文化盛宴。2013 年，国务院批准"平安故宫"工程立项，该项目将通过实施 7 个子项目，在 2020 年，即紫禁城建成 600 年之时，基本实现故宫博物院进入安全稳定的健康状态，全面提升管理和服务水平，让故宫博物院迈进世界一流博物馆行列。

故宫博物院拥有三大世界级文化资源。一是世界上最大规模的木结构宫殿古建筑群——23 万平方米的古代宫殿建筑群。故宫占地 106 公顷，建筑面积约 23 万平方米，包括紫禁城、午门至端门地段、大高玄殿、皇史宬、稽查内务府御史衙门 5 处明清皇家建筑群，是世界上现存规模最大、保存最完整的古代宫殿建筑群。按照朝政礼仪、生活起居、宗教祭祀、园林休憩、内务管理等不同功能空间，围合成不同的片区与院落单元，几乎包含了宫、殿、楼、阁、堂、亭、台、轩、斋、馆、门、廊等中国古代官式建筑的全部类型。就保护等级而言，紫禁城、午门至端门地段为世界文化遗产、全国重点文物保护单位，大高玄殿、皇史宬为全国重点文物保护单位，稽查内务府御史衙门为北京市文物保护单位。紫禁城现存地面文物建筑面积达 21.8 万平方米，包含城池、外朝、内廷等主要功能区及御署内务服务区，地下有考古遗址若干。

二是世界上收藏数量最多的中国文物藏品——186 万余件（套）馆藏文物。故宫博物院的文物藏品不仅数量大，品类丰富，而且与文物建筑不可分割，具有很高的历史、艺术及科学价值，是中华五千年文明的重要载体和见证。从建院前到 21 世纪初，故宫博物院大致有四次文物清理、点查。2010 年，历时 7 年之久的故宫博物院第五次文物清理工作（2004～2010）圆满结束。经过清理，故宫藏品总数达到了 1807558 件（套）。依据不同质地和形式，可分为绘画、法书、碑帖、铜器、金银器、漆器、珐琅器、玉石器、雕塑、陶瓷、织绣等 25 大类。2014 年，为延续和深化 7 年文物清理工作，开启藏品三年普查清理工作，针对甲骨、乾隆御稿、明清尺牍等 15 类藏品进行，发布了截至 2016 年 12 月 31 日故宫博物院的藏品总数：1862690 件（套）。其中，珍贵文物 1683336 件（套），一般文物 163969 件（套），标本 15385 件。增加较多的主要是新整理的乾隆御稿、尺牍以及甲骨、陶瓷类文物（标本）等。

三是世界上数量最多且结构最复杂的观众群体——每年 1500 万以上人次的中外观众。故宫博物院的国内观众覆盖了全国所有的省、自治区、直辖市和特别行政区；国外观众遍及世界各国，其中美国、韩国、英国、法国和日本最多，一些新兴国家的观众人数也呈上升趋势，体现了故宫博物院作为中华文化名片的号召力和影响力。除普通观众外，故宫博物院还接待各国元首和政要，向世界传播源远流长的中华文化。2015 年以来，故宫博物院多次成为习近平总书记、李克强总理等党和国家领导人接待外宾、举办国际活动的重要场所。近年来，故宫观众数量不断攀升，呈现出"两针一峰"的趋势，即五一、十一、暑期观众流量激增，远远高出全年其他时段。特别是 2012 年 10 月 2 日单日客流量达到 18.2 万人次，创故宫单日接待人数之最。故宫博物院自 2015 年 6 月 13 日起实行实名制购票及每天限流 8 万人次的措施。但尽管如此，2016 年的观众数量还是达到了 16018540 人次，再次刷新年度最高观众数量纪录。故宫博物院正在北京市西北方向、距离紫禁城 25 公里的地方建造北院区。

故宫博物院蕴含着中华五千年文明，承载着紫禁城近 600 年的历史，经过了 90 余年的发展，正处在继往开来的关键时期。故宫博物院决心在各方面的帮助和支持下，经过不懈的努力，实现保护好民族瑰宝并创建世界一流博物馆的目标，在彰显文化自信、建设社会主义文化强国及实现中华民族伟大复兴等方面发挥独特作用。

附录一

走"故宫特色"的信息化之路

1998 年，故宫博物院以照相室为基础，组建成立了"资料信息中心"，十几个人，几间陋室，凭借几台在当时仍是"高科技""奢侈品"的台式电脑，踏上了故宫博物院信息化建设的漫漫征程。2013 年，资料信息中心更名为"资料信息部"，作为业务部门，承担全院信息化建设工作的规划与组织实施和管理。经过近 20 年的执着探索与艰苦实践，故宫信息化建设积累了丰富的经验，也不乏大量的教训。近几年，随着信息技术日益迅猛发展，全社会对信息化的认识、业务需求、从业人员素质和结构都在不断变化，故宫的信息化建设也在不断与时俱进，不断探索新技术，引入新工作理念和模式，但始终不忘初心，坚持走有"故宫特色"的博物馆信息化之路，立足于故宫博物院自身的特点和业务需求，逐步形成并不断巩固"信息网络""信息系统""数字资源""数字服务""应用研究"五大建设板块，以"数字文物""数字建筑"等数字资源为依托，构建服务于院内院外的"数字社区"，打造一座"互联网＋"时代真正的"数字故宫"。

一　信息网络建设

信息网络建设是一切信息化工作的基础，但在故宫博物院内开展这项工作，面临的问题比其他博物馆大得多。其一，故宫城墙内占地面积多达 78 万平方米，地面文物古建密集，地下还有古建基础、遗址、水道等历史遗存，网络需要覆盖的面积很大，然而敷设难度也很大；其二，故宫于 1961 年被列为首批国家重点文物保护单位，1987 年被列为世界文化遗产，收藏超过 186 万件（套）文物，是著名的旅游景区，近年来每年接待超过 1500 万观众，无论古建和文物的保护责任还是人员安全责任都极为重大，因此信息网络建设对内重点在于保障古建和文物的安全，对外重点在于保障观众的安全和服务；其三，网络中心机房和交换机、服务器等网络设施、设备，只能设在古建筑或复建的仿古建筑内，对用电设备安全要求高，可扩展空间小；其四，故宫位于北京市核心区域，一直是全社会关注重点和热点，服务器上保存的古建、文物数据都是珍贵历史资料，网络安全具有特别重要的意义。因此，故宫博物院的信息网络建设针对上述特点，进行有"故宫特色"的规划和实施。依照优先保障安防重点区域、服务观众密集区域的顺序，以尊重和保护古建文物为基本原则，结合故宫院内的基础设施建设有计划、有步骤地推进。自 1998 年以来，配合院内的热力、电力管线施工工程，开展了网络弱电工程施工，做到既加速推进信息化进程，又尽量减少对古建文物的影响。经过数次扩容建设，在故宫院内铺设光缆近 30 公里，有线网覆盖了全院办公区及大部分展厅，实现了内网万兆核心交换，百兆到桌面，外网千兆出口的信息网络基础构架，为院内安全保卫、古建和展厅监测、文物管理、行政办公打下坚实基础。2016 年 8 月，故宫对观众开放了中轴线和主要展厅的免费无线 WiFi，利用近 250 个 AP 点位，解决在巨大室外空间中的无线网络覆盖问题和古建密集区域的信号屏蔽问题，尽最大可能保障观众在行进中跨区域时网络信号不中断。

今后故宫信息网络建设的目标是实现全院办公区域无线 WiFi 全覆盖，建立私有云平台，充分利用最新网络技术解决古建文物保护与博物馆信息化业务发展之间的矛盾，支撑绿色发展及可持续发展。此外积极建设全院网络智能运维管理平台，实现对信息化基础平台全环节监测、管理、预警、维护等工作，从而规范办公网络使用，科学、合理分配网络资源。在当前形势下，进一步完善网络安全制度及设施的建设，提高信息安全保障能力和水平，提升处理突发网络安全危害的反应速度。

二　信息系统建设

故宫博物院自 1925 年 10 月 10 日成立，迄今已走过了 90 多个春秋。作为中国历史最悠久的博物馆之一，故宫博物院管理工作的特点首先是对象复杂，包括极为丰富的文物藏品，建筑面积 16 万多平方米的文物古建，专业分工众多的工作人员，复杂的基础设施，等等；其二是办公区域覆盖面积大，从南到北将近一公里，信息传递不便；其三，从古物陈列所到清室善后委员会再到故宫博物院，故宫文物管理、行政办公形成了一套特有的工作传统，这些传统中承载着"故宫人"这一群体对故宫特有的情感。资料信息中心成立之初，最重要的一项任务就是把多年的纸质文物底账的数据录入到文物管理信息系统中，在 100 万条信息录入的艰苦过程中，发现了纸质账目里不少错误、缺漏和重复之处，可见信息化对于这样一个具有丰富"家底"的老单位来说，在提高工作的准确性和效率方面具有十分重要的意义。2005 年，故宫的信息系统建设又发生了一次重大飞跃，在院领导、院办的大力支持下，强力推行办公自动化，给办公环境极为分散的故宫博物院带来了重大变革，从此办事不用拿着纸质批文一个院子一个院子去盖章，而且工作流程清晰、责任到人。到目前为止，已经根据实际的业务需要和业务流程，设计了 20 多个应用系统，投入到博物馆各类业务的管理中。这些系统开发遵循的原则都是在充分尊重原有的业务传统的基础上，利用信息化工作的思路和理念来帮助梳理和优化、简化工作流程，以便大幅度提高工作效率，提高管理水平。同时，这些系统作为每天工作、沟通的平台，无形中也成为承载"故宫人"精神的物化体现。

故宫信息系统建设发展到今天，已经到了进行全面整合、梳理并面向未来建立可持续发展规范的重要节点，因此未来几年的目标，是在原有的信息系统开发架构基础上，从管物（文物、古建、数字资源）、管人（员工、观众）、管钱、管事（项目）这几个大方向，系统地整理已有的应用系统，查漏补缺，不断完善和提升，让"故宫信息化工作平台"真正成为故宫人喜欢的"虚拟办公桌"。并且重点规范现有办公及业务系统的元数据标准及命名，梳理与内部工作和对外开放相关的各种资源和行为数据，增强数据监测与分析能力，建立基于大数据分析引擎和人工智能 AI 技术的"可视化行政决策辅助平台"。

三　数字资源建设

故宫博物院所管理的实体资源极其庞大，自 1998 年开展数字化工作以来，随着数据采集手段的不断发展，与实体资源相对应的数字资源也不断扩张，包括文物的二维数字影像，三维模型，古建大修和文物修复视频记录，重要会议和学术活动、教育活动的视频记录，历史档案、图纸、古籍善本资料，等等。如此海量的资源既是故宫重要的财富，从另一个角度来看，也是巨大的负担。如果不能对其进行有效的管理，提高资源的利用效率，那么随着采集效率以惊人的速度提升，不加选择蜂拥而至的资源日积月累，反而更有可能成为"数字垃圾"。在技术发展速度和工作对象数量的巨大压力之下，怎样迅速找到适应于故宫的数字资源建设模式？2013 年，冯乃恩副院长提出了"数字文物"概念，这不是对"文物数字化"进行简单的语序颠倒，而是一种工作理念的颠覆。"数字文物"是调动当前一切可以调动的数字化手段，尽可能全面地采集文物的信息，包括几何形状、色彩纹理、材料质地，等等，在数字的空间里重现出文物，可见信息利用图形图像学手段采集记录下来，而不可见的信息数据则可以通过超链接等形式附加在文物的二维或三维影像中。一旦文物劣化、老化甚至灭失，由于"数字文物"记录了尽可能丰富完整的信息，仍然能为后人提供准确翔实的研究资料。"数字文物"的概念建立起来，数字资源建设的逻辑将更为清楚，不再因设备的升级或技术的迭代而不断产生的海量新版本数据而不知所措，而始终以实体文物或者建筑为基准坐标，选取与之相关联的、有效的信息加以记录，建立"数字建筑""数字文物""数字古籍"的全档案，使这些"数字资源"真正能够活起来、被用起来。

未来几年，数字资源建设的工作任务将是系统地对现有的资源进行梳理，基于"数字文物"的理念对资源管理框架进行补充和完善，并且通过体系化建设，实现数字资源全流程化管理，提升数字资源加工自动化程度，细化数字资源加工标准，提高数字资源存储备份效率。完成跨平台数据打通，建立自定义数据收集和分析的开放数据计算平台，增强资源数据监测与分析服务。依托故宫博物院藏品总目系统，建立资源数据服务平台，以资源保护为前提，资源利用为需求，资源共享为目的，按计划、有步骤加快实现数字资源的对外服务。

四　数字服务建设

近年来，到故宫博物院参观的观众持续增长，尽管为了文化遗产保护，实行了周一闭馆和每日限流 8 万人等措施，仍然达到了每年 1500 万左右观众的数量级。不愁没有观众甚至担心观众太多造成文物古建破坏，这是故宫与其他博物馆、世界文化遗产地相比的一个鲜明特色。除了到场的上千万观众，还有计划到现场参观的潜在观众，以及数量更为庞大的不能到现场参观的观众。因此，故宫面向观众的服务始终充分考虑"在场"与"不在场"两种情况，而信息技术的发展，使得为更多"不在场"观众提供优质服务成为可能，并且通过线上线下互通互联的方式，让"在场"与"不在场"之间产生更密切的联系，形成良性的相互推动。2001 年 7 月 18 日，故宫博物院官方网站正式上线，开启了"故宫＋互联网"的服务模式，2005 年以来，通过在展厅内、开放路线上设置数字服务装置等，帮助到场的观众及时获取参观信息，2008 年开辟了西南崇楼数字体验馆。以上种种尝试，为了让没来现场的观众知道"故宫是什么"，来到现场的观众知道"故宫有什么"，进而带着问题继续通过官网等途径深究"故宫为什么"。2013 年以来，故宫博物院将面向观众的数字服务按照线上、线下两部分进行梳理。线上由故宫博物院官方网站群、"微故宫"社交媒体，以及"故宫出品"系列故宫数字产品构成。官方网站群作为长期稳定的权威官方信息发布平台，是观众主动前来搜索信息的数据库，因此内容最为全面丰富，检索功能便利，并分别面向中文用户、海外英文用户和青少年用户进行独立设计；"微故宫"社交媒体以官方微信账号和新浪、腾讯、人民网三家微博为主要平台，向观众推送时效性、趣味性强的话题，与观众形成密切互动，"有图有真相"，充分发挥读图时代影像的力量；"故宫出品"系列数字产品以故宫官方出品 App 系列产品为核心，不断探索和打造新型的为观众提供深度解读故宫藏品等服务形态，以其深度挖掘故宫内容、制作精美、互动体验良好塑造故宫数字产品的品牌。线下则是由开放区域内的参观辅助服务、专题数字展馆以及"走出去"的数字展览展示这三个层次构成。2017 年"5·18"国际博物馆日推出的"故宫社区"App，则是将上述线上、线下服务进行初步集成，提供统一入口，并且为观众构筑一个与故宫之间互动、观众与观众之间互动的平台，借助互联网思维考虑提供服务的方式并收集观众数据，从"故宫＋互联网"转向真正意义的"互联网＋故宫"。

在已有的数字服务布局基础上，今后将重点完成数字文创的展示、传播与服务大生态布局。以"数字故宫社区"为顶层设计，实现由单纯创意型、展示型、互动型向智能化、社交化、服务化的新数字文创形态转变，进一步打通线上线下数字展示资源与传播渠道，形成数字服务的无缝衔接和闭环设计，完成数字故宫社区生态布局。使用用户行为数据采集与分析工具，形成用户行为评估体系，强化服务意识，提升观众体验并增强公众的参与度。利用丰富的传媒手段进行全方位文化传播与宣传推广，进一步扩大数字故宫的影响力。以公众需求为导向，以创新为支撑，以数字文化 IP 为核心，依托具有鲜明文化特色的数字文化资源，与院内经营部门共同探索数字产品的产业化模式。

五 应用研究

信息时代的特点就是新技术层出不穷而且更新迭代速度极快，然而如果一味求新求快，很容易被技术绑架。"故宫是座博物馆"是我们开展信息化建设的原则和宗旨，任何时候，技术都要为博物馆的核心业务服务，也就是始终围绕教育、收藏和保护的博物馆职能来进行。2000年，由资料信息中心负责承担故宫与日本凸版印刷株式会社合作开展的"故宫文化资产数字化应用研究"项目，尝试采用当时十分先进的 VR 技术，对故宫文化遗产进行记录和展示。在与日方合作的过程中，坚持"为我所用"的原则和立场，不把新技术当噱头，以准确记录和再现故宫文化遗产为目标，制作了国内乃至世界上精度最高、最完整的故宫建筑三维场景数据，成为今天仍不落伍的优质数字资源。在 VR、AR 技术成为全社会关注热点的今天，仍然能够以高质量的数据和对历史文化内涵的精准理解，始终保持在相关领域的优势地位。此外，故宫始终立足于新技术在博物馆的"应用"研究，关注国际、国内先进技术，并积极与一流高校、企业开展合作，引入科学、专业的工作方法和研发理念。例如与腾讯公司、微软研究院、谷歌公司、北京大学、天津大学、北京工业大学、中央工艺美术学院等多所高校联合进行数字应用技术的研发。多年来，故宫尝试在文物数据采集、数字展示等领域引入通电玻璃膜、超短距投影系统、电子毛笔水墨渲染、声音 3D 定位、倾斜摄影测量、结构光三维建模、人工智能等新技术，和故宫古建、文物之间找到最恰当的结合点，进行适合故宫的应用场景开发，取得了良好的效果并得到了业内和观众的认可。

目前，在"一带一路""科技＋文化""互联网＋中华文明"等战略的指引下，故宫的信息化建设将与全院的总体发展规划密切结合，不断及时修订信息化、数字化技术的应用研究计划并组织实施，不断提升故宫信息化工作的学术水平，追踪"数字人文"等跨学科新兴领域的学术发展，进一步明确引进人才的方向，有针对性地选拔、聘用、培养适合我院信息化工作的专业人才，以应用研究带动梯队的管理能力、学术研究能力培养，建设一支有国际视野的新型博物馆信息化人才团队。

故宫博物院资料信息部　苏怡

2017 年 7 月 12 日

附录二

新闻发布和突发事件及热点问题舆论引导

——以故宫博物院为例

当今社会，传统媒体逐渐式微，新媒体、自媒体迅速发展。在自媒体时代，人人都有麦克风，人人都是记者。这一方面使得新闻自由度显著提高，信息来源更加丰富多元，对反映社情民意、进行舆论监督也发挥了重要作用。另一方面，也容易滋生谣言，同时舆论的走向不再那么清晰明确，不再容易掌控。

政府部门建立了新闻发布制度，以及时发布有关新闻或阐述本部门的观点立场，并回答社会关切。故宫博物院作为备受关注的世界知名博物馆及公共文化服务机构，同样不可自锁在深宫禁苑之中，需要建立相应的新闻发布和舆情应对机制，弘扬传承中华优秀传统文化；与公众沟通，维护公民的知情权、参与权、监督权和受益权；同时维护公开透明、开放创新的国家级博物馆形象。

2011年，故宫博物院经历了前所未有的舆情危机，负面新闻接连不断。近年来，故宫博物院在总结经验教训的基础上，已经形成了一套行之有效的新闻发布和舆情应对工作机制，不仅通过有计划的新闻宣传工作让故宫博物院从高冷走向大众，让疏远传统文化的年轻人"回归"，让"故宫是座博物馆"的观念渐入人心；还通过正视问题，积极回应，信息及时公开，澄清事实、恢复名誉，重塑了开放亲民、开拓创新的正面形象；更巧妙的是，通过"自爆"管理困难，借媒体向社会"寻医问药"，以及借助突发事件中的舆情应对等，引导大众关注不文明参观行为、文物修复等社会普遍存在或不为人所熟知的话题，唤起更多人保护文化遗产的责任感和法律意识。

几年来，故宫博物院在新闻发布和有效开展突发事件及热点问题舆论引导方面积累了如下几点经验：

第一，坚定立场，做客观事实的准确传达者。

在接待媒体、进行新闻发布和舆情回应时，新闻发言人等首先需要清楚自己的定位，必须客观陈述、立场明确、头脑清醒，最忌讳的就是发表个人主观情绪。要解决这个难题，就必须首先给自己定位——客观事实的准确传达者。信息的来源并不是新闻发言人或宣传工作者自己，而是要通过搜集材料、领导决策、统一口径确定应该发布、可以发布、必须发布的信息，以一个"传声筒"的角色毫无隐瞒地向媒体发布，不能人为减少或增加信息量。所以必须在开口之前，首先摒弃个人观点，只讲事实、不加修饰，以此做到客观且准确。

新闻工作者、新闻发言人是客观事实的准确传达者，需要在发布信息之前，首先明确自己的身份和立场，抛弃个人情绪和见解，让及时有效的信息"无损"且"无添加"地发布出去。否则，一波未平一波又起，新闻发言人的发言又会成为新的新闻，让舆情危机"雪上加霜"。

第二，掌控大局，把握信息发布的主动权。

作为权威信息的全部来源，发布方掌控着新闻发布的主动权，要充分利用这种主动性，将需要发布和媒体、公众希望了解的信息，按照需要的节奏、效果进行发布，掌握话语权。比如重大信息的发布，可以提前"预热"，形成社会关注焦点，并留足新闻点，保证正式发布时更加强大的传播力和宣传效果；在一般的新闻报道之外，培养深入报道、专题报道的需求，通过大量的新闻报道和多个质量高、分量重的深入报道，保证新闻宣传的广度和深度；在新闻发布后，也及时跟进事件进展，让重大新闻的新闻点分散到很长的一个时期内，形成长期、持久的报道效果。这种方式，就是故宫博物院九十周年系列展览中的重要展览"石渠宝笈特展"，以及新开放区域、限流措施的宣传方式与技巧，形成了长达数月的报道热点，也成为社会公众关注的文化事件，收效显著。

同时，也可以在与媒体沟通的各个环节加强控制，保证宣传效果。故宫博物院在近几年的宣传工作实践中，积累了一套媒体采访的"标准"流程，加强引导，以确保采访的有效、有益。比如，在前期采访联络阶段，要核实记者身份，了解记者风格，必要时要求其出示记者证及其单位加盖公章的采访函，提交详细的采访提纲，列出报道内容、框架、字数（时长）和方向等，可以根据媒体、版面（栏目）等相关情况了解记者的需求和目的；在接受采访前，准备详细的答复素材，涉及敏感问题提前准备，不轻易下结论，对难以作答的问题待核实后再回复；接受采访后，要求媒体把写好的稿件、拍摄的图片和视频等提前发来审阅，把好报道刊发前的最后一道关。通过多环节的层层控制，保证报道的准确性、方向的可控性。

面对危机，就更需要把握主动权，提前准备丰富材料，问一答十，体现准备之足及对待记者的诚意，以快速厘清事实、化解危机，甚至借此引导大众关注到已经开展或正在开展的工作上，变危机公关为正面宣传。2013 年 5 月 4 日，故宫博物院发生"人打钟"事件，一男性观众徒手击碎翊坤宫正殿原状展室的玻璃，造成"清代铜镀金转花水法人打钟"受损。事件发生当晚，院领导及相关部门紧急研究对策：首先要立即清理现场，翊坤宫第二天正常开放，让观众可继续参观，并迎接媒体现场采访。其次是通知媒体第二日到场听取情况介绍。媒体通报会上，一是播放监控录像，还原事实，即该观众进翊坤宫之后 4 秒钟就冲玻璃而去将其砸碎，排除之前报道中观众拍照受阻而击碎玻璃的猜测。二是带领媒体亲临现场，察看翊坤宫现状并听取关于为何换上防爆玻璃、为何观众可触及玻璃、为何室内原状陈列的案子摆在窗口、为何案子上摆放文物等情况的介绍。三是引导媒体到青铜器馆察看已安装的防爆玻璃，在现场进行撞击实验，并解释是出于对历史文物信息的保护而不大面积更换防爆玻璃。四是陪同媒体记者到文保科技部察看受损文物并介绍损坏程度和修复方式。这一连串信息的公开，以事实为基础，也预先估计了媒体的兴趣点，所以所有媒体将媒体通报会情况发稿报道之后，再未有媒体或公众追问。此后，有媒体持续关注受损钟的修复进度，故宫博物院又在不同阶段向其公开了修复状况。这次舆情应对得益于主动权的牢牢把握，使得危机很快解除，甚至还向社会介绍了原状陈列的原则，以及故宫博物院正在实施的"平安故宫"工程，《北京青年报》就以"'人打钟'让'平安故宫'提速"为题进行报道，可以说将危机成功转变为了正面宣传的机遇。

第三，善待媒体，及时发布真实、全面、有效的信息。

今天，在全媒体覆盖的社会语境中，话语权往往分散，可能是媒体，也可能是某些普通民众、网友，而且还根据新闻点的转移而不断变化。因此，权威信息的发布显得尤为重要。在铺天盖地的信息面前，如果没有一个权威可靠的信息来源，杂乱信息极易搅乱人们的思想和判断。所以，新闻发言人、相关负责人或者新闻宣传工作者，应该及时、适时履行新闻发布的义务，以权威、准确、全面的信息，厘清事实、扫清质疑，避免小道消息四处扩散，影响社会正确判断力。

如何做到及时发布真实、全面、有效的信息？首先就要做足准备。最基本的就是要掌握最核心、全面的第一手材料，将真实情况传递给记者，再由其传递给社会公众。信息在传递的过程中难免会受损减弱，所以保持渠道多元、畅通和信息点的全面、集中也很重要。另外，谎言是禁不住考验的，即使技巧再高的谎言也会有破绽，后果会更加恶劣。

要做哪些准备呢？故宫博物院在不断积累经验的基础上，形成了软硬件相结合的双重保障。软件方面，就是建立了跑口媒体长期联络的机制，以及高效联动的应急响应机制。故宫博物院的跑口媒体数量从20家到40家再到60家，与其保持良性互动关系。同时，故宫博物院的网站、微博、微信等新媒体也运行良好，吸引了大量粉丝。所以，今天的故宫博物院在信息发布和沟通渠道上已经大大改善，一旦需要新闻发布或危机公关，故宫博物院的声音都能成为主导、主旋律。同时，故宫博物院不仅有日常的舆情监测，更拥有高效联动的应急响应机制，从院领导到部门领导再到具体工作人员，一旦突发事件发生，可以说是全天候协调运行，保证情况核查和信息发布迅速准确、全面高效。在新闻发布、舆情回应时，不管任何信息都千锤百炼，保证没有大的疏漏和错误，尤其是明显的语病和错字，以免造成不良后果。要求相关部处对新闻稿、答复稿进行确认，同时负责舆情回应的科室、办公室负责人、院领导层层把关，保证稿件准确、全面传达希望报道的重点，也给媒体提供足够的材料和新闻点。从媒体反馈来看，基本上能够从院方提供的材料中找到合适的、符合报道需求的新闻点，效果良好。而且，这些经过一次次商议、审定、发布的准确信息，也汇成一个强大的媒体资料库。

硬件方面，故宫博物院出于保护文物等目的，安装了大量的高清摄像头，为安保人员也配备了执法记录仪，这些设备为还原事实提供了有力证据。例如 2014 年，有网友发布视频称"故宫保安殴打观众"，但事实是一名女青年在太和殿广场西侧进行非法"一日游"揽客活动，故宫博物院维持秩序的保安上前制止，在规劝过程中，该女青年不但不听从劝阻，而且态度蛮横，不断推搡保安人员，并叫嚣："我告诉你，我谁都不怕！别指望着有派出所……你们就不会睁一只眼闭一只眼吗？差不多就得了！"。保安身上携带的执法记录仪所提供的相关视频记录还原了事实，维护了故宫博物院的形象和声誉。还有近期发生的女主播夜宿"故宫"直播事件，也是通过公开 37 段该女子游览故宫的监控视频，显示其已于当日闭馆前离开故宫，拆穿其骗局。

2015 年 5 月 17 日，名为"WANIMAL"的网民在新浪微博上发布了在故宫博物院内拍摄的不雅照片，引发广泛关注和争议。故宫博物院根据舆情监测情况，结合媒体及公众关注侧重点，先后进行了两次公开回应。6 月 1 日的第一次回应针对网络舆情对故宫博物院是否知情并批准该行为的质疑，通过说明稿和监控视频，回答了各界对事件真相的追问，并以故宫博物院工作人员曾予以阻止的事实，回应了对故宫博物院不作为的指责，效果显著。但通过了解舆情也发现，还有一些媒体关心故宫博物院是否报警以及监管是否到位等问题。为回应关切，故宫博物院于 6 月 8 日再次向媒体发布有关情况，包括已向公安部门报案、应遵守相关法律法规条例、故宫博物院没有执法权、故宫是座博物馆、欢迎艺术家到故宫进行创作五方面内容。此次回应后，主流媒体、网络及自媒体对此事的关注基本告一段落。

此次舆情应对中，故宫博物院在不雅照发布当日即密切跟踪舆情动向，瞄准公众关切，解读舆论诉求，并根据舆情反应的细节和疑点，进行有针对性的调研、核实及回应，不缺位、不失语，成为该事件真相权威声音的传递者，让各界及时客观全面听到故宫博物院的声音，了解事实真相。在对该事件的态度上，故宫博物院既从维护文化遗产尊严的角度对不雅行为进行了公开谴责，又从感受中华文化之美的角度对艺术家到故宫进行创作表示欢迎。这一旗帜鲜明的态度，有效地引导了舆情。故宫博物院在对该事件的处置上，态度鲜明，主动作为，既当场制止，又及时报警，对此的主动宣传在一定程度上消解了今后可能出现的效仿。更重要的是故宫博物院的舆论应对引导关于文明参观的反思不断走向深入，是一场文物保护行动的召唤，是对全社会文物保护意识以及知法、守法、用法等法治观念的启蒙和普及。

英国危机公关专家里杰斯特提出危机处理 3T 原则，强调危机处理时把握信息发布的重要性，即 Tell You Own Tale（以我为主提供情况），强调牢牢掌握信息发布主动权；Tell It Fast（尽快提供情况），强调危机处理时应该尽快不断地发布信息；Tell It All（提供全部情况），强调信息发布全面、真实。其实，这与故宫博物院所总结的舆情应对策略异曲同工。

现代博物馆不能再抱着只埋头做事、清者自清、闷声不语的旧观念，在这个崇尚对话的时代里，博物馆需要面世发声，有力发声，因为大众关注并渴望你的声音，承担弘扬传承中华传统文化的重任也要求博物馆通过与社会的互动，树立开放透明的形象，融入社会生活。希望故宫博物院的经验能为全国博物馆乃至其他行业、机构提供一定的借鉴。

故宫博物院办公室　朱鸿文

后　记

　　历经一年时间，《故宫服务》对故宫近几年在旅游公共服务方面的大幅度改善提升举措及其效果进行了梳理，汇集成书出版，对此我们感到欣慰。在此，要十分感谢北京市旅游发展委员会对故宫旅游公共服务创新模式的认可和推广，感谢对本书的支持和指导；感谢故宫博物院长期致力于观众服务和社会服务模式的管理创新和不断探索，取得丰硕成果并整理提供大量翔实的资料，感谢对本书编辑工作的信任；感谢北京联合大学旅游学院组织专家教授进行的调研；感谢北京旅游学会出资支持本书的出版，并将成果在全国旅游业界进行交流推广。书中的内容，既包含着对故宫的敬意，也折射出一些思考。这或许是我国目前为止有关大型参观目的地观众公共服务的第一份总结性案例研究，值得大多数景区与博物馆参考、借鉴。

　　故宫作为一个多身份、多使命的复合体，其可研究的维度与深度是无穷的。本书只是一个层面的初步尝试。由于种种原因，本书内容或许还比较粗浅，一些更有深度、更具理论价值与实际操作价值的研究还有待进一步开展。

编辑部

2017 年 8 月

图书在版编目（CIP）数据

故宫服务 / 北京旅游学会编著. -- 北京 : 社会科
学文献出版社，2017.10（2018.3 重印）
ISBN 978 - 7 - 5201 - 1263 - 5

Ⅰ. ①故… Ⅱ. ①北… Ⅲ. ①故宫 - 旅游服务 - 服务
模式 - 研究 Ⅳ. ①K928.74

中国版本图书馆 CIP 数据核字（2017）第 202378 号

故宫服务

编　　著／北京旅游学会

出 版 人／谢寿光
项目统筹／任文武
责任编辑／杨　雪　杜文婕

出　　版／社会科学文献出版社·区域与发展出版中心（010）59367143
　　　　　　地址：北京市北三环中路甲 29 号院华龙大厦　邮编：100029
　　　　　　网址：www.ssap.com.cn
发　　行／市场营销中心（010）59367081　59367018
印　　装／北京季蜂印刷有限公司

规　　格／开　本：787mm × 1092mm　1/16
　　　　　　印　张：22.25　字　数：315 千字
版　　次／2017 年 10 月第 1 版　2018 年 3 月第 2 次印刷
书　　号／ISBN 978 - 7 - 5201 - 1263 - 5
定　　价／78.00 元